공식과 해설

헬라어 구문론(Syntax)

신약성경을 원어로 읽고 독해하는 직통 지름길

직통 헬라어

이정철 지음

GREEK BIBLE

목양

추 천 사

그다지 긍정적으로 평가하기 어려운 한국의 신학교육 환경 중에서도 특히 열악한 분야는 성서언어이다. 기초 문법 교과서가 저술 혹은 번역의 형태로 없지는 않되, 초급 문법을 배운 학생들이 직접 원문을 이해하기는 지난하다. 여러 이유가 있겠지만, 초급 과정에서 실제 독해 사이에서 가교 역할을 담당할 구문론 교과서가 찾아보기 어려운 탓도 크다. 영미권에서 Wallace의 Greek Grammar beyond the Basics가 있고, 독어권에 Hoffmann/Siebenthal의 Griechische Grammatik zum Neuen Testament가 널리 쓰이고 있는데 반해, 한국은 아직 그 필요성도 충분히 감지하지 못하고 있는 듯하다. 금번 나온 목양출판사의 "직통 헬라어"는 이런 시장의 필요를 예의주시하여 만든 노작이라고 평가할 수 있다. 실제 독해에서 겪는 어려움을 극복하는 친절한 길잡이가 될 것이지만, 지나치게 자세한 내용을 제공하여 학생들을 위압하지도 않는다. 건실한 내용으로 본격적인 주석을 원하는 신학생 및 목회자가 하나님의 말씀을 깊이 있게 연구하는데 큰 도움이 될 것이라 믿어 의심치 않는다.

- 호서대학교 연합신학전문대학원 신약학 교수 **유 은 걸**

추 천 사

신약성경을 헬라어로 읽기 위해 기초적인 헬라어 문법을 공부한 학생들은 그 다음에 어떤 책의 도움을 받아야 할지 망설여질 것이다.

그런 학생들에게 이 책을 권하고 싶다. 왜냐하면 깊이 있는 문법 설명과 더불어 성경 본문에서 가져온 적절한 예들을 풍부하게 제공하고 있기 때문이다.

특히 헬라어 원문 성경이 지니고 있는 깊은 의미를 파헤쳐서 성도들에게 전해주는 훌륭한 강해설교자가 되는 것을 꿈꾸는 학생이라면 시간과 끈기를 가지고 이 책을 공부할 것을 권하고 싶다.

- 백석대학교 기독교학부 교수 **김 병 국**

추 천 사

이정철 목사님은 하나님의 말씀을 귀하게 여기는 분입니다. 말씀을 사랑하다 보니 성경원어에 관심이 있게 되었고, 성경히브리어뿐만 아니라 성경헬라어에도 능통하게 되었습니다. 이제 이 목사님은 헬라어에 대한 풍부한 경험과 이해에 근거하여 〈직통 헬라어 문법〉라는 책을 출판하였습니다. 이 책은 세 가지 면에서 특징이 있습니다.

첫째, 체계적입니다. 이 책은 체계를 잘 세워야 큰 것과 작은 것 모두를 질서 있게 담을 수 있습니다. 크게는 형태론(Morphology)과 구문론(Syntax)으로 나누고, 작게는 이에 관하여 더 세부적으로 나누고 있습니다. 세부내용이 체계적이어서 찾고자 하는 항목을 바로 찾을 수 있습니다.

둘째, 내용이 풍부합니다. 이 책은 잘 잡힌 큰 틀에 풍부한 내용을 제공하고 있습니다. 거의 모든 문법을 망라하고 있어서 웬만한 문법은 다 다루고 있습니다. 기초적인 문법의 항목뿐 아니라 중급의 문법까지 성경을 읽는데 필요한 거의 모든 항목을 망라하고 있습니다.

셋째, 실제적입니다. 우리가 헬라어를 배우는 목적은 헬라어신약성경을 읽기 위함인데 더러는 문법만을 배우고 마치는 경우가 많이 있습니다. 이 책에서는 문법을 설명할 때도 헬라어신약성경의 본문을 놓고 문법적으로 적용하며 분석을 합니다. 헬라어 문법 따로 독해 따로가 아니라 문법을 설명하면서 독해를 설명하고, 독해를 설명하면서 문법을 설명합니다. 이 책에서 본문 읽는 연습을 하니 헬라어성경이 낯설지 않을 것입니다.

이 책을 따라 가면 형태론과 구문론을 체계적으로 터득하여 헬라어성경을 읽을 수 있게 될 것입니다.

- 개신대학원대학교 신약학, 교학처장 **배 종 열** 교수

머리말

참된 기독교의 궁극적인 존재 의미는 하나님의 구속사의 진행입니다. 존재하는 세계와 세계사는 인류 구원을 성취해 가는 하나님의 위대하신 선교의 장이요 무대입니다. 특히 역사 세계에 존재하는 잃어버린 아브라함의 자손을 찾아 구원하는 구원 역사는 진정한 역사의 참된 의미입니다.

하나님은 이 일을 위하여 구약 시대에는 그의 선지자들을 통하여 예언하였습니다. 그리고 때가 찼을 때 그 아들 예수 그리스도를 보내어 말씀하게 하였습니다. 그의 십자가 대속 사역의 완성 후에는 성령님을 통하여 다시 나타났습니다. 그 성령님은 성경이라는 계시 매체를 통하여 우리에게 말씀하고 있습니다.

그래서 과거 2천년 동안 하나님의 말씀이 역사의 한 가운데서 왕성하였습니다. 이 말씀의 왕성은 바로 '복음 운동의 왕성'을 뜻합니다. '복음 운동의 왕성'이란 예수 믿는 신자의 수가 더해 감을 가리킵니다. 그것은 하나님의 능력을 입증하는 것입니다. 그것은 바로 주의 승리, 복음의 승리, 교회 운동의 승리를 말하는 것입니다.

개인의 삶 속에 말씀이 왕성해야 합니다. 그것은 바로 '성령 충만의 삶'을 의미합니다. '성령 충만의 삶'은 초대교회 베뢰아 사람들처럼 하나님의 말씀을 '간절한 마음으로'(μετὰ πάσης προθυμίας, 자발적인 모든 열성과 함께) 받고, 그 말씀이 성경과 일치하는지, 혹 어긋나지는 않는지 확인하기 위해 날마다 성경을 상고하고(ἀνακρίνοντες, 자세히 조사하는) 묵상하며, 기도하고 전하는 삶입니다.

성경을 상고하고 묵상할 때, 성경을 바르게 연구하고 해석할 수 있어야 합니다. 그래야 올바르게 가르치고 전할 수 있습니다. 하나님의 말씀인 성경이 기록될 때의 언어는 이미 수천 년 전에 사용된 고대언어이기 때문에, 그 당시 무슨 뜻으로 사용되었는지 단어(words), 구(phrase), 문맥(context), 병행구절(parallel passages), 문법(grammar) 등을 연구하여 저자의 뜻을 찾으려는 노력을 해야 합니다. 물론 성령님의 조명하심을 통해서 말입니다.

오늘날 우리들이 읽고 있는 번역 성경은 원문에서 직접 초역(初譯)한 것도 아니고 수없이 다른 언어로 중역(重譯)된 것을 또 다른 언어로 번역한 것이므로 번역에 오류가 없을 수는 없습니다. 번역에 번역을 거듭해 왔고, 고대와 현대간의 문화 및 사고방식의 차이와 고대어와 현대어 간에 표현 방식의 차이로 인해, 번역 성경을 통한 성경의 뜻을 정확히 이해하는 것은 결코 쉽지 않습니다. 고대어와 현대어 간의 정확한 상당어를 찾기가 어렵고, 동사의 시제와 화법도 다르게 표현되며, 성(性)과 수(數)의 구분 역시 고대어일수록 엄격하게 적용되며, 산문과 운문의 표현과 그 감동의 생생한 전달 같은 요소들은 현대어 번역으로는 한계가 있는 것입니다.

훌륭한 문학 작품들을 읽을 때, 선생은 학생들에게 해석이 가능하다면 번역문보다 원문을 읽도록 종용합니다. 왜냐하면 원문으로 된 것을 읽을 때 그 작품의 문학성에 관련된 깊고도 살아 있는 맛을 느낄 수 있기 때문입니다. 마찬가지로 성경을 읽을 때도 가능하다면 원어 성경을 읽는 것이 가장 좋습니다. 살아계신 하나님 말씀의 강력한 운동력과 생명의 능력을 강하게 체험할 수 있기 때문입니다. 따라서 성경을 날마다 상고하고 묵상하다보면 원어성경으로 돌아갈 수밖에 없을 것입니다.

물론 번역 성경이 원문을 백 퍼센트 정확하게 번역하였다면, 원문을 모르는 사람도 번역 성경의 연구와 묵상만으로도 충분할 것입니다. 하지만 오늘날의 번역 성경의 현주소는 결코 그렇지 않는 것 같습니다. 아무튼 번역 성경의 오류로부터 벗어나려면 원문 문법에 대한 지식을 충분히 습득하여 원문 성경을 많이 보고 연구하고 묵상하는 것이 무엇보다 필요합니 다. 특히 문법의 3요소(음운론, 형태론, 구문론) 중에, 문장을 이루는 단어들의 상호 관계를 연구하는 구문론(syntax)에 대한 지식을 습득하는 것이 무엇보다 필수적입니다. 구문론에 대한 지식이 없다면 원문 성경을 독해한다는 것은 불가능에 가까운 일일 것입니다. 물론 단어 연구 정도만으로 만족해야 할 것입니다.

오늘날 신학교에서의 성경 원어에 대한 교육은 어떻습니까? 음운론과 형태론 등의 기초 문법에만 한정되어 있고 구문론이라는 중급이상의 문법에 대한 교육은 거의 전무할 정도입니다. 신학교를 졸업하고 교문을 나서는 순간, 지난 3~4학기 동안 배워왔던 성경원어 문법에 대한 지식은 모두 사라지고 맙니다. 그러니까 바쁘고 할일 많은 목회 현장에서 원어 성경을 가지고 연구하고 묵상하기란 더더욱 어려운 것입니다. 물론 원어 연구를 한다고 하지만 원어 연구에 꼭 필요한 문법서(구문론서)를 만나기란 여간 힘드는 것이 아닙니다.

그럼에도 불구하고 성경원어 교육과 연구의 열악한 환경 속에서도, 짬을 내서 원어 성경을 날마다 연구하고 묵상하는 목회자님들, 신학생들, 그리고 원어 성경에 대한 많은 관심을 가지고 있는 평신도님들이 원문 성경에 쉽게 접근하고 해독하는데 도움을 줄 수 있는 헬라어 참고서를 출판하게 되었습니다. 오랫동안 목회 현장과 신학교에서 성경 원어를 가르치면서 먼저 상고했던 지식들을 독자들과 함께 나누고자 합니다. 물론 부족한 것이 많은 책입니다. 부족한 부분은 계속해서 보충·보완하여 출판할 계획입니다.

이 책, '직통 헬라어'는 구문론(문장론)을 중심한 문법서입니다. 이 책은 모든 문법을 식별하기 쉽도록 될 수 있는 한 공식화하였고, 모든 예문에는 직역과 해설을 붙여 헬라어 예문을 문법적으로 쉽게 이해할 수 있도록 하였습니다. 또한 헬라어 문장을 이루고 있는 단어의 관계들을 한국식 언어 교육 실정에 맞도록 배열·구성하였습니다. 특히 헬라어 예문 즉 헬라어 본문 하단에 영어문자 약어로 문법 분해(parsing)하여, 분해사전(analytical lexicons) 도움 없이도 독해가 가능하도록 하였습니다. 따라서 이미 시중에 나와 있는 각종 원문분해 성경을 사용하는 분들은 자연스레 독해할 수 있을 것입니다.

주님의 크신 은혜 가운데 문법서를 만들면서 두 차례나 디스크 수술을 받는 어려움도 겪었지만 무사히 원고를 마치고 출판하게 해주신 하나님께 진심으로 감사드리며 영광을 돌려드립니다. 아무쪼록 이 책이 원문 성경을 읽고 상고하는 독자에게 필독서가 되고 유익하고 친절한 벗이 되어서, 성경 속에 감추어져 있던 보화들을 많이 발견하여 그 기쁨도 같이 나누고, 무미건조한 신앙생활이 생명의 에너지로 충만케 되기를 소망합니다. 계속하여 후속편과 헬·히 단어장, 히브리어 및 아람어 문법서와 구문론 등등을 소개하고자 합니다. 많은 기도와 격려가 있기를 소망합니다.

2015년 10월

이 정 철

CONTENTS

형태론(Morphology)

구문론(Syntax)

3. 부 정 사 - 199

4. 분사 - 229

헬라어 문자와 발음(Writing and Sound)

대문자	소문자	명칭			음가		수	수표시
Α	α	ἄλφα	alpha	알파	a, a:	아	1	α′
Β	β	βῆτα	beta	베-타	b	ㅂ	2	β′
Γ	γ	γάμμα	gamma	감마	g	ㄱ	3	γ′
Δ	δ	δέλτα	delta	델타	d	ㄷ	4	δ′
Ε	ϵ	ἔψιλον	epsilon	엡시-ㄹ론	e	에(단)	5	ϵ′
Ζ	ζ	ζῆτα	zeta	제-타	dz, z	ㅈ	7	ζ′
Η	η	ητα	eta	에-타	e	에(장)	8	η′
Θ	θ	θῆτα	theta	테-타	th	ㅌㅎ	9	θ′
Ι	ι	ἰῶτα	iota	이오-타	i	이	10	ι′
Κ	κ	κάππα	kapa	카파	k	ㅋ	20	κ′
Λ	λ	λάμδα	lamda	람다	l	ㄹ	30	λ′
Μ	μ	μῦ	my	뮈-	m	ㅁ	40	μ′
Ν	ν	νῦ	ny	뉘-	n	ㄴ	50	ν′
Ξ	ξ	ξῖ	xi	크시	ks	ㅋㅅ	60	ξ′
Ο	ο	ὀμικρόν	omikron	오미-크론	o	오(단)	70	ο′
Π	π	πῖ	pi	피-	p	ㅍ	80	π′
Ρ	ρ	ῥῶ	hro	ㅎ로	r	ㄹ	100	ρ′
Σ	σ, ς	σιγμα	sigma	시그마	s	ㅅ	200	ς′
Τ	τ	ταῦ	tau	타우	t	ㅌ	300	τ′
Υ	υ	ὖψιλον	ypsilon	윕시-ㄹ론	ü(독)	위	400	υ′
Φ	ϕ	ϕῖ	phi	ㅍ히	ph	ㅍㅎ	500	ϕ′
Χ	χ	χῖ	chi	ㅋ히	ch(독)	ㅋㅎ	600	χ′
Ψ	ψ	ψῖ	psi	ㅍ시	ps	ㅍㅅ	700	ψ′
Ω	ω	ὦμέγα	omega	오-메가	o	오(장)	800	ω′

신약성경 헬라어 문자

1 βιβλος γενεσεως ιησου χριστου υιου δαυιδ υιου αβρααμ 2 αβρααμ εγεννησεν τον ισαακ ισαακ δε εγεννησεν τον ιακωβ
ιακωβ δε εγεννησεν τον ιουδαν και τους αδελφους αυτου 3 ιουδας δε εγεννησεν τον φαρες και τον ζαρα εκ της θαμαρ φαρες δε
εγεννησεν τον εσρωμ εσρωμ δε εγεννησεν τον αραμ 4 αραμ δε εγεννησεν τον αμιναδαβ αμιναδαβ δε εγεννησεν τον ναασσων
ναασσων δε εγεννησεν τον σαλμων 5 σαλμων δε εγεννησεν τον βοες εκ της ραχαβ βοες δε εγεννησεν τον ιωβηδ εκ της ρουθ
ιωβηδ δε εγεννησεν τον ιεσσαι 6 ιεσσαι δε εγεννησεν τον δαυιδ τον βασιλεα δαυιδ δε εγεννησεν τον σολομωνα εκ της του
ουριου 7 σολομων δε εγεννησεν τον ροβοαμ ροβοαμ δε εγεννησεν τον αβια αβια δε εγεννησεν τον ασαφ 8 ασαφ δε εγεννησεν
τον ιωσαφατ ιωσαφατ δε εγεννησεν τον ιωραμ ιωραμ δε εγεννησεν τον οζιαν 9 οζιας δε εγεννησεν τον ιωαθαμ ιωαθαμ δε
εγεννησεν τον αχας αχας δε εγεννησεν τον εζεκιαν 10 εζεκιας δε εγεννησεν τον μανασση μανασσης δε εγεννησεν τον αμως
αμως δε εγεννησεν τον ιωσιαν 11 ιωσιας δε εγεννησεν τον ιεχονιαν και τους αδελφους αυτου επι της μετοικεσιας βαβυλωνος
12 μετα δε την μετοικεσιαν βαβυλωνος ιεχονιας εγεννησεν τον σαλαθιηλ σαλαθιηλ δε εγεννησεν τον ζοροβαβελ 13 ζοροβαβελ δε
εγεννησεν τον αβιουδ αβιουδ δε εγεννησεν τον ελιακιμ ελιακιμ δε εγεννησεν τον αζωρ 14 αζωρ δε εγεννησεν τον σαδωκ σαδωκ
δε εγεννησεν τον αχιμ αχιμ δε εγεννησεν τον ελιουδ 15 ελιουδ δε εγεννησεν τον ελεαζαρ ελεαζαρ δε εγεννησεν τον ματθαν
ματθαν δε εγεννησεν τον ιακωβ 16 ιακωβ δε εγεννησεν τον ιωσηφ τον ανδρα μαριας εξ ης εγεννηθη ιησους ο λεγομενος χριστος
17 πασαι ουν αι γενεαι απο αβρααμ εως δαυιδ γενεαι δεκατεσσαρες και απο δαυιδ εως της μετοικεσιας βαβυλωνος γενεαι
δεκατεσσαρες και απο της μετοικεσιας βαβυλωνος εως του χριστου γενεαι δεκατεσσαρες 18 του δε [ιησου] χριστου η γενεσις
ουτως ην μνηστευθεισης της μητρος αυτου μαριας τω ιωσηφ πριν η συνελθειν αυτους ευρεθη εν γαστρι εχουσα εκ πνευματος
αγιου 19 ιωσηφ δε ο ανηρ αυτης δικαιος ων και μη θελων αυτην δειγματισαι εβουληθη λαθρα απολυσαι αυτην 20 ταυτα δε αυτου
ενθυμηθεντος ιδου αγγελος κυριου κατ οναρ εφανη αυτω λεγων ιωσηφ υιος δαυιδ μη φοβηθης παραλαβειν μαριαν την γυναικα
σου το γαρ εν αυτη γεννηθεν εκ πνευματος εστιν αγιου 21 τεξεται δε υιον και καλεσεις το ονομα αυτου ιησουν αυτος γαρ σωσει

1. 신약 성경 헬라어 문자

헬라어(Greek)는 헬라에 살고 있던 헬라인(῞Ελληνες)이 사용하던 언어로서 오늘날도 존재하고 있다. 헬라인은 아시아 중서부에서 발생한 대아리안족이 서쪽으로 이주한 원시 족속들 가운데서 남 구라파의 작은 반도로 이민해 간 한 족속으로, 발칸반도 남부의 Ἑλλας(Lat. Graecia)라 불리는 지방을 중심한 발칸 반도, 소아시아 해안 지방, 아드리아해 가운데의 섬, 흑해 연안, 남 이탈리아, 시실리, 아프리카 북 연안의 일부 등 지중해 전역에 널리 퍼져 많은 곳에 도시를 건설하고 살았다. 이러한 넓은 지리적 환경에서 비롯된 불균형으로 많은 방언을 생기게 하였다. 기원전 4세기 이전부터 많은 방언들이 분파되어 있었다. 그것들 중 대표적인 것으로 Ionic 방언, Attic 방언, Aeolic 방언, Doric 방언, Ionic-Attic 방언, Arcado-Cypian 방언 등이 있다.

호머(Homer, B.C. 900)로부터 알렉산더 대왕의 정복(B.C. 333)까지의 고전 시대(Classic Period)에서는 Attic 방언이 가장 우세하였다. 아리스토텔레스에서 그 극치를 이루었던 Attic 방언이 그 뒤에 발전한 모든 헬라어의 모형이 되어 신약성경 헬라어의 주요 기초가 되었다. 그 당시 알렉산더 대왕은 아시아와 애굽을 정복함과 동시에 헬라어를 보급시켰는데, 곧 대왕의 군대에 모여온 각지의 군인들은 서로의 의사를 쉽게 전달할 수 있는 새로운 언어가 절실하였다. 이것이 바로 구어체 헬라어, 즉 '코이네'(κοινή, 공통의) 헬라어이다.

대왕이 죽은 후, 로마 제국의 통치 아래 오히려 헬라 문명과 '코이네' 방언이 더욱 깊이 뿌리를 내리게 되었고, 수도 로마에서도 문인, 예술가, 상인들이 라틴어보다 헬라어를 더 즐겨 사용했다. 사도 바울 역시 헬라어로 로마인에게 헬라어로 편지를 써 보냈다. 구약의 LXX역(70인역)과 신약 성경의 저자들이 사용했던 이 '코이네 헬라어'는 로마 제국의 구석 구석까지 보급되었고, 공통어로서 통용되는 '세계 언어'(Lingua franca)가 되어 군대나 상인을 매개로 하여 급속도록 퍼져간 서민의 언어가 되었다.

'코이네 헬라어', 즉 신약 성경이 쓰여진 '코이네 시대'(Koine Period, B.C. 330 ~ A.D. 330)의 헬라어는 B.C. 5세기를 중심한 고전시대 아티카어(Attic)의 알파벳과 같다. 헬라어는 24개의 문자(자음-17, 모음-7)를 가지고 있으며, 고어에는 3개의 문자가 더 있었다. 헬라어에는 원래 알파벳(alphabet)에 대한 명칭이 없었으며 셈계통의 언어인 히브리어 알파벳을 모방한 페니키아어에서 차용해 온 것이다. '알파벳'이라는 명칭은 헬라어 문자의 첫 두 문자, 알파(a)와 베타(β)에 뿌리를 두고 있으며, 라틴어(Latine)에서는 '알파베툼' (alpabetum)이라고 했다.

성경 헬라어 문장은 대부분 소문자가 사용된다. 대문자는 영어와 같이 사용 빈도가 그리 높지 않고 주로 소문자가 사용되므로 소문자를 익히는 것이 중요하다. 단, 대문자를 사용할 경우는 고유명사(인명, 지명), 문단의 첫 글자, 직접 화법의 피전달부의 시작에 쓰인다. 성경 헬라어 발음은 경음화된 현대 헬라어(Modern Greek) 발음과는 차이가 나고, 또 성경 헬라어 발음도 학자에 따라 약간의 차이가 있다.

헬라어 액센트는 전통적으로 A.D. 200년경 비잔티움의 아리스토파네스(Aristophanes)가 사용한 것으로 널리 사용된 것은 중세시더 부터이다. A.D. 9세기경까지의 신약성경 대문자 사본(Uncial Manuscript)에는 액센트, 띄어쓰기, 구두점, 쉼표조차 사용되지 않았다. 그러나 신약성경 비평본들이 대부분 액센트를 사용하고 있기 때문에 정확한 원문 해석을 위해서는 액센트를 알아 둘 필요가 있다.

이처럼 헬라어의 대문자(Uncial letter)와 소문자(Minuscule letter)는 그 기원이 다르다. 처음에는 대문자만이 사용되었다. 그러나 A.D. 9세기경 이후부터 소문자가 일반적으로 사용되었고 대개의 사본이나 오늘날의 인쇄체는 다음과 같은 모양을 쓰고 있다.

Α Β Γ Δ Ε Ζ Η Θ Ι Κ Λ Μ Ν
Ξ Ο Π Ρ Σ Τ Υ Φ Χ Ψ Ω
α β γ δ ε ζ η θ ι κ λ μ ν
ξ ο π ρ ς σ τ υ φ χ ψ ω

*** 헬라어 알파벳 표기 방법**

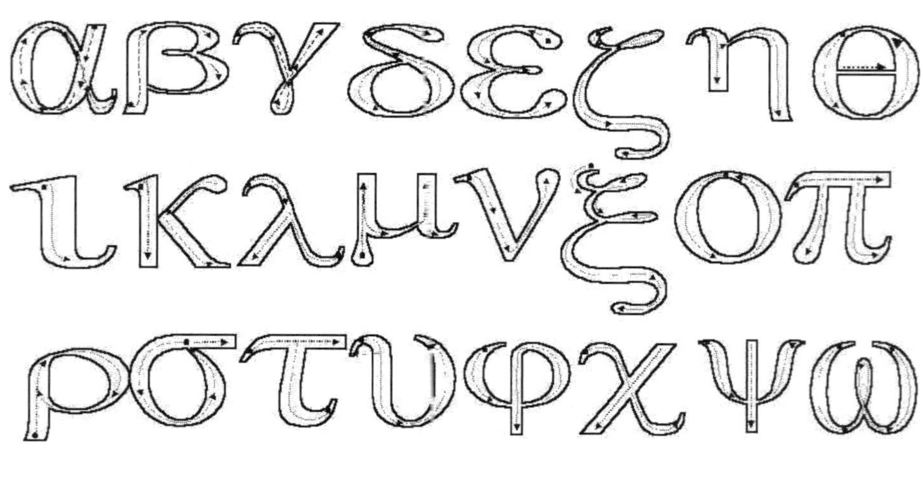

1) 자음(consonant)과 모음(vowel)

(1) 단모음 : α, ϵ, ι, ο, υ (아, 에, 이, 오, 우(or 위))

(2) 장모음 : ᾱ, η, ῑ, ω, ῡ (아-, 에-, 이-, 오-, 우-(or 위-))

(3) 단모음도 되고 장모음도 되는 모음 : α, ι, υ (아, 이, 우(or 위))

(4) 이중모음 : αι, ϵι, οι (아이, 에이, 오이)
αυ, ϵυ, ου (아우, 유, 우)
υι (위)

(5) 이오타 하기(iota subscript, 下記)

① 장모음 α, η, ω가 ι(이오타)와 함께 구성될 때, α, η, ω 밑에 ι(이오타)가 쓰여 ᾳ, ῃ, ῳ (아, 에, 오 : 하기된 ι는 발음 안함)로 표기되는 것을 말한다.

② 대문자 A, H, O가 ι(이오타)와 함께 구성될 때는 대문자 옆에 Aι, Hι, Oι로 표기한다.

(6) γ뒤에 γ, κ, ξ, χ가 바로 오면, 앞의 γ는 'ㅇ'(ng)으로 발음된다.

예) ἄγγϵλος → '악겔로스'가 아닌 '앙겔로스'로 발음.
Ἔλϵγχος → '엘렉코스'가 아닌 '엘렝코스'로 발음.

(7) ρ가 단어 첫머리에 위치할 때 'ῥ'로 표기되고 발음은 'ㅎㄹ'로 한다.

(8) σ가 단어 끝에 올 때는 ς로 표기된다.

(9) 숨표(Breathing) - 첫음절 모음 위에만 올 수 있다.

① ' : 연한 숨표(Smooth) : 발음에 영향이 없다.

② ῾ : 거친 숨표(Rough) : 거친 'ㅎ' 소리가 첨가된다 (예외 : ῥ 자음 위에 표기).

단어 첫머리에 모음이 올 때는 자동적으로 연한 숨표가 그 모음 위에 붙고 거친 숨표는 붙는 단어가 정해져 있다. 이중 모음이 올 때는 두 번째 모음 위에 붙는다.

예) ἀμήν (아-메-ㄴ)

αἰώνιον (아이오-니온)

ἡμῖν (헤-미-ㄴ)

αἷμα (하이-마)

(10) 가름표(Diaeresis, ¨)

이중모음과 모음과의 분리를 위한 표시로 ι, υ 모음 위에 붙는다. 가름표가 있는 모음 위에 액센트가 올 경우 가름표 사이에 액센트가 찍힌다.

예) προΐστημι → προ-ι-στη-μι

⇨ οι가 이중모음이 아닌 ο, ι 분리 발음되는 두 개의 모음이다.

(11) 구두점(punctuation)

① 쉼표(,): 비한정절 분리 시, 여러 개의 등위절 나열 시, 2~3개 이상의 단어, 구, 절을 동등한 자리에 연결할 때, 문의 독립요소(감탄, 호격, 삽입 등)와 동격어는 쉼표로 분리 등등 영어에서나 우리말에서처럼 쓰인다.

② 마침표(.): 한 문장을 끝맺는 종지부(period)이다.

③ 물음표(;): 헬라어 문장에서 의문부호(?)의 기능을 한다.

④ 설명 or 비교(˙): 영어의 세미콜론(;)과 콜론(:)의 역할을 하지만, 특히 앞 문장에 대한 보충 · 부연 · 설명을 이끌며, 앞 말에 대한 내용을 구체적으로 열거하는 역할을 한다.

(12) 액센트(Accent)

헬라어 엑센트는 B.C. 2세기 경 비잔틴의 아리스토파네스(Aristophanes)가 그 정확한 발음을 가르치기 위해 발명한 것이라고 한다. 헬라어의 액센트는 우리가 흔히 말하는 강약(stress accent)이 아니라 음악적인 고저를 나타내는 표식(musical pitch)이었다. 헬라어의 액센트는 3가지로 모음 위에 붙는다.

① 에큐트(´ , accute): 예리하며 높게 발음.

② 써컴플렉스(῀ , circumflex): 낮으나 무겁고 넓게 발음.

③ 그레이브(` , grave): 조금 높게 발음.

(13) 이중 모음 위에 액센트가 올 때는 두 번째 모음 위에 붙는다.

예) 단일 모음일 때 ⇨ ἄνθρωπος

이중 모음일 때 ⇨ αἷμα

(14) 낱말의 시작하는 모음이 대문자일 경우, 그 대문자 모음 위에 숨표, 또는 숨표와 액센트가 같이 올 때는 아래(예)와 같이 표기된다.

예) Ἰησοῦς (숨표가 Ι 왼편 위에)

Ἡρῴδου (숨표가 Η 왼편 위에)

Ἥ (숨표와 액센트가 Η 왼편 위에 오며, 숨표가 먼저 오고 액센트가 뒤에 온다.)

(15) 읽기 연습

ἀγάπη = 아+ㄱ+ㅏ+ㅍ+ㅔ = 아가페

δοῦλος = ㄷ+ㅜ+ㄹ+ㄹ+ㅗ+ㅅ = 둘로스

σάρξ = ㅅ+ㅏ+ㄹ+ㅋㅅ = 사르크스

ψῆφος = ㅍㅅ+ㅔ+ㅍㅎ+ㅗ+스 = 프세포스(이중자음의 앞 음을 받침으로 사용)

(16) 음절(Syllable)

헬라어 단어는 모음이나 이중모음에 의해 음절이 구성되는데 음절은 단어 끝에서부터 모음 앞까지를 한 음절로 보며, 끝에서 첫 음절을 **얼티마**(Ultima), 끝에서 두 번째 음절은 **피널트**(penult), 끝에서 세 번째 음절은 **엔티피널트**(Antepenult)라 부르고 이외 음절의 명칭은 없다.

예) προσεύχομαι ⇨ προ σευ χο μαι (단어 끝에서부터 모음 앞까지, 총 4음절)

③ ② ① (① 얼티마 ② 피널트 ③ 엔티피널트)

2) 자음과 모음의 변화

(1) 모음 생략(Ellipsis)

단모음(α, ϵ, ι, ο)으로 끝나는 낱말은 모음으로 시작되는 낱말 앞에서 단어 끝모음 α, ϵ, ι, ο 가 생략되고 생략 부호 (’ : Apostrophe)가 붙으며, 발음은 두 단어를 붙여서 소리 낸다.

예) ἀλλά ἐλώ (알라 에고) ⇨ ἀλλ’ ἐγώ (알레고)
ἀπὸ ἀρχη (아포 아르케스) ⇨ ἀπ’ ἀρχη (아파르케스)
μετά ἐμου (메타 에무) ⇨ μετ’ ἐμου (메테 무)

(2) 모음의 융합(Crasis)

낱말의 끝모음과 다음 낱말의 첫 모음이 융합되어, 두 낱말이 한 낱말이 된 것을 말한다.
καὶ ἐχώ (카이 에코) ⇨ κἀχώ (카코)
τὸ ὄνομα (토 오노마) ⇨ τοὔνομα (투노마)

(3) 자음의 동음이화(同音異化, Assimilation)

자음이 다른 자음으로 변하는 것을 말한다.

① ν는 κ-음(γ, κ, χ) 앞에서 γ로 변한다.
συ<u>ν</u> κοινωνός(순 코이노노스) ⇨ συ<u>γ</u> κοινωνός(숭 코이노노스).

② ν는 π-음(β, π, φ) 앞에서 μ로 변한다.
συ<u>ν</u> πάσχω(순 파스코) ⇨ συ<u>μ</u> πάσχω(숨 파스코).

③ κ, π, τ는 다음에 오는 거친 숨표(‘)와 합하여 아래와 같이 변한다.

a. κ는 χ로 변함

: οὐκ οὗτος(우크 후토스) ⇨ οὐχ οὗτος(우크 후토스)

b. π는 φ로 변함

: ἀπὸ + Ἵημι(아포 히에미) ⇨ ἀπίημι(아피에미) → ἀφίημι(아피에미)

c. τ는 θ로 변함

: κατὰ + ὁράω(카타 호라오) ⇨ καθοράω(카도라오)

④ ἐκ 전치사 다음에 모음으로 시작하는 단어가 올 때는 ἐκ가 ἐξ로 변한다.

ἐκ ἔργων(에크 에르곤) ⇨ ἐξ ἔργων(에 + ㅋㅅ + 에르곤 = 엑세르곤)

⑤ 유활음(λ, ρ) 앞에 있는 ν는 λ, ρ가 된다.

συν + λαμβάω ⇨ συλ + λαμβάνω ⇨ συλλαμβάνω

⑥ ν는 σ 앞에서 σ가 된다.

σύν + σωμος ⇨ σύσ + σωμος ⇨ σύσσωμο“

3) 읽기 연습(Reading). 요일 1:1 - 2:21.

Ὃ ἦν ἀπ' ἀρχῆς, ὃ ἀκηκόαμεν, ὃ ἑωράκαμεν τοῖς ὀφθαλμοῖς ἡμῶν, ὃ
호 엔 아프 아르케스 호 아케코아멘 호 헤오라카멘 토이스 달모이스 헤몬 호

ἐθεασάμεθα καὶ αἱ χεῖρες ἡμῶν ἐψηλάφησαν περὶ τοῦ λόγου τῆς ζωῆς·
에데아사메다 카이 하이 케이레스 헤몬 셀라페산 페리 투 로구 테스 조에스

καὶ ἡ ζωὴ ἐφανερώθη, καὶ ἑωράκαμεν καὶ μαρτυροῦμεν καὶ ἀπαγγέλλομεν
카이 헤 조에 에파네로데 카이 헤오라카멘 카이 마르튀루멘 카이 아팡겔로멘

ὑμιτὴν ζωὴν τὴν αἰώνιον ἥτις ἦν πρὸς τὸν πατέρα καὶ ἐφανερώθη ἡμῖν·
휘미텐 조엔 텐 아이오니온 헤티스 엔 프로스 톤 파테라 카이 에파네로데 헤민

ὃ ἑωράκαμεν καὶ ἀκηκόαμεν, ἀπαγγέλλομεν καὶ ὑμῖν, ἵνα καὶ ὑμεῖς κοινωνίαν
호 헤오라카멘 카이 아케코아멘 아팡겔로멘 카이 휘민 히나 카이 휘메이스 코이노니안

ἔχητε μεθ' ἡμῶν. καὶ ἡ κοινωνία δὲ ἡ ἡμετέρα μετὰ τοῦ πατρὸς καὶ μετὰ
케테 메드 헤몬 카이 헤 코이노니아 데 헤 헤메테라 메타 투 파트로스 카이 메타

τοῦ υἱοῦ αὐτοῦ Ἰησοῦ Χριστοῦ.
투 휘우 아우투 이에수 크리스투

καὶ ταῦτα γράφομεν ἡμεῖς, ἵνα ἡ χαρὰ ἡμῶν ᾖ πεπληρωμένη.
카이 타우타 그라포멘 헤메이스 히나 헤 카라 헤몬 에 페플레로메네

Καὶ ἔστιν αὕτη ἡ ἀγγελία ἣν ἀκηκόαμεν ἀπ' αὐτοῦ καὶ ἀναγγέλλομεν ὑμῖν,
카이 에스틴 하우테 헤 앙겔리아 헨 아케코아멘 앞 아우투 카이 아낭겔로멘 휘민

ὅτι ὁ θεὸς φῶς ἐστιν καὶ σκοτία ἐν αὐτῷ οὐκ ἔστιν οὐδεμία.
호티 호 데오스 포스 에스틴 카이 스코티아 엔 아우토 우크 에스틴 우데미아

ἐὰν εἴπωμεν ὅτι κοινωνίαν ἔχομεν μετ' αὐτοῦ καὶ ἐν τῷ σκότει περιπατῶμεν,
에안 에이포멘 호티 코이노니안 에코멘 메트 아우투 카이 엔 토 스코테이 페리파토멘

ψευδόμεθα καὶ οὐ ποιοῦμεν τὴν ἀλήθειαν·
프슈도메다 카이 우 포이우멘 텐 알레데이안

ἐὰν ἐν τῷ φωτὶ περιπατῶμεν, ὡς αὐτός ἐστιν ἐν τῷ φωτί, κοινωνίαν ἔχομεν
에안 엔 토 포티 페리파토멘 호스 아우토스 에스틴 엔 토 포티 코이노니안 에코멘

μετ' ἀλλήλων, καὶ τὸ αἷμα Ἰησοῦ τοῦ υἱοῦ αὐτοῦ καθαρίζει ἡμᾶς ἀπὸ πάσης
메트 알레론 카이 토 하이마 이에수 투 휘우 아우투 카다리제이 헤마스 아포 파세스

ἁμαρτίας.
하마르티아스

ἐὰν εἴπωμεν ὅτι ἁμαρτίαν οὐκ ἔχομεν, ἑαυτοὺς πλανῶμεν καὶ ἡ ἀλήθεια οὐκ
에안 에이포멘 호티 하마르티안 우크 에코멘 헤아우투스 플라노멘 카이 헤 알레데이아 우크

ἔστιν ἐν ἡμῖν.
에스틴 엔 헤민

ἐὰν ὁμολογῶμεν τὰς ἁμαρτίας ἡμῶν, πιστός ἐστιν καὶ δίκαιος, ἵνα ἀφῇ ἡμῖν
에안 호모로고멘 타스 하마르티아스 헤몬 피스토스 에스틴 카이 디카이오스 히나 아페 헤민

τὰς ἁμαρτίας καὶ καθαρίσῃ ἡμᾶς ἀπὸ πάσης ἀδικίας.
타스 하마르티아스 카이 카다리세 헤마스 아포 파세스 아디키아스

ἐὰν εἴπωμεν ὅτι οὐχ ἡμαρτήκαμεν, ψεύστην ποιοῦμεν αὐτόν, καὶ ὁ λόγος
에안 에이포멘 호티 우크 헤마르테카멘 프슈스텐 포이우멘 아우톤 카이 호 로고스

αὐτοῦ οὐκ ἔστιν ἐν ἡμῖν.
아우투 우크 에스틴 엔 헤민

Τεκνία μου, ταῦτα γράφω ὑμῖν ἵνα μὴ ἁμάρτητε. καὶ ἐάν τις ἁμάρτῃ,
테크니아 무 타우타 그라포 휘민 히나 메 하마르테테 카이 에안 티스 하마르테

παράκλητον ἔχομεν πρὸς τὸν πατέρα Ἰησοῦν Χριστὸν δίκαιον·
파라클레톤 에코멘 프로스 톤 파테라 이에수 크리스톤 디카이온

καὶ αὐτὸς ἱλασμός ἐστιν περὶ τῶν ἁμαρτιῶν ἡμῶν, οὐ περὶ τῶν ἡμετέρων δὲ
카이 아우토스 힐라스모스 에스틴 페리 톤 하마르티온 헤몬 우 페리 톤 헤메테론 데

μόνον ἀλλὰ καὶ περὶ ὅλου τοῦ κόσμου.
모논 알라 카이 페리 홀루 투 코스무

Καὶ ἐν τούτῳ γινώσκομεν ὅτι ἐγνώκαμεν αὐτόν, ἐὰν τὰς ἐντολὰς αὐτοῦ
카이 엔 투토 기노스코멘 호티 에그노카멘 아우톤 에안 타스 엔톨라스 아우투

τηρῶμεν.
테로멘

ὁ λέγων ὅτι ἔγνωκα αὐτὸν καὶ τὰς ἐντολὰς αὐτοῦ μὴ τηρῶν ψεύστης ἐστίν,
호 레곤 호티 에그노카 아우톤 카이 타스 엔톨라스 아우투 멘 테론 프슈스테스 에스틴

καὶ ἐν τούτῳ ἡ ἀλήθεια οὐκ ἔστιν·
카이 엔 투토 헤 알레데이아 우크 에스틴

ὃς δ᾽ ἂν τηρῇ αὐτοῦ τὸν λόγον, ἀληθῶς ἐν τούτῳ ἡ ἀγάπη τοῦ θεοῦ
호스 드 안 테레 아우투 톤 로곤 알레도스 엔 투토 헤 아가페 투 데우

τετελείωται· ἐν τούτῳ γινώσκομεν ὅτι ἐν αὐτῷ ἐσμεν.
테텔레이오타이 엔 투토 기노스코멘 호티 엔 아우토 에스멘

ὁ λέγων ἐν αὐτῷ μένειν ὀφείλει, καθὼς ἐκεῖνος περιεπάτησεν, καὶ αὐτὸς
호 레곤 엔 아우토 메네인 오페일레이 카도스 에케이노스 페리에파테센 카이 아우토스

οὕτως περιπατεῖν.
후토스 페리파테인

Ἀγαπητοί, οὐκ ἐντολὴν καινὴν γράφω ὑμῖν ἀλλ᾽ ἐντολὴν παλαιὰν ἣν εἴχετε
아가페토이 우크 엔톨렌 카이넨 그라포 휘민 알 엔톨렌 팔라이안 헨 에이케테

ἀπ᾽ ἀρχῆς· ἡ ἐντολὴ ἡ παλαιά ἐστιν ὁ λόγος ὃν ἠκούσατε.
앞 아르케스 헤 엔톨레 헤 팔라이아 에스틴 호 로고스 혼 에쿠사테

πάλιν ἐντολὴν καινὴν γράφω ὑμῖν ὅ ἐστιν ἀληθὲς ἐν αὐτῷ καὶ ἐν ὑμῖν, ὅτι ἡ
팔린 엔톨렌 카이넨 그라포 휘민 호 에스틴 알레데스 엔 아우토 카이 엔 휘민 호티 헤

σκοτία παράγεται καὶ τὸ φῶς τὸ ἀληθινὸν ἤδη φαίνει.
스코티아 파라게타이 카이 토 포스 토 알레디논 에데 파이네이

Ὁ λέγων ἐν τῷ φωτὶ εἶναι καὶ τὸν ἀδελφὸν αὐτοῦ μισῶν ἐν τῇ σκοτίᾳ ἐστὶν ἕως ἄρτι.

ὁ ἀγαπῶν τὸν ἀδελφὸν αὐτοῦ ἐν τῷ φωτὶ μένει, καὶ σκάνδαλον ἐν αὐτῷ οὐκ ἔστιν·

ὁ δὲ μισῶν τὸν ἀδελφὸν αὐτοῦ ἐν τῇ σκοτίᾳ ἐστὶν καὶ ἐν τῇ σκοτίᾳ περιπατεῖ καὶ οὐκ οἶδεν ποῦ ὑπάγει, ὅτι ἡ σκοτία ἐτύφλωσεν τοὺς ὀφθαλμοὺς αὐτοῦ. Γράφω ὑμῖν, τεκνία, ὅτι ἀφέωνται ὑμῖν αἱ ἁμαρτίαι διὰ τὸ ὄνομα αὐτοῦ. γράφω ὑμῖν, πατέρες, ὅτι ἐγνώκατε τὸν ἀπ᾽ ἀρχῆς.

γράφω ὑμῖν, νεανίσκοι, ὅτι νενικήκατε τὸν πονηρόν. ἔγραψα ὑμῖν, παιδία, ὅτι ἐγνώκατε τὸν πατέρα.῎γραψα ὑμῖν, πατέρες, ὅτι ἐγνώκατε τὸν ἀπ᾽ ἀρχῆς. ἔγραψα ὑμῖν, νεανίσκοι, ὅτι ἰσχυροί ἐστε καὶ ὁ λόγος τοῦ θεοῦ ἐν ὑμῖν μένει καὶ νενικήκατε τὸν πονηρόν. Μὴ ἀγαπᾶτε τὸν κόσμον μηδὲ τὰ ἐν τῷ κόσμῳ. ἐάν τις ἀγαπᾷ τὸν κόσμον, οὐκ ἔστιν ἡ ἀγάπη τοῦ πατρὸς ἐν αὐτῷ· ὅτι πᾶν τὸ ἐν τῷ κόσμῳ, ἡ ἐπιθυμία τῆς σαρκὸς καὶ ἡ ἐπιθυμία τῶν ὀφθαλμῶν καὶ ἡ ἀλαζονεία τοῦ βίου, οὐκ ἔστιν ἐκ τοῦ πατρὸς ἀλλ' ἐκ τοῦ

κόσμου ἐστίν.

καὶ ὁ κόσμος παράγεται καὶ ἡ ἐπιθυμία αὐτοῦ, ὁ δὲ ποιῶν τὸ θέλημα τοῦ

θεοῦ μένει εἰς τὸν αἰῶνα.

Παιδία, ἐσχάτη ὥρα ἐστίν, καὶ καθὼς ἠκούσατε ὅτι ἀντίχριστος ἔρχεται, καὶ

νῦν ἀντίχριστοι πολλοὶ γεγόνασιν, ὅθεν γινώσκομεν ὅτι ἐσχάτη ὥρα ἐστίν.

ἐξ ἡμῶν ἐξῆλθαν ἀλλ' οὐκ ἦσαν ἐξ ἡμῶν, εἰ γὰρ ἐξ ἡμῶν ἦσαν, μεμενήκεισαν

ἂν μεθ' ἡμῶν– ἀλλ' ἵνα φανερωθῶσιν ὅτι οὐκ εἰσὶν πάντες ἐξ ἡμῶν.

4) 약어 및 기호표[1]

품 사				격	성	수	인칭
N 명사	P 대명사(인칭)			N 주격 G 소유격 D 여격 A 목적격 V 호격	M 남성 F 여성 N 중성	S 단수 P 복수	1 1인칭 2 2인칭 3 3인칭
	법	시	태	격	성	수	인칭
V 동사	I 직설법 S 가정법 O 소원법 M 명령법 N 부정사 P 분사 R 명령분사	P 현재 I 미완료 F 미래 A 과거 R 완료 L 과거완료	A 능동태 M 중간태 P 수동태 F 중,수동태 D 중간디포 O 수동디포 N 중,수디포	N 주격 G 소유격 D 여격 A 목적격 V 호격	M 남성 F 여성 N 중성	S 단수 P 복수	1 1인칭 2 2인칭 3 3인칭
A 형용사	P 형용대명사 D 부사	C 기수 O 서수 R 관계사 I 부정사 T 의문사 D 지시사 M 비교급 S 최상급		N 주격 G 소유격 D 여격 A 목적격 V 호격	M 남성 F 여성 N 중성	S 단수 P 복수	1 1인칭 2 2인칭 3 3인칭
D 관사				N 주격 G 소유격 D 여격 A 목적격 V 호격	M 남성 F 여성 N 중성	S 단수 P 복수	
P 전치사				G 소유격 D 여격 A 목적격			
J 접속사	S 종속접속사 C 대등접속사 H 우위접속사			* (□) … 같이 사용(Used as) & 그리고, … 와(and) / 또는(or) \ (†) 또는(or), 사본상 차이 + 상호 연결표			
Q 불변사	S 문장불변사 T 의문불변사 V 동사불변사						

1) 원어성서원 편집부 편, 『스테판 원어성경 신약』(서울: 원어성서원, 1993). 약어표 참조.

5) 원문 성경 본문 안내

strong code(성구사전번호) TR 본문 UBS[4] 본문

	2038	3361	3588	1035	3588	622
	ἐργάξσθε	μή	τήν	Βρῶσιν	τήν	ἀπολλυμένην,
	work	not(for)	the	food	which	perishes,
	일하지	말고		양식을		썩는
요 6.27	ἐργάξσθε	μή	τήν	Βρῶσιν	τήν	ἀπολλυμένην,
	VMPNP2	AD	DAFS	NAFS	DAFS	VPPMAFS
	ἐργάζομαι					ἀπολλυμι

3588	3306	1519	2222	166	3739	3588
τήν	μένουσαν	εἰς	ζωήν	αἰώνιον,	ἥν	ὁ
which	abides	unto	life	eternal,	which	the
	있는	하도록	생	영	양식은	
τήν	μένουσαν	εἰς	ζωήν	αἰώνιον,	ἥν	ὁ
DAFS	VPPMAFS	PA	NAFS	AAFS	APRNFS	DANM
	μένω					

문법분해(parsing) 기본형(어간, stem) 한글개역성경

약어 및 기호표

품사		격	성	수	인칭
N 명사	P 대명사(인칭)	N 주격 G 소유격 D 여격 A 목적격 V 호격	M 남성 F 여성 N 중성	S 단수 P 복수	1 1인칭 2 2인칭 3 3인칭

※ 본문 아래 문법 분해의 알파벳 중 첫 자는 약어표에서 품사를 지정해 주고 있고, 그 뒤의 알파벳은 해당 품사란에서 가로 방향으로 나가면서 위의 예대로 맞춰나가면 된다.

예) 앞 페이지의 본문에 나오는 단어	분해표에서 보는 순서
1. ζωην (생) NAFS 명사·목적격·여성·단수	N → 명사 A → 목적격(대격) F → 여성 S → 단수
2. ἐργάζεσθε (일하지) VMPNS2 동사·명령법·현재·중수동태디포·단수·2인칭	V → 동사 M → 명령법 P → 현재시상 N → 중·수동태디포 S → 단수 2 → 2인칭
3. αἰώνιον (영원한) AAFS 형용사·목적격·여성·단수	A → 형용사 A → 목적격(대격) F → 여성 S → 단수
4. την DAFS 관사·목적격·여성·단수	D → 관사 A → 목적격(대격) F → 여성 S → 단수
5. εἰς (향하여) PA 전치사·목적격	P → 전치사 A → 목적격(대격) * 대격 지배 전치사: 전치사는 이런 방법으로 명명된다. 왜냐하면 이 전치사 뒤에는 대격의 품사가 꼭 와야만 된다. 그 결과 전치사 구를 이룬다(속격지배전치사, 여격지배전치사, 대격지배전치사).

품 사

품사(The Parts of Speech, 品詞)

1) 헬라어 품사의 변화

(1) 변화사(Declination)

어형(語形)이 변화하는 품사로서, 크게 명사 변화와 동사 변화로 구분된다. 어형 변화의 형태에 따라 문장에서 낱말의 역할이 달라진다. 어형변화는 다음과 같다.

① **명사변화(Declension)**: 명사, 형용사, 대명사의 성·수·격의 변화.
[형용사는 명사 변화와 같고 관사, 대명사, 수사(의 일부)는 명사 변화에 준함]

② **동사변화(Conjugation, 인칭어미 변화)** : 동사의 활용.

헬라어에는 어간(stem)이라는 기간부(基幹部)가 있으며, 어간에는 여러 문자나 음절을 연결하여 성·수·격과 시상을 나타낸다. 또한 헬라어 낱말에는 어간보다 더 근원적이며 더 이상 분석할 수 없는 단위인 어근(root)이 있다.

헬라어 어간 자체는 명사나 동사 안에서 여러 형태로 변한다. 예를 들면, 동사 τιμάω(존경하다)의 어간은 *τῑμα-*, 명사 τιμή(존경)의 어간은 *τῑμᾱ*, 형용사 τίμιος(존경받는)의 어간은 *τῑμιο*처럼 여러 형태로 나타난다. 이들 단어들의 어간은 하나의 어근 *τι*에서 파생된 것이다.

(2) 불변화사(Indeclination)

어형(語形)이 변화하지 않는 품사로서, 전치사, 부사, 접속사, 접두사(불변사) 등이 있다.

2) 인칭, 성, 수, 격

헬라어 명사는 모두 모두 성(性), 수(數), 격(格)을 가진다

(1) 인칭(Person)

① **1인칭** (1) : 화자(말하는 사람)와 관계된 인칭(영어의 I, we 등).

② **2인칭** (2) : 청자(듣는 사람)와 관계된 인칭(영어의 you 등).

③ **3인칭** (3) : 이야기와 관계된 대상, 1인칭, 2인칭도 아닌 세상 모든 것은 다 3인칭. 명사는 일반적으로 3인칭에 속함.

(2) 성(Gender)

헬라어의 성(性)은 상당히 문법적인 것으로 자연적 성의 범주와 관계없는 것이 많다. 즉 문법적인 성은 종종 자연의 성과 일치하지 않는다. 남성, 여성, 중성이 있다.

① **남성** (M) : 남성은 생물(자연성) 외에, 바람, 달력, 하천 등(문법성). 특히 남성은 대표성 또는 실체가 있는 존재를 주로 표현한다.

② **여성** (F) : 여성의 생물(자연성) 외에, 나라, 섬, 도시, 나무, 성질이나 상태, 행동을 나타내는 추상명사 등(문법성). 특히 여성은 보이지 않는 추상적인 개념을 표현한다.

③ **중성** (N) : 이상의 것 외에 무생물이나 -ιον(지소사) 혹은 -ον으로 끝나는 낱말, 인용구·절, 부정사, 불변사 등.

(3) 수(Number)

헬라어 명사는 단수, 복수만 있다.

① **단수**(Singular) (S) : 한 사람 또는 하나의 사물을 나타냄.
예) ὁ ἀνθρωπος (한 사람)

② **복수**(Plural) (P) : 둘 이상의 사람 또는 사물을 나타냄.
예) ὁ ἀνθρωποι (사람들)

③ **쌍수**(Dual) : 둘 또는 짝을 이루는 한쌍. 성경 헬라어는 쌍수가 없고 복수로 대용. 호메로스 시대부터 사라지기 시작하여 쌍수는 칠십인역(LXX)과 신약 성경에는 나타나지 않음.

참고로, 헬라어 동사는 그 주어(명사 or 대명사)와 수(數)가 일치하여야 한다. 즉 주어가 단수이면 동사도 단수가 되고, 주어가 복수면 동사도 복수가 된다. 단, 중성복수주어는 단수 동사가 온다.

(4) 격(Case)

헬라어 명사의 격(格)은 문장 안에서 나머지 낱말들과의 문법적 관계를 보여준다. 명사의 격은 라틴어의 격과 일반적으로 같은 의미를 지닌다. 복수 주격과 호격은 항상 같다. 중성 주격, 호격, 대격은 단수, 복수에서 같다.

① **주격**(S, Nominative) : 행동의 주체가 되는 말로서, 한 문장에서 주어가 되는 격이다.
해석은 " ~ 는, ~ 은, ~ 이, ~ 가"로 한다.

② **소유격**(G, Genitive) : 속격이라고도 하며, 소유자를 나타내는 격이다.
소유의 격(~ 의, 소유의 개념 표현),
형용사적 기능(~ 한, 추상명사인 경우),
분리의 격(~로부터, 분리와 기원〈원인, 출처〉의 뜻)]

③ **여격**(D, Dative) : 간접목적어로서 개인의 관심, 수단을 나타내는 격이다.
간접목적격 (~ 에게),

관심과 초점의 격(~ 에게, ~을 향하여, ~을 위하여),
위치격(~ 위(안, 가운데, 옆)에, 위치의 정지 상태),
도구(수단)와 연합의 격(~로서, ~을 가지고, ~ 함께).

④ **목적격**(A, Accusative) : 대격이라고도 하며, 주어의 동작이 일어나고 있는 말로서 직접목적어를 나타내는 격이다.
타동사의 목적 (~ 을),
운동의 방향(~을 향하여),
범위의 격(시간: ~ 동안, 거리: 간격을 표현).

⑤ **호격**(V, Vocative) : 호격은 대개 주격과 같은 형태를 취하는 말로서, 독립적으로 사용된다. 감탄사가 호격에 해당된다.
직접 불러내는 말에 사용(~ 오!, ~ 아, ~ 이여).

참고로, 헬라어에서는 도구격(Instrumental), 처격(위치격, Locative), 탈격(Ablative) 등이 있었다. 그러나 이들 격의 역할은 속격과 여격의 기능으로 분리되었다. 주격과 호격 이외의 대격, 속격, 여격을 문법적으로 사격(斜格, oblique case)으로 분류한다. 왜냐하면 어떤 특징 동사나 전치사에 의해 격의 특성과 상관없이 지배를 받기(즉 기우러지기) 때문이다.

* 헬라어 타동사는 목적어(대격)를 취할 때, 소유격, 여격 목적어를 취하는 경우가 있다. 다시 말해서, 여격(간접목적격)지배동사, 속격(소유격)지배동사, 대격(목적격)지배동사 등으로 구별된다.

3) 명사(N, Noun)

(1) 정의

① 형상이 있건 없건 모든 것에 무엇이라고 이름이 붙여서 쓰는 말인데, 한 문장(sentence) 안에 주어(主語), 목적어(目的語), 보어(補語), 전치사(前置詞)의 목적어 등이 되는 말이다.
② 명사는 사물, 인물, 개념을 일컫는 말로서, 고유명사를 제외한 모든 명사는 성(性)을 나타내는 관사(冠詞)를 가지고 있다.
③ 영어 noun은 라틴어에서 이름을 뜻하는 nomen으로부터 유래되었다.

(2) 명사의 종류

① **보통명사**(Common Noun): 사람과 사물, 셀 수 있는 명사.

예) 사람(ἄνθρωπος), 강(ποταμός), 나무(δένδρον), 나귀(ὄνος) 등등

② **고유명사**(Proper Noun): 인명이나 지명 등 고유한 이름을 나타내는 명사. 고유명사는 관사를 붙이거나 복수로 하지 아니하며 대문자로 표현된다.

예) 예수(Ἰησοῦς), 이사야(Ἠσαΐας), 예루살렘(Ἱεροσόλυμα), 사단(Σατάν) 등등

③ **집합명사**(Collective Noun): 같은 종류의 것이 여럿 모여 있는 전체를 나타내는 명사.

예) 백성(λαός), 군대(λεγιώ), 민족(γένος), 무리(ὄχλος) 등등

④ **물질명사**(Material Noun): 일정한 형체가 없는 물질을 나타내는 명사.

예) 빛(φῶς), 물(ὕδωρ), 바람(ἄνεμος), 구리(χάλκεος) 등등

⑤ **추상명사**(Abstract Noun): 구체성 없이 추상적 개념을 언어로써 말하여 나타내는 명사.

예) 논의(διαλογισμός), 행위(ἔργον), 거룩함(ἁγιότης), 평화(εἰρήνη) 등등

> * 통성명사(統性名辭): 남성과 여성을 모두 나타낼 수 있는 명사.
> 예) (ὁ, ἡ) παῖς 소년, 소녀; (ὁ, ἡ) θεός 남신, 여신 등
> * 양성명사(兩性名辭): 동물의 명칭은 남성형과 여성형이 따로 있으나 하나의 문법성으로 남성과 여성을 함께 나타내는 명사.
> 예) 독수리(ὁ ἀετός), 여우(ἡ ἀλώπηξ) 등

4) 대명사(NP or AP, Pronoun)

대명사란 명사(라, nomen) 대신에(라, pro) 쓰는 품사이며, 명사나 형용사의 중복을 피하기

위해 사용된다. 인칭대명사는 NP-로, 그 외 대명사들은 AP-로 문법분해(parsing)된다.

(1) 대명사의 용법

① 대명사는 선행한 명사(선행사)를 대신한다.

예) βλεπω τα τεκνα και διδασκω αυτα.

βλεπω	τα	τεκνα	και	διδασκω	αυτα.
VIPAS1	DANP	NANP	JC	VIPAS1	NPANP3
		선행사			선행사 대신

⇨ **직역** : 내가 그 아이들을 본다. 그리고 내가 그들을 가르친다.

② 대명사가 명사를 대신할 때에 그 명사를 대명사의 선행사라고 한다.

예) βλεπω τον μαθητην και διδασκω αυτον.

βλεπω	τον	μαθητην	και	διδασκω	αυτον.
VIPAS1	DAMS	NAMS	JC	VIPAS1	NPAMS3
		인칭대명사의 선행사			인칭대명사

⇨ **직역** : 나는 그 제자를 본다. 그리고 내가 그를 가르친다.

③ 대명사는 성과 수에 있어서 선행사와 일치한다. 그러나 격은 다를 수가 있다.

예) μενω εν τω οικω και γινωσκω αυτον.

μενω	εν	τω	οικω	και	γινωσκω	αυτον.
VIPAS1	PD	DDMS	NDMS	JC	VIPAS1	NPAMS3
			선행사(남성, 단수)			인칭대명사(남성, 단수)

⇨ **직역** : 나는 그 집에 머무르고 있다. 그리고 내가 그를 가르친다.

예) 요 7:45. 직역: "그 하속들이 대제사장들과 바리새인들을 향하여 왔다. 그리고 저희(대제사장들과 바리새인들)가 그들(하속들)에게 말했다."

Ἦλθον	οὖν	οἱ	ὑπηρέται	πρὸς	τοὺς	ἀρχιερεῖς	καὶ	Φαρισαίους,
VIAAP3	JH	DNMP	NNMP	PA	DAMP	NAMP	JC	NAMP
			선행사(주격, 남성, 복수)					

καὶ	εἶπον	αὐτοῖς	ἐκεῖνοι·
JC	VIAAP3	NPDMP3	APDNMP
		인칭대명사(여격, 남성, 복수) - 선행사와 성·수 일치, 격 불일치.	

(2) 인칭대명사(NP–, Personal Pronoun)

사람이나 사물 대신에 사용되는 대명사다. 1인칭, 2인칭, 3인칭을 나타낸다. 인칭대명사는 인칭, 격, 수에 따라 해석하면 된다.

1인칭과 2인칭의 변화는 비슷하며 3인칭의 어미는 관사와 비슷하다. 3인칭·남성·주격·단수인 αὐτός는 '강의대명사'으로도 사용된다. 인칭대명사는 모두 호격이 없으며 ἐγώ와 σύ는 성의 구별이 없다. 1인칭에서, ἐμοῦ(NPGS1, 속격), ἐμοί(NPDS1, 여격), ἐμέ(NPAS1, 대격)은 강조형이며, μου(NPGS1, 속격), μοι(NPDS1, 여격), με(NPAS1, 대격)은 비강조형이다.

		1인칭	2인칭	3인칭		
		남, 여, 중	남, 여, 중	남성	여성	중성
단수	주격	ἐγώ	σύ	αὐτός	αὐτή	αὐτό
	속격	ἐμου(μου)	σου	αὐτοῦ	αὐτ	αὐτοῦ
	여격	ἐμοί (μοι)	σοί	αὐτῷ	αὐτῇ	αὐτῷ
	대격	ἐμέ (με)	σέ	αὐτόν	αὐτήν	αὐτό
복수	주격	ἡμείς	ὑμεῖς	αὐτοί	αὐταί	αὐτά
	속격	ἡμῶν	ὑμῶν	αὐτῶν	αὐτῶν	αὐτῶν
	여격	ἡμῖν	ὑμῖν	αὐτοῖς	αὐταις	αὐτοῖς
	대격	ἡμâν	ὑμâς	αὐτοῖς	αὐτας	αὐτά

인칭대명사의 용법은 다음과 같다.

① 인칭대명사의 주격(NPN–)은 강조할 때만 쓰인다. 즉 인칭대명사 주격은 동사의 내적 주어를 강조한다.

예) 마 24:5. 직역: "내가(강조) 그리스도이다"

ἐγώ εἰμι ὁ χριστός,

NPNS1 VIPAS1 DNMS NNMS

인칭대명사 주격(강조)

참고로, '내적주어'(Internal Subject)란 동사 자신이 가지고 있는 인칭주어이며, '외적주어'(External Subject)란 동사의 인칭수와 일치하는 외부의 주어 즉 명사, 고유명사, 인칭대명사 등이다.

② 비교할 때 인칭대명사의 주격(NPN-)을 사용한다.

예) 직역: "내가 말하고, 그리고 너는 쓴다." - "ἐγώ, σύ"의 비교

ἐγώ	λεγω,	συ	δε	γραφεί
NPNS1	VIPAS1	NPNS2	JC	VIPAS2
주격		주격		

③ 인칭대명사의 속격(NPG-)은 소유를 나타낼 때 사용되며, 비강조형을 사용한다.

예) 마 6:9. 직역: "그 하늘들 안에 계신 이! 우리 아버지여! 당신의 이름이 (단번에) 거룩하게 되어 지소서!"

Πάτερ	ἡμῶν	ὁ	ἐν	τοῖς	οὐρανοῖς·	ἁγιασθήτω	τὸ	ὄνομά	σου·
NVMS	NPGP1	DVMS	PD	DDMP	NDMP	VMAPS3	DNNS	NNNS	NPGS2
						부정과거 명령법(일시적 동작 명령)			소유

④ 전치사 구 ⟦ P(G, D A) + NP- ⟧ 에서 인칭대명사(NP-)는 강조형을 사용한다.

예) 갈 2:20. 직역: "그래서 그리스도께서 내 안에 살아 계신다."

ζῇ	δὲ	ἐν	ἐμοὶ	Χριστός·
VIPAS3	JC	PD	NPDS1	NNMS
	(전치사 + 인칭대명사의 강조형)			

예) ἐξ ἐμου (나에게서), ἀπ' ἐμου (나로부터)

⑤ 인칭대명사(NPD-)는 재귀의 뜻(자신을 반복)을 나타낼 때도 있다.

예) 마 6:19. 직역: "너희들은 너희 자신들을 위해 보물을 땅 위에 쌓아두지 말라."

"Μὴ	θησαυρίζετε	ὑμῖν	θησαυροὺς	ἐπὶ	τῆς	γῆς,
AD	VMPAP2	NPDP2	NAMP	PG	DGFS	NGFS
		재귀적의미				

⑥ 인칭대명사의 3인칭 αὐτός(NPNMS3)는 특별히 강의대명사로 사용된다. 강의대명사 편에서 자세히 설명.

(3) 지시대명사 또는 지시형용사(APD- or AD- , Demonstrative)

어떤 사람이나 사물을 지시(지적)하는 대명사이며, 이것들의 기능은 독립적(or 단독적)으로 쓰면 지시대명사(APD-)의 기능을 하며, 명사에 붙여서 쓰면(서술적 위치) 지시형용사(AD-)의 기능을 한다. 용법은 다음과 같다.

① 사람과 사물을 지시(지적)한다(AD-).

a. 가까운 것을 지시(지적)할 때, οὗτος(AD-, 이것, this) 사용.

예) 히 7:1. 직역: "이 멜기세덱은 살렘의 왕(~ 이다, 생략)" - 명사문장

Οὗτος	γὰρ	ὁ	Μελχισέδεκ,	βασιλεὺς	Σαλήμ,
ADNMS	JS	DNMS	NNMS	NNMS	NGFS

(ADNMS → NNMS: 지시)

b. 먼 것을 지시(지적)할 때, ἐκεινος(AD-, 저것, that) 사용.

예) 마 9:22. 직역: "저 여자는 그 때로부터 구원을 받았다."

ἐσώθη	ἡ	γυνὴ	ἀπὸ	τῆς	ὥρας	ἐκείνης.
VIAPS3	DNFS	NNFS	PG	DGFS	NGFS	ADGFS

(ADGFS → NNFS: 지시)

② 서술적 위치(AD-)에서, 지시형용사(AD-)는 지시하는 명사(N-)와 성·수·격이 일치한다 (명사는 언제나 관사(D-)를 취하며, 지시형용사(AD-)는 관사를 취하지 않음).

예) 마 7:22. 직역: "저 날에(저 날 안에서) 많은 사람들이 나에게 말을 할 것이다."

πολλοὶ	ἐροῦσίν	μοι	ἐν	ἐκείνῃ	τῇ	ἡμέρᾳ·
APNMP	VIFAP3	NPDS1	PD	ADDFS	DDFS	NDFS

(ADDFS → NDFS: 지시(성·수·격 일치))

③ 서술적 위치(AD-)에서, 지시형용사(AD-)는 지시하는 명사 앞과 뒤에 모두 위치할 수 있으며, 관사를 취하지 않는다.

예) οὗτος ὁ ἄνθρωπος 또는 ὁ ἄνθρωπος οὗτος : "이 사람은"

οὗτος	ὁ	ἄνθρωπος	또는	ὁ	ἄνθρωπος	οὗτος
ADNMS	DNMS	NNMS		DNMS	NNMS	ADNMS

(ADNMS → NNMS: 지시) (ADNMS → NNMS: 지시)

④ **지시대명사(APD-)는 지시하는 명사 없이 독립적으로 사용. 즉 문의 주어로서 사용된다. 이때 주어와 주격보어는 성·수·격이 일치해야 한다.**

예) 요 1:34. 직역: "이 사람이(남성) 하나님의 아들이다."

οὗτός	ἐστιν	ὁ	υἱὸς	τοῦ	θεοῦ.
APDNMS	VIPAS3	DNMS	NNMS	DGMS	NGMS
주어(이 남자는)			주격보어		

예) 요일 5:3. 직역: "이것이(여성) 하나님의 사랑이다."

αὕτη	ἐστιν	ἡ	ἀγάπη	τοῦ	θεοῦ,
APDNFS	VIPAS3	DNFS	NNFS	DGMS	NGMS
주어			주격보어		

예) 요 6:29. 직역: "이것이(중성) 하나님의 일이다."

τοῦτό	ἐστιν	τὸ	ἔργον	τοῦ	θεοῦ,
APDNNS	VIP AS3	DNNS	NNNS	DGMS	NFMS
주어			주격보어		

⑤ **지시대명사(APD-)가 관계대명사(APR-)의 선행사로 사용.**

예) 눅 7:49. 직역: "죄도 용서하는 이 사람은 누구냐?" - 2형식 문

τίς	οὗτός	ἐστιν	ὃς	καὶ	ἁμαρτίας	ἀφίησιν;
APTNMS	APDNMS	VIPAS3	APRNMS	JC	NAFP	VIPAS3
주어	주격보어(선행사)		관계대명사			

⑥ **경멸적 지시형용사(AD-).**

명사와 함께 쓰인 οὗτος 는 경멸적인 의미로 사용될 수 있다.

예) 눅 18:11. 직역: "내가 또한 이 세리(세금징수원)와 같이 아니함을 당신께 감사 드립니다."

εὐχαριστῶ	σοι	ὅτι	οὐκ	εἰμὶ	~	ἢ	καὶ	ὡς	οὗτος	ὁ	τελώνης·
VIPAS1	NPDS2	JC	AD	VIPAS1		JC	AD	JC	ADNMS	DNMS	NNMS
									(경멸적 지시형용사)		

⇨ 경멸적 지시형용사: 본문에서 바리새인은 자신이 경멸하는 자들인 '세리 및 다른 사람'과 자신을 비교하면서 자기는 토색, 불의, 간음을 하지 않는다고 기도하면서 스스로 의롭다고 생각하고 있다. 따라서 문맥상으로 οὗτος는 경멸적 요소인 세리 및 토색, 불의, 간음한 다른 사람들을 모두 지시한다.

⑦ 중성 지시대명사(APD-N-)는 동격절을 지시한다.

예) 눅 10:11. 직역: "게다가 너희들은 이것들을 알고 있다. 곧 하나님의 그 나라가 가까이 왔다는 것을."

πλὴν	τοῦτο	γινώσκετε	ὅτι	ἤγγικεν	ἡ	βασιλεία	τοῦ	θεοῦ.
JH	APDANS	VIPAP2	ABR	VIRAS3	DNFS	NNFS	DGMS	NGMS
	선행사		명사절(목적절)					

⇨ 문맥상, ὅτι가 ADR(관계부사)일 경우에는 선행사를 취한다. 이 때 선행사는 τοῦτο(APDANS)가 되므로 위의 보기 같이 번역된다. 그러나 ὅτι가 JC(등위접속사)일 경우에는 명사절(목적절)을 인도하므로, τοῦτο(APDANS)가 『ὅτι(JC) ~ 절』을 지시하는 동격을 이루게 된다. 둘 다 가능하다. 또한 τοῦτο(APDANS)가 『ἵνα(JC) ~ 절』과 함께 올 때도 『ὅτι ~ 절』의 경우와 동일하다.

⑧ 관사(D-)가 지시대명사(APD-) 역할.

관사는 때로 **μὲν**이나 **δὲ**와 함께 사용되어 본래의 지시대명사 역할을 한다.

예) 행 1:6. 직역: "그러므로 이 사람들이 함께 왔을 때 그에게 물으면서 말하기를,"

Οἱ	μὲν	οὖν	συνελθόντες	ἠρώτων	αὐτὸν	λέγοντες·
DNMP	JS/QS	JC	VPAANMP	VIIAP3	NPAMS3	VPPANMP
관사(이 사람들)			분사구문(시간)	주동사		분사구문(부대상황)

⇨ 관사 Οἱ가 μὲν과 함께 사용되어 문의 주어로서 지시대명사와 같은 역할을 한다. 분사 συνελθόντες는 '시간'(~ 할 때)을, 분사 λέγοντες는 '부대상황'를 나타내며 주동사를 수식하는 관계 분사 구문(부사적 용법)을 이루고 있다.

⑨ 관계대명사(APR-)가 지시대명사(APD-) 역할.

관계대명사(APR-)가 불변사(or 접두사) **μὲν**과 **δὲ**를 취하여 지시대명사 역할을 한다.

예) 고전 11:21. 직역: "이 사람은 굶주리며, 저 사람은 술에 취한다."

ὃς	μὲν	πεινᾷ	ὃς	δὲ	μεθύει.
APRNMS	JC	VIPAS3	APRNMS	JC	VIPAS3
관계대명사(이 사람)			관계대명사(저 사람)		

『μὲν + A ~ , δὲ + B ~』의 용법

a. 『μὲν(JC) + A ~ , δὲ(JC) + B ~』: A와 B는 동등관계.
b. 『μὲν(JS) + A ~ , δὲ(JC) + B ~』: A는 B보다 열등관계.
c. 『μὲν(QS) + A ~』: B가 없는 경우. 이것은 A의 뜻을 의도적으로 강화시키려고 하는 것이거나 성경 기자가 A에 상응하는 말(B)과 함께 연속하는 과정에서 혼란을 일으켜 B가 생략되었을 경우 발생한다.

예) 행 3:21. 직역: "참으로 하늘이 만유의 회복의 시간까지 반드시 그를(APRNMS, 예수) 받아야 한다."

ὃν	δεῖ	οὐρανὸν	μὲν	δέξασθαι	ἄχρι	χρόνων
APRNMS	VIPAS3	NAMS	QS	VNAD	PG	NGFS
	비인칭동사		문장접두사	부정사		

ἀποκαταστάσεως	πάντων
NGFS	APGNP

⇨ 『μὲν(QS) + A ~』 구조. 의도적으로 A의 강조 형태. 즉 예수께서 만유 회복의 때, 곧 재림의 때까지 하늘 보좌에 앉아 계실 것이라는 사실을 선포하는 내용을 의도적으로 강조.
비인칭 구문 『δεῖ + 부정사』 = ~ 하는 것이 필요하다, 반드시 ~ 해야 하다. 관계대명사 ὃν의 선행사는 앞 문장의 예수 그리스도.

⑩ 강의 대명사(NPD-)가 지시대명사(APD-) 역할.

강의대명사가 가끔 누가복음에서 지시대명사의 역할을 한다.

예) 눅 12:12. 직역: "성령이 이(그) 시간에, 말하는 것이 필요한 것(일)들(or 마땅히 말할 것)을 너희에게 가르치실 것이다."

τὸ	ἅγιον	πνεῦμα	διδάξει	ὑμᾶς	ἐν	αὐτῇ	τῇ	ὥρᾳ	ἃ	δεῖ	εἰπεῖν.
DNNS	ANNS	NNNS	VIFAS3	NPAP2	PD	NPDFZS	DDFS	NDFS	APRANP	VIPAS3	VNAA
						강의대명사			관계대명사		

⇨ 강의대명사 αὐτῇ가 관사 τῇ를 취한 명사 ὥρᾳ를 서술적 위치에서 지시하는 지시형용사(ADFS) 역할을 한다. 성수일치. 관계대명사 ἃ는 선행사가 생략되어 자체 선행사를 가진 경우. 『비인칭 동사(3인칭 단수) δει + 부정사』 = " ~ 하는 것이 필요하다, 마땅히 ~ 하다"

⑪ 신약성경에 10회 나오는 지시형용사(AD-).

ὅδε(남성), ἥδε(여성), τοδε(중성) : 「이것」

예) 약 4:13. 직역: "오늘이나 내일 우리는 이 도시로 갈 것이다(여행할 것이다)."

σήμερον	ἢ	αὔριον	πορευσόμεθα	εἰς	τήνδε	τὴν	πόλιν
AD	JC	AD	VIFDP1	PA	ADAFS 지시형용사	DAFS	NAFS

⇨ ὅδε(여성, 단수)의 대격 지시형용사 τήνδε가 서술적 위치에서 명사 πόλιν를 지시하고 있다. 성·수 일치.

⑫ **질(質, quality), 양(量, quantity), 수(數, number)를 나타내는 지시형용사**(AD-).

a. τοιοῦτος(남성), τοιαυτη(여성), τοιοῦτο(중성) : 와 같은(such)
b. τοσοῦτος(남성), τοισαυτη(여성), τοσοῦτο(중성) : 매우 큰(so great)
c. τοσοῦτοι(남성), τοσαῦται(여성), τοσαῦτα(중성) : 매우 많은(so many)

(4) 관계대명사(APR-, Relative)

일종의 관계어로서 『**접속사 + 대명사**』의 역할을 하는 대명사이다. 즉 대명사의 역할을 함과 동시에 절을 이끌어 선행하는 명사나 대명사에 연결시키는 접속사의 역할을 하는 것을 '관계대명사'라 한다. 관계대명사가 이끄는 절의 수식을 받는 (대)명사를 **선행사**(Antecedent)라 하며, 관계대명사 뒤에서 수식을 받는 (대)명사를 **후행사**(Postcedent)라 한다. 관계대명사는 영어의 who, which, what와 같다. 이것은 선행사를 취하기도 하고, 생략하기도 한다. 용법은 다음과 같다.

	단 수			복 수		
	남성	여성	중성	남성	여성	중성
주격	ὅς	ἥ	ὅ	οἵ	αἵ	ἅ
속격	οὗ	ἧς	οὗ	ὧν	ὧν	ὧν
여격	ᾧ	ᾗ	ᾧ	οἱ	αἷς	οἷς
대격	ὅν	ἥν	ὅ	οὕς	ἅς	ἅ

① 관계대명사(APR-)는 선행사(명사 또는 대명사)와 성, 수가 일치한다. 격은 반드시 일치하지 않는다. 격은 그것이 속한 절에서의 기능에 따라 독자적으로 결정된다.

예) 히 12:7. 직역: “아버지가 훈련시키지 않는 아들은 누구인가?”

τίς	γὰρ	υἱὸς	ὃν	οὐ	παιδεύει	πατήρ;
ATNMS	JS	NNMS	APRAMS	AD	VIPAS3	N-NM-S
who		선행사	관계대명사			

⇨ 선행사(υἱὸς)와 관계대명사(ὃν)와의 관계에 있어서 성·수는 일치하나, 격은 다르다.

예) 요 17:12. 직역: “당신이 나에게 (이미)주셨던 당신의 이름 안에서 내가 그들을 지키고 있었습니다.”

ἐγὼ	ἐτήρουν	αὐτοὺς	ἐν	τῷ	ὀνόματί	σου	ᾧ	δέδωκάς	μοι,
NPNS1	VIIAS1	NPAMP3	PD	DDNS	NDNS	NPGS2	APRDNS	VIRAS2	NPDS1
					선행사		관계대명사		

⇨ 선행사와 관계대명사와의 관계에서 성·수·격 모두 다 일치한다.

② 관계대명사(APR–)와 선행사는 격에 따라 작용을 한다. 즉 관계대명사가 선행사의 격에 끌리거나, 선행사가 관계대명사의 격에 끌린다.

a. 직접 견인(direct attraction) - 관계대명사가 선행사(or 후행사)의 격에 끌리는 경우이다. 즉 선행사(or 후행사)의 격에 흡수되는 경우다.

예) 요 4:14. 직역: “그러나 내가 그에게 줄 그 물로부터 먹는 바 그 사람은 ~ ”

ὃς	δ’	ἂν	πίῃ	ἐκ	του	ὕδατος	οὗ	ἐγὼ	δώσω	αὐτῷ,
APRNMS	JH	QV	VSAAS3	PG	DGNS	NGNS	APRGNS	NPNS1	VIFAS1	NPDMS3
관계대명사(선행사 생략)						선행사	관계대명사			

⇨ 관계대명사 οὗ는 문맥상 대격이 와야 하는데, 선행사 ὕδατος가 ἐκ+전치사구에 이끌려 속격이 되어 버린 관계로 관계대명사 οὗ 역시 속격을 취한 경우다. 관계대명사 ὃς는 선행사가 생략된 관계대명사이다(~바 그 사람).

b. 간접 견인(indirect attraction) - 선행사가 관계대명사의 격에 끌리는 경우이다.

예) 막 6:16. 직역: “내가 목을 베인 요한, 이 사람이 일어났다.”

ὃν	ἐγὼ	ἀπεκεφάλισα	Ἰωάννην,	οὗτος	ἠγέρθη.
APRAMS	NPNS1	VIAAS1	NAMS	APDNMS	VIAPS3
관계대명사			후행사		

⇨ 후행사 Ἰωάννην가 원래 주격이어야 하는데(그 이유는 지시대명사 οὗτος가 동사 ἠγέρθη의 주어(주격)로 Ἰωάννην를 지시하기 때문), 관계대명사 ὃν이 대격이므로, 주격의 후행사가 관계대명사의 격(대격)에 이끌려 대격이 된 경우다.

③ 관계대명사(APR-)의 선행사는 생략될 수도 있다. 즉 관계대명사의 선행사가 '대명사' 또는 '인물', '시간' 등일 때 선행사는 생략된다. 이 때 관계대명사 자체가 선행사의 의미를 포함하는 경우다. ὅς(남성; ~ 바 그 사람), ἥ(여성; ~ 바 그 여자), ὅ(중성; ~ 바 그것), 이외 복수형.

예) 요 4:18. 직역: "지금 너가 소유한 바 그 사람은 너의 남자(남편)가 아니다."

νῦν	ὃν	ἔχεις	οὐκ	ἔστιν	σου	ἀνήρ·
AD	APRAMS□APDNMS	VIPAS2	AD	VIPAS3	NPGS2	NNMS
	관계대명사(~ 바 그 사람, 대격)					

⇨ 관계대명사 ὃν자체포함한 선행사(남성단수)가 주격이어야 하는데 관계대명사 대격이므로 자체 선행사도 대격일 것으로 봐야 함. 따라서 '간접견인'을 나타냄. 그래서 문맥상 APDNMS으로도 기능함.

예) 요 5:21. 직역: "그 아들이, 그가 원하는 바 그 사람들을 살린다."

οὕτως	καὶ	ὁ	υἱὸς	οὓς	θέλει	ζῳοποιεῖ.
AD	AD	DNMS	NNMS	APRAMP□APDAMP	VIPA-ZS	VIPAS3
				관계대명사(~ 바 그 사람들, 대격)		

④ 관계대명사는 가끔 선행사의 성(性)보다 술어의 성(性)을 취한다. 이 때 술어는 실질적으로 선행사의 설명이라고 할 수 있다.

예) 막 15:16. 직역: "그리고 그 군인들이 프라이토리온이라는 그 뜰 안으로 그를 데리고 갔다."

Οἱ	δὲ	στρατιῶται	ἀπήγαγον	αὐτὸν	ἔσω	τῆς	αὐλῆς,	ὅ
DNMP	JH	NNMP	VIAAP3	NPAMS3	PG	DGFS	NGFS	APRNNS
						선행사(여성)		관계대명사(주어, 중성)

ἐστιν	πραιτώριον,
VIPAS3	NNNS
	술어(주격보어, 중성)

예) 엡 6:17. 직역: "성령의 그 검이 하나님의 말씀이다."

τὴν	μάχαιραν	τοῦ	πνεύματος,	ὅ	ἐστιν	ῥῆμα	θεοῦ.
DAFS	NAFS	DGNS	NGNS	APRNNS	VIPAS3	NNNS	NGMS
선행사(여성)				관계대명사(중성)		술어(주격보어, 중성)	

⑤ 선행사의 생략에 의해 현수전치사나 다른 불완전 구문이 될 때 관계대명사는 선행사의 격과 위치를 취한다.

a. 불완전 구문

예) 요 7:31. 직역: "아마 그는(그리스도) 이 사람이(예수) 행한 것들(표적들)보다 더 많은 표적들을 행치 못할 것입니다. 그렇지요?"

μὴ πλείονα σημεῖα ποιήσει ὧν οὗτος ἐποίησεν;

QT AMANP NANP VIFAS3 APRGNP□APDGNP APDNMS VIAAS3

선행사 관계대명사

⇨ 원래 대격관계대명사 ἅ인데 속격이 온 것은 비교급 구문의 비교접속사 역할을 해야 하기 때문. 생략된 관계대명사자체 포함선행사는 σημεῖα(표적)라 볼 수 있으므로 '속격의 선행사'(σημείων)이어야 한다. 따라서 관계대명사는 속격 선행사의 격과 위치를 따라 속격 관계대명사 ὧν이 되었다.

⇨ 부정어 μὴ가 단순부정부사(AD)일 경우, 가정법, 희구법, 명령법, 부정사, 분사를 부정하는 데 사용된다. 하지만 의문접두사(QT)로 쓰일 경우, "혹시, 아마"라는 의미를 가지고 "아니오"라는 부정적인 대답을 기대하게 하는 '수사의문문'을 이끈다.

b. 현수 전치사

예) 요 17:9. 직역: "내가 세상에 대하여 요청하는 것이 아닙니다. 그러나 당신이 나에게 주신 바 그들에 대하여 (요청하는 것입니다.) 왜냐하면 그들은 당신의 것이기 때문입니다."

οὐ περὶ τοῦ κόσμου ἐρωτῶ ἀλλὰ περὶ ὧν δέδωκάς μοι, ὅτι σοί εἰσιν,

AD PG DGMS NGMS VIPAS1 JH PG APRGMP VIRAS2 NPDS1 JS NPDS2 VIPAP3

현수전치사 관계대명사

⇨ 관계대명사 ὧν은 원래 대격 οὕς (APRAMP)이어야 한다. 그런데 속격인 것은 선행사(αὐτῶν, NPAMP3) 때문이다. 선행사가 속격인 것은 속격현수전치사(περι)의 지배를 받고 있기 때문이다. 본문에서는 선행사는 생략되어 관계대명사 자체에 포함되어 있는 경우다(~ 바 그들).

⑥ 관계대명사와 선행사 사이에 다른 말이 삽입되면 관계대명사 앞에 전치사를 반복한다.

예) 행 7:4: 직역: "그가 그를 너희들이 지금 거주하고 있는 이 땅으로 옮기셨다."

μετῴκισεν αὐτὸν εἰς τὴν γῆν ταύτην εἰς ἣν ὑμεῖς νῦν κατοικεῖτε,

VIAAS3 NPAMS3 PA DAFS NAFS ADAFS PA APRAFS NPNP2 AD VIPAP2

선행사 (삽입) 관계대명사

⇨ 관계대명사 ἣν와 선행사 γῆν사이에 ταύτην이 삽입되었음으로 관계대명사 앞에 전치사 εἰς를 반복함.

⑦ 히브리어의 영향으로 인해 관계대명사 다음에 인칭대명사(선행사 대행)가 중복되는 경우가 있다.

예) 마 3:12. 직역: "그의 그 키가 그의 손에 (있다), 그리고 그는 그의 타작마당을 완전히 깨끗하게 하실 것이다."

οὗ	τὸ	πτύον	ἐν	τῇ	χειρὶ	αὐτοῦ	καὶ	διακαθαριεῖ	τὴν	ἅλωνα	αὐτοῦ,
APRGMS	DNNS	NNNS	PD	DDFS	NDFS	NPGMS3	JC	VIFAS3	DAFS	NAFS	NPGMS3
관계대명사						선행사대행(중복)					

⑧ 관계대명사의 계속적 용법. 이 경우 선행사가 주절 앞에 위치한다.

예) 행 3:15. 직역: "너희들이 그 생명의 통치자를 죽였다. 하나님이 죽은 자들로부터 그를(통치자) 일으키셨다. 우리들이 그의 증인들이다."

τὸν	δὲ	ἀρχηγὸν	τῆς	ζωῆς	ἀπεκτείνατε,	ὃν	ὁ	θεός
DAMS	JC	NAMS	DGFS	NGFS	VIAAP2	APRAMS	DAMS	NNMS
		선행사				관계대명사		

ἤγειρεν	ἐκ	νεκρῶν,	οὗ	ἡμεῖς	μάρτυρές	ἐσμεν.
VIAAS3	PG	APGMP	APRGMS	NPNP1	NNMP	VIPAP1
			관계대명사			

⇨ 관계대명사 ὃν과 οὗ는 계속적 용법이라 할 수 있으며, 각각 "그를", "그의"로 해석할 수 있다. 따라서 선행사 τὸν ἀρχηγὸν 가 앞의 주절에 위치하고 있다.

⑨ 구나 절이 중성의 선행사가 되는 경우.

예) 행 11:29-30. 직역: "그들이 그 일을 행하여 그리고 바나바와 사울의 손을 통하여 장로들에게 보냈다."

ὃ	καὶ	ἐποίησαν	ἀποστείλαντες	πρὸς	τοὺς	πρεσβυτέρου
APRANS	AD	VIAAP3	VPAANMP	PA	DAMP	APAMP
관계대명사(중성)			분사구문			

διὰ	χειρὸς	Βαρναβᾶ	καὶ	Σαύλου.
PG	NGFS	NGMS	JC	NGMS

⇨ 관계대명사 ὃ는 선행사가 생략된 형태(자체 선행사를 가진 구조)이다. 이 경우, 의미상으로 앞 절이 선행사로 되어 관계대명사가 중성으로 된 경우다. 선행사는 앞 절의 "유대에 사는 형제 들에게 봉사하기로 작정한 일"을 말한다. 분사 ἀποστείλαντες는 주동사와 동작이 동시에 일어나는(논리적으로 선행하는) '부대상황' 관계 분사구문을 나타낸다.

⑩ 관용적 표현- 부정적(不定的) 관계대명사

a. 『관계대명사 + 부정대명사(τις)』 형태.

해석은 『누구든지(남성, 여성), 무엇이든지(중성)』. 신약성경에서는 주로 주격으로만 사용된다.

	단 수			복 수		
	남성	여성	중성	남성	여성	중성
주격	ὅστις	ἥτις	ὅ τι	οἵτινς	αἵτινες	ἅτινα
대격	-	-	ὅ τι	-	-	ἅτινα

예) 요 8:53. 직역: "당신은 죽었던 우리들의 조상, 아브라함보다 크지 않습니다. 그렇지요?"

μὴ σὺ μείζων εἶ τοῦ πατρὸς ἡμῶν 'Αβραάμ, ὅστις ἀπέθανεν;

QT NPNS2 AMNMS VIPAS2 DGMS NGMS NPGP1 NGMS APRNMS VIAAS3

NGMS: 선행사 / APRNMS: 관계대명사

⇨ 관계대명사 ὅστις의 선행사는 'Αβραάμ보다는 πατρὸς다. 왜냐하면 관계대명사 ὅστις가 "누구든지"라는 의미에서 보면 아브라함을 포함해서 조상(πατρὸς)이면 누구든지 다 죽었다는 것이다. 따라서 선행사는 πατρὸς다.

b. 『πᾶς + 관계대명사(ὅστις, ὅς, ὅσοι(복수), ὅ τι, ὅ)』 형태.

관계대명사 ὅτι(중성)는 접속사 ὅτι(JC: ~하는 것, JS: ~ 하기 위하여)와 구별하기 위하여 ὅ τι로 분리해서 사용한다.

* πᾶς ὅστις, πᾶς ὅς, ὅστις : 『 ~ 하는 자는 누구든지』
* πᾶν ὅ τι, πᾶν ὅ, ὅ τι : 『 ~ 하는 것은 모두』
* παντες ὅσοι, ὅσοι : 『 ~ 하는 자는 모두』
* παντα ὅσα, ὅσα : 『 ~ 하는 것은 모두』

예) 마 7:24. 직역: "그러므로 나의 이 말들을 듣고 그 말들을 행하는 자는 누구든지"

Πᾶς οὖν ὅστις ἀκούει μου τοὺς λόγους τούτους καὶ ποιεῖ αὐτούς,

APNMS JH APRNMS VIPAS3 NPGS1 DAMP NAMP ADAMP JC VIPAS3 NPAMP3

πᾶς ὅστις(~ 하는 자는 누구든지)

c. 『전치사(P-) + 지시대명사(APD-)』가 동화되어 일종의 접속사처럼 사용된다.

* ἀνθ' ὧν (= ἀντι τουτων ὅτι): 『 ~ 하는 것 대신에』
* ἐφ' ᾧ (= ἐπί τουτῳ ὅτι) : 『 ~ 때문에』
* ἀφ' οὗ (= ἀπό τουτου ὅτι) : 『 ~ 이후에는』
* ἐν ᾧ (= ἐν τουτῳ ὅτι) : 『 ~에서, 하는 동안에』

예) 눅 19:44. 직역: "너가 너의 그 방문의 그 시간을 알지 못하는 것 대신에"

ἀνθ'	ὧν	οὐκ	ἔγνως	τὸν	καιρὸν	τῆς	ἐπισκοπῆς	σου.
PG	APRGNP	AD	VIAAS2	DAMS	NAMS	DGFS	NGFS	NPGS2

~ 하는것 대신에

(5) 의문대명사(APT-, Interrogative)

질문이나 의문에 사용되는 대명사이며 '누구?' (τίς), '무엇?' (τί) 등이 있다. 명사를 수식하는 형용사적 기능과 문(sentence)의 주어, 목적어, 보어의 역할을 하는 명사적 기능을 가지고 있다. 의문대명사의 기능과 용법이 다음과 같다.

① 명사적 기능(APT-)

예) 마 3:7. 직역: "누가 너희들에게 곧 있게 될 그 진노로부터 피하라고 가르쳤느냐?"

τίς	ὑπέδειξεν	ὑμῖν	φυγεῖν	ἀπὸ	τῆς	μελλούσης	ὀργῆς;
APTNMS	VIAAS3	NPDP2	VNAA	PG	DGFS	VPPAGFS	NGFS
의문대명사(주어)			보어부정사			분사의 한정적 용법	

⇨ 의문사 τίς가 문의 주어로서 명사적 기능을 한다. 부정사 φυγεῖν는 보어부정사로서 동사 ὑπέδειξεν의 의미를 보충해 주며, 분사 μελλούσης는 명사 ὀργῆς를 수식하는 한정적 용법을 나타낸다. (;)표기는 의문기호(question mark)를 나타낸다.

② 형용사적 기능(AT-)

예) 마 5:46. 직역: "너희들이 무슨 보상(삯)을 붙잡겠느냐? 그리고 그 세리(세금징수원)들도 그 동일한 것(일)을 행하지 아니한다. 그렇지 않느냐?"

τίνα	μισθὸν	ἔχετε;	οὐχὶ	καὶ	οἱ	τελῶναι	τὸ	αὐτὸ	ποιοῦσιν;
ATAMS	NAMS	VIPAP2	QT	AD	DNMP	NNMP	DANS	APANS	VIPAP3
의문대(형)용사			부정접두어					강의대명사	

⇨ 의문대명사 τίνα는 명사 μισθὸν를 수식(형용)하는 한정적 용법을 나타낸다. 중성강의대명사 αὐτὸ는 관사 το를 취하여 앞의 "너희를 사랑하는 그 사람들을 사랑하는 너희가 사랑한다는 것(일)"을 한정하고 있다. 해석은 "바로 그, 같은, 동일한"이다. 부정접두사 οὐχὶ가 QT로 분해될 때는 수사의문문을 이끈다.

③ **의문사적 용법**(APT-) - 단순 의문문을 이끄는 직접의문대명사나 간접의문대명사로 사용됨.

a. 직접 의문대명사 - 직접 의문문을 이끈다.

예) 요 1:22. 직역: "그러므로 그들이 그에게 말했다. 당신은 누구냐?"

εἶπαν	οὖν	αὐτῷ,	Τίς	εἶ;
VIAAP3	JH	NPDMS3	APTNMS	VIPAS2
			의문대명사(주격보어)	

⇨ 의문대명사 Τίς는 동사 εἶ의 내적 주어(남성 2인칭)에 대한 보어로 사용되어 직접의문문을 이끈다. 직접의 문문에는 의문사와 의문부호(;)가 반드시 있어야 한다. 간접의문문에는 의문사는 있지만 의문부호(;)가 없다.

b. 간접 의문대명사 - 간접 의문문을 이끈다.

예) 막 9:6. 직역: "왜냐하면 그는(베드로) 그가(예수) 무엇을 대답할지(판단할지) 알지 못했었기 때문에,

οὐ	γὰρ	ᾔδει	τί	ἀποκριθῇ,	ἔκφοβοι	γὰρ	ἐγένοντο.
AD	JS	VILAS3	APTANS	VIAOS3	ANMP	JS	VIADP3
			의문대명사(중성, 대격)				

⇨ 의문대명사 τί가 이끄는 절이 주절(οὐ ᾔδει)의 동사 ᾔδει의 목적절(명사절)로 기능하고 있을 뿐 직접의문문을 이끌지 못하고 있다.

④ **부사적 용법** - 왜?(why) 또는 얼마나?(how)를 의미한다. 의문대명사가 중성대격일 때, 자주 사용됨.

예) 마 7:3. 직역: "왜 너는 너의 그 형제의 그 눈 속에 있는 짚(왕겨)을 보느냐?"

Τί	βλέπεις	τὸ	κάρφος	τὸ	ἐν	τῷ	ὀφθαλμῷ	τοῦ	ἀδελφοῦ	σου,
APTANS	VIPAS2	DANS	NANS	DANS	PD	DDMS	NDMS	DGMS	NGMS	NPGS2

의문대명사(중성, 대격) - 의문부사(왜?) 역할.

⇨ 의문대명사가 중성 대격이며 동시에 목적어(대격 명사)가 중복될 때, 의문대명사는 의문부사 역할을 한다.

예) 마 7:14. 직역: "그 생명으로 인도하는 그 문은 얼마나 좁으며 그 길은 얼마나 짓누름을 당해야 하는가? 그래서 그것을(그 문과 그 길) 찾는 이들이 적다."

τί στενὴ ἡ πύλη καὶ τεθλιμμένη ἡ ὁδὸς ἡ ἀπάγουσα
APTANS ANFS DNFS NNFS JC VPRPNFS DNFS NNFS DNFS VPPANFS
의문대명사(중성, 대격) - 의문부사(얼마나?) 명령분사수동태

εἰς τὴν ζωὴν καὶ ὀλίγοι εἰσὶν οἱ εὑρίσκοντες αὐτήν.
PA DAFS NAFS JC APNMP VIPAP3 DNMP VPPANMP NPAFS3

⑤ **감탄사적 용법** - 감탄문을 이끄는 감탄사 기능을 한다.

예) 눅 12:49. 직역: "내가 불을 그 땅 위에 던지기 위하여 왔다. 그리고 만일 그것(불) 이 이미 붙여졌다면 내가 무엇을 원하리요!"

Πῦρ ἦλθον βαλεῖν ἐπὶ τὴν γῆν, καὶ τί θέλω εἰ ἤδη ἀνήφθη;
NANS VIAAS1 VNAA PA DAFS NAFS JC APTANS VIPAS1 JC AD VIAPS3
부정사(목적, ~하기 위하여) 의문대명사(중성, 대격) - 감탄사 역할

⇨ 『εἰ + 직설법 과거』는 '과거적 조건'을 나타낸다.

⑥ **관계사적 용법** - 의문대명사가 간접의문문에서 관계대명사 기능을 한다. 즉 문장을 서로 관계지어 주는 역할을 한다.

예) 막 14:36. 직역: "그러나 내가 원하는 바 그 일이 아니라 당신이 원하는 바 그 일입니다."

ἀλλ' οὐ τί ἐγὼ θέλω ἀλλὰ τί σύ.
JC AD APTANS NPNS1 VIPAS1 JH APTANS NPNS2
의문대명사 의문대명사

⇨ 『οὐ ~ ἀλλὰ ~ 』는 not ~ but ~ , 의문대명사 τί는 자체 선행사를 지닌 관계대명사(the thing which) 기능을 한다. 그 일이란 앞 문장에서 "당신이 나로부터 이 잔을 옮기는 일"을 말한다.

⑦ 질(quality), 양(quantity), 수(number) 등을 나타내는 의문형용사(AT-).

* 질: ποῖος(남성), ποία(여성), ποῖον(중성) - 어떤 것인가?(of what kind?)
* 양: πηλίκος(남성), πηλίκη(여성), πηλίκον(중성) - 얼마나 큰가?(how great?)
* 수: πόσος(남성), πόση(여성), πόσον(중성) - 얼마나 많은가?(how many?)

(6) 부정대명사(API–, Indefinite)

불특정한 사람 · 사물이나 일정하지 않는 수량을 나타내는 대명사를 말한다. 즉 정해지지 않은 어떤 대상물에 대한 것을 말할 때 사용되는 대명사이다.

부정대명사(τις, τι)는 의문대명사(τίς, τί)와 달리 그 자체 accent를 가지고 있지 않다. τις(남성, 여성)는 "어떤 사람(남자, 여자)", τι(중성)는 "어떤 것(일)" 등으로 해석한다. 용법은 다음과 같다.

① **명사적 용법**(API–) - 문의 주어, 목적어 등 독립적으로 사용된다.

예) 눅 22:35. 직역: "너희들은 어떤 것도 부족함이 없었다. 그렇지? 그리고 그들이(제자들) 대답했다. '하나도(아무것도) 없었습니다'."

μή	τινος	ὑστερήσατε;	οἱ	δὲ	εἶπαν·	οὐθενός.
QT	APIGNS 부정대명사	VIAAP2	DNMP	JH	VIAAP3	APCGNS

⇨ 부정대명사 τινος는 동사 ὑστερήσατε의 목적어로 사용되었다. 관사 οἱ는 명사가 생략된 마치 인칭대명사와 같은 역할을 한다. 분리를 나타내는 동사 ὑστερέω는 속격지배동사로서 목적어로 속격명사(or 대명사)가 온다. 즉 『ὑστερέω (ἀπο) τινος(속격)』는 " ~ 이 부족하다."

② **형용사적 용법**(AI–) : 명사를 수식하는 형용사의 역할을 한다.

예) 행 15:36. 직역: "어떤 날들 후에 바울이 바나바를 향해서(바나바에게) 말했다."

Μετὰ	δέ	τινας	ἡμέρας	εἶπεν	πρὸς	Βαρναβᾶν	Παῦλος·
PA	JC	AIAFP 부정형용사	NAFP 명사	VIAAS3	PA	NAMS	NNMS

③ **강조적 용법**(API–) : 때로 구분이나 중요성의 의미를 반영할 때 사용한다.

예) 행 5:36. 직역: "이 날들 이전에 드다가 일어나, 그 자신(드다 자신)이 어떤 사람인가? 라고 말하면서."

πρὸ	τούτων	τῶν	ἡμερῶν	ἀνέστη	Θευδᾶς	λέγων	εἶναί	τινα	ἑαυτόν,
PG	ADGFP	DGFP	NGFP	VIAAS3	NNMS	VPPANMS 분사	VNPA 부정사	APIAMS 부정대명사	NPAMS3 재귀대명사

⇨ 절의 주어를 재언급하는 재귀대명사 ἑαυτόν가 부정사 εἶναί의 의미상의 주어가 되며, 부정대명사 τινα는 부정사의 의미상의 주격보어로서 부정사의 간접화법구문을 이루고 있다. 분사 λέγων역시 부정사구문을 전달하는 화법의 전달동사 역할을 수행하면서 주동사 ἀνέστη와 관계분사 구문(부대상황)을 이루고 있다. 여기서 부정대명사 τινα는 드다 자신의 중요성(구별성, 차별성)을 부각시키는 역할을 하고 있다.

(7) 소유대명사(A–, Possessive)

『 ~ 의 것』 이라는 의미, 즉 소유관계를 나타내는 대명사(NP–)이다. 독립 소유격(Absolute Possessive)이라 하며, 수식하는 명사와 성, 수, 격이 일치하기 때문에 소유형용사(A–)로 취급하기도 한다. 이로 인해 형용사로 문법 분해된다. 소유대명사는 3인칭은 없고 1인칭(ἐμός-나의, ἡμέτερας-우리들의)과 2인칭(σός-너의, ὑμέτερος-당신들의)만이 있으며, 인칭대명사의 속격이 소유대명사로 사용된다. 용법은 다음과 같다.

① **한정적 용법** – 형용사의 한정적 위치와 같이 관사와 명사 사이에 오거나, 명사 뒤에 올 때 관사를 취한다.

a. 소유대명사가 명사 뒤에 위치할 경우 관사를 취한다.

예) 요 5:30. 직역: "나의 그 심판은 의롭다."

ἡ	κρίσις	ἡ	ἐμὴ	δικαία	ἐστίν,
DNFS	NNFS	DNFS	ANFS1	ANFS	VIPAS3
	명사		소유대명사		

수식

b. 소유대명사가 명사와 관사 사이에 위치한 경우.

예) 롬 10:1. 직역: "형제들아! 나의 그 마음의 그 만족 ~ "

Ἀδελφοί,	ἡ	μὲν	εὐδοκία	τῆς	ἐμῆς	καρδίας
NVMP	DNFS	JC	NNFS	DGFS	AGFS1	NGFS
				관사	소유대명사	명사

수식

② 인칭대명사의 속격(NPG-)이 '소유'의 개념(소유대명사)을 나타낸다.

예) 고전 5:7. 직역: "우리들의 유월절 어린양 곧 그리스도께서 희생이 되셨다."

τὸ	πάσχα	ἡμῶν	ἐτύθη	Χριστός.
DNNS	NNNS	NPGP1	VIAPP1	NNMS
	명사	인칭대명사(속격)		

(NPGP1 → NNNS 수식)

③ 관사(D-)가 '소유'의 개념(소유대명사)을 나타낸다.

예) 마 8:3. 직역: "그가 그의 손을 뻗쳐서 그를 붙잡고 말씀하시기를, "

καὶ	ἐκτείνας	τὴν	χεῖρα	ἥψατο	αὐτοῦ	λέγων·
JC	VPAANMS	DAFS	NAFS	VIAMS3	NPGMS3	VPPANMS
	분사	관사	명사	주동사		분사

(DAFS → NAFS 수식)

⇨ 관사 τὴν이 소유대명사처럼 사용됨(그의~). 주동사 ἥψατο는 속격지배동사로서 속격목적어(αὐτοῦ)를 취한다. 분사 ἐκτείνας는 주동사의 동작과 동시에 논리적으로 선행하는 동작을 나타내는 '부대상황'관계 분사구문이다. 뒤 분사 λέγων는 화법의 전달동사의 역할을 하는 관계분사구문(부대상황, '그리고 말하기를')이다.

④ 3인칭 소유대명사 역할을 하는 ἴδιος(A-)가 '소유'의 개념을 나타낸다.

예) 마 9:1. 직역: "그가 그의 그 동네에 오셨다."

ἦλθεν	εἰς	τὴν	ἰδίαν	πόλιν.
VPAANMS	PA	DANS	AAFS	NAFS

(AAFS → NAFS 수식)

(8) 상호대명사(NP-, Reciprocal)

『서로』라는 의미를 가지는 상호관계를 나타내는 대명사이다. 신약성경에는 단수, 복수 모두 주격이 없고 속격, 여격, 대격만이 있다.

신약성경은 '상호'의 뜻을 3가지 방법으로 나타낸다. 그 용법은 다음과 같다.

① 일반적인 상호대명사에 의해 '상호'의 뜻을 나타낸다.

a. 남성: ἀλλήλων(서로의, 속격), ἀλλήλοις(서로에게, 여격), ἀλλήλους(서로를, 대격)
b. 여성: ἀλλήλων, ἀλλήλαις, ἀλλήλας
c. 중성: ἀλλήλων, ἀλλήλοις, ἀλλήλα

예) 요일 4:7. 직역: “사랑하는 자들이여! 우리는 서로 (함께) 사랑합시다.”

’Αγαπητοί, ἀγαπῶμεν ἀλλήλους,

APVMP VSPAP1 NPAMP1
상호대명사

⇨ 동사 ἀγαπῶμεν는 권고적 가정법을 나타낸다. 즉 『우리가 ~ 함께 ~ 합시다』.

② 재귀대명사에 의해 ‘상호’의 뜻을 나타낸다.

예) 고전 6:7. 직역: “너희들이 서로 함께 심판을 가진다(즉 송사를 한다.)”

κρίματα ἔχετε μεθ’ ἑαυτῶν.

NANP VIPAP2 PG NPGMP2
재귀대명사

③ 중간태에 의해 ‘상호’의 뜻을 나타낸다.

예) 마 26:4. 직역: “그들은 계교로 그 예수를 붙잡고 죽이려고 그들은 서로 함께 숙고 하였다.”

συνεβουλεύσαντο ἵνα τὸν ’Ιησοῦν δόλῳ κρατήσωσιν καὶ ἀποκτείνωσιν·

VIAMP3 JS DAMS NAMS NDMS VSAAP3 JC VSAAP3
중간태(상호의 개념) 가정법

⇨ ἵνα + 가정법 : 『~ 하기 위하여, ~ 하려고』, 목적을 나타내는 부사절.

④ 「εἷς τὸν ἕν」 (각각 하나씩) 전치사구가 ‘상호’의 뜻을 나타낸다.

예) 살전 5:11. 직역: “그러므로 너희들은 서로 권면하라 그리고 너희들이 지금(역시) 행하는 것처럼 너희들은 (서로) 각각 한사람씩 건축자가 되어라.”

Διὸ παρακαλεῖτε ἀλλήλους καὶ οἰκοδομεῖτε εἷς τὸν ἕνα,

JH VMPAP2 NPAMP2 JC VMPAP2 APCAMS DAMS APCAMS
상호대명사(서로) “각각 한사람씩”

καθὼς καὶ ποιεῖτε.

JS AD VIPAP2

(9) 재귀대명사(NP–, Reflexive)

주격 자신을 반복하는 대명사이다. 재귀대명사는 그 절의 주격을 되풀이하여 재 언급한다. 즉 주어가 하는 동작이 동작자인 주어 자신에게 되돌아옴을 나타낸다. 재귀대명사는 속격, 여격, 대격만 있다. 재귀대명사는 인칭대명사와 αὐτός (강의대명사)의 복합어이다. 『 ~ 자신』.

> 1인칭: ἐμαυτου = ἐμέ + αὐτου, 나 자신
> 2인칭: σεαυτου = σέ + αὐτου, 너 자신
> 3인칭: ἑαυτου = ἕ + αὐτου, 그 자신

재귀대명사의 용법은 다음과 같다.

① 1인칭 주어(주격) 자신을 반복한다.

예) 요 5:31. 직역: "만일 내가 내 자신에 관하여 증거한다면, 나의 그 증거는 진리가 아니다."

Ἐὰν	ἐγὼ	μαρτυρῶ	περὶ	ἐμαυτοῦ,	ἡ	μαρτυρία	μου	οὐκ	ἔστιν	ἀληθής·
JS	NPNS1	VSPAS1	PG	NPGMS1	DNFS	NNFS	NPGS1	AD	VIPAS3	ANFS
				재귀대명사(1인칭반복)						

① 2인칭 주어(주격) 자신을 반복한다.

예) 행 16:28. 직역: "너는 너 자신에게 아무 악도 범하지 말라 왜냐하면 우리 모두가 여기에 있기 때문이다."

μηδὲν	πράξῃς	σεαυτῷ	κακόν,	ἅπαντες	γάρ	ἐσμεν	ἐνθάδε.
APCANS	VSAAS2	NPDMS2	AANS	APNMP	JS	VIPAP1	AD
μὴ	가정법	재귀대명사(2인칭반복)					

⇨ 『 μὴ + 부정과거 가정법 』 - 금지 명령(동작의 시작을 금지).

③ 3인칭 주어(주격) 자신을 반복한다.

예) 눅 14:11. 직역: "그 자신을 높이는 모든 자는 낮춰지게 될 것이다. 그리고 그 자신을 높이는 (모든) 자는 낮아지게 될 것이다."

πᾶς	ὁ	ὑψῶν	ἑαυτὸν	ταπεινωθήσεται,	καὶ	ὁ	ταπεινῶν
APNMS	DNMS	VPPANMS	NPAMS3	VIFPS3	JC	DNMS	VPPANMS
		분사-1	재귀대명사(3인칭반복)				분사 -2

ἑαυτὸν	ὑψωθήσεται.
NPAMS3	VIFPS3
재귀대명사(3인칭반복)	

> ⇨ 분사-1,2 모두 관사를 취하여 문의 주어 역할을 하는 명사적(독립적) 용법이다.

(10) 강의대명사(NP-, Intensive Pronoun)

명사나 대명사의 의미를 강조하기 위해 붙이는 대명사이다. 수식하거나 서술하는 명사, 대명사와 성, 수, 격이 일치해야 한다. 강의대명사는 인칭대명사 3인칭과 같으며 단독으로 쓰여질 때는 보통의 인칭대명사이다. αὐτός(남성), αὐτή(여성), αὐτό(중성) 등이 있다. 용법은 다음과 같다.

① **한정적**(or 형용적, 수식적) **용법**

관사를 취하여 명사 앞에 올 때는 형용적 위치를 취하며 '바로 그', '같은', '동일한'의 뜻을 나타낸다. 영어의 the same에 해당된다. 한정적 위치에 있을 땐 명사를 수식하는 형용사(A-)로 분해된다.

> * ὁ αὐτός ἀπόστολος = ὁ ἀπόστολος ὁ αὐτός, 바로 그 사도
> * ἡ αὐτή ἐκκλησια = ἡ ἐκκλησια ἡ αὐτή, 바로 그 교회

예) 고전 12:4. 직역: "선물(은사)의 분배(구분)가 있다. 그리고 그 동일한 성령."

Διαιρέσεις	δὲ	χαρισμάτων	εἰσίν,	τὸ	δὲ	αὐτὸ	πνεῦμα·
NNFP	JC	NGNP	VIPAP3	DNNS	JC	ANNS	NNNS
				관사		강의대명사	명사

(강의대명사 → 명사: 수식)

② **서술적 용법**

명사와 함께 쓰일 때는 그 명사를 강조하며 서술적 위치를 취한다. 이 때 αὐτός에는 관사가 없고, 명사나 관사 앞에 오며 '자신', '자체'라는 뜻을 가진다. 영어의 himself, herself, itself 에 해당된다.

> * αὐτός ὁ ἀπόστολος = ὁ ἀπόστολος αὐτός, 그 사도 자신
> * αὐτή ἡ ἐκκλησια = ἡ ἐκκλησια αὐτή, 그 교회 자체

예) 요16:27. 직역: "그 아버지 자신이 너희들을 사랑하신다."

αὐτὸς γὰρ ὁ πατὴρ φιλεῖ ὑμᾶς,

αὐτὸς	γὰρ	ὁ	πατὴρ	φιλεῖ	ὑμᾶς,
NPNMZS	JS	DNMS	NNMS	VIPAS3	NPAP2
강의대명사		관사	명사		

③ **강조적 용법**

명사, 대명사, 동사의 숨은 주어에 붙어서 그것들을 강조하며 '자신', '자체'의 의미가 된다.

> * αὐτός έγω λέγω : 동사의 외적 주어인 έγω 강조.
> * αὐτός λέγω : 동사의 내적 주어 강조.

예) 행 10:26. 직역: "나 자신 또한 사람이다."

καὶ	ἐγὼ	αὐτὸς	ἄνθρωπός	εἰμι.
AD	NPNS1	NPNMS1	NNMS	VIPAS1
	외적주어	강의대명사(⇨ 외적주어를 강조)		

5) 형 용 사(A-, Adjective)

(1) 정의

형용사는 직접 명사 앞에 붙거나 보어의 자리에 위치하여 명사나 대명사를 수식 (형용)하는 품사이다. 이때 형용사는 그 형용하는(수식하는) 명사와 성, 수, 격이 일치해야 한다.

(2) 형용사의 용법

① **한정적 용법** - 수식적, 형용적, 부가적 용법이라 하며, 형용사에 관사가 있으면 형용적(Attributive)이 되어 명사를 수식한다.

> * ὁ ἀγαθός λόγος = ὁ λόγος ὁ ἀγαθός, 그 선한 말씀
> * ἡ αἰώνιος ζωή = ἡ ζωή ἡ αἰώνιος, 그 영원한 생명

예1) 요 2:10. 직역: "사람마다 첫 번째에 좋은 포도주를 둔다(배치한다)."

πᾶς ἄνθρωπος πρῶτον τὸν καλὸν οἶνον τίθησιν

ANMS NNMS APOANS DAMS AAMS NAMS VIPAS3

(수식: AAMS → NAMS)

예2) 요일 2:7. 직역: "옛 계명은 너희들이 들었던 바 그 말씀이다."

ἡ ἐντολὴ ἡ παλαιά ἐστιν ὁ λόγος ὃν ἠκούσατε.

DNFS NNFS DNFS ANFS VIPAS3 DNMA NNMS APRAMS VIAAP2

명사 형용사 선행사 관계대명사

(수식: ANFS → NNFS; APRAMS → NNMS)

② **서술적 용법** - 형용사에 관사가 없으면 서술적(Predicative)이 되어 명사를 서술한다. 명사 문장일 경우, 계사 ἐστίν (εἰμί동사의 3인칭 단수)가 생략되어 있으므로 형용사는 주어(명사)를 서술하는 보어(주격)역할을 한다. 수식하는 명사와 성, 수, 격에서 일치해야 한다.

예) 요4:11. 직역: "그 우물은 깊습니다. 그러므로 당신은 그 살아있는 그 물(그 생수)을 무엇으로부터 가질 수가 있습니까?" - 계사 ἐστίν이 있는 경우.

τὸ φρέαρ ἐστὶν βαθύ· πόθεν οὖ ἔχεις τὸ ὕδωρ το` ζῶν;

DNNS NNNS VIPAS3 ANNS ADT JH VIPAS2 DANS NANS DANS VPPAANS

주어(주격) 계사 형용사(주격보어) 명사 분사

(수식: VPPAANS → NANS)

⇨ 형용사 βαθύ는 주어 τὸ φρέαρ를 서술하는 주격보어이며, 분사 ζῶν는 명사를 수식하는 한정적 용법을 나타낸다.

예) 마 5:3. 직역: "마음으로(or 성령으로) 가난한 자들(거지들)은 복이 있음이여. 왜냐하면 그 하늘들의 나라가 그들의 것이기 때문이다." - 계사 ἐστίν이 생략된 경우.

Μακάριοι οἱ πτωχοὶ τῷ πνεύματι,

ANMP DNMP APNMP DDNS NDNS

형용사 주어

ὅτι αὐτῶν ἐστιν ἡ βασιλεία τῶν οὐρανῶν.

JS NPGMP3 VIPAS3 DNFS NNFS DGMP NGMP

인칭대명사속격

⇨ 형용사 Μακάριοι는 주어를 서술하는 주격보어로써, 계사 ἐστίν가 생략된 명사문이다. αὐτῶν 인칭대명사속격이 소유대명사 기능을 하고 있다. 형용사 Μακάριοι는 주격보다 '축복의 선언을 나타내는 호격으로 해석하여 " ~ 복이 있음이여." ὅτι가 JS로 분해될 경우 원인, 이유를 나타내는 부사절을 이끈다.

③ **명사적 용법**(독립적 용법) - 『관사+형용사』나 『무관사 형용사』가 독립적이 되어 명사로 사용된다. 성, 수, 격은 그 문장에서 용법에 따라 결정된다.

a. **『관사+형용사』**의 경우.

예) 요 6:69. 직역: "우리들은 당신이 하나님의 거룩한 자이시다는 것을 믿고 알았습니다." - 『관사+형용사』 의 경우.

ἡμεῖς	πεπιστεύκαμεν	καὶ	ἐγνώκαμεν	ὅτι	σὺ	εἶ	ὁ	ἅγιος	τοῦ	θεοῦ.
NPNP1	VIRAP1	JC	VIRAP1	JC	NPNS2	VIPAS2	DNMS	APNMS	DGMS	NGMS
							관사 +	형용사		

⇨ 『관사+형용사』 즉 ὁ ἅγιος는 문의 주어로 사용된 경우다. "거룩한 자"로 해석. 접속사 ὅτι가 JC로 분해 될 경우는 명사절(목적어)을 이끈다.

b. **『무관사 형용사』** 인 경우.

ἀγαθός(남성, 한 선한 자) ἀγαθή(여성, 한 선한 여자)
ἀγαθον(중성, 한 선한 것)

c. 관사를 취한 중성 단수 형용사는 종종 추상명사(an abstract noun)로 사용된다.

예) τὸ ἀγαθόν(善), τὸ μέσον(중앙), τὸ καλόν(美), τὸ δίκαιον(정의)

예) 롬 2:4. 직역: "너는 회개를 위한 하나님의 그 탁월하심이 너를 인도하신 것을 알지 못하기 때문에"

ἀγνοῶν	ὅτι	τὸ	χρηστὸν	τοῦ	θεοῦ	εἰς	μετάνοιάν	σε	ἄγει;
VPPANMS2	JC	DNNS	APNNS	DGMS	NGMS	PA	NAFS	NPAS2	VIPAS3
분사		관사	형용사(중성단수)						

⇨ 분사 ἀγνοῶν는 원인과 이유를 나타내는 분사구문을, 접속사 ὅτι이하 절은 분사 ἀγνοῶν의 목적어(명사절)로 사용되었다. τὸ χρηστὸν는 추상적 명사("그 탁월하심")를 나타낸다.

④ **부사적 용법** - 어떤 경우에 형용사가 동사적 개념을 수식하는데, 마치 부사와 같이 사용된다. 부사적 형용사는 대개 목적격(대격)으로 나타난다.

예1) 빌 3:1. 직역: "마지막으로, 나의 형제들이여! 너희들은 주안에서 기뻐하시길 간청합니다."

Τὸ λοιπόν, ἀδελφοί μου, χαίρετε ἐν κυρίῳ.

DANS APANS NVMP NPGS1 VMPAP2 PD NDMS

부사적형용사(대격) '간구'의 명령법

예2) 요 10:40. "요한이 처음으로 세례를 베풀어 왔던 그 곳으로 ~"

εἰς τὸν τόπον ὅπου ἦν Ἰωάννης τὸ πρῶτον βαπτίζων

PA DAMS NAMS ABR VIIAS3+ NNMS DANS APOANS +VPPANMS

εἰμί의 미완료 부사적형용사 현재분사

⇨ ἦν(VIIAS3+) + βαπτίζων(+VPPANMS) = 우설적 미완료: 즉 『εἰμί의 미완료 + 현재분사』, 미완료 자체가 진행적인 의미를 갖고 있지만, 저자가 에둘러서 표현하고자 할 때 사용하는 구문 형식이다.

6) 수사(AC- or AO-, Numeral, Number)

수에 대한 품사를 말한다. 즉 일정한 수를 나타내는 품사다. 수사에는 개수를 나타내는 기수사(AC-, Cardinal)와 순서를 나타내는 서수사(AO-, Ordinal)가 있다.

> 예) 기수: εἷς(하나, 남성), μία(하나, 여성), ἕν(하나, 중성);
> δύο(둘, 남성·여성·중성); τρεῖς(셋, 남성·여성), τρία(셋, 중성) 등등
> 서수: πρῶτος(첫째, 남성), πρῶτη(첫째, 여성), πρῶτον(첫째, 중성);
> δεύτερος(둘째, 남·여·중성); τρίτος(셋째, 남·여·중성) 등등

(1) 수사의 특징

① 1 ~ 4 까지의 기수는 성, 수, 격에 따라 어형이 변화한다.

② 5 ~ 199 까지의 기수는 어형이 변화하지 않는다.

③ 30 ~ 90 까지의 기수는 어미에 -κοντα가 붙는다. 100은 εκατόν(남·여·중성)이다.

예) 30 - τρικοντα, 40 - τεσσαράκοντα 등등.

④ 200 ~ 900 까지의 기수는 어미에, -κοσιοι(남성), -κοσιαι(여성), -κοσια(중성) 붙인다. 1000은 χίλιοι(남성), χίλιαι(여성), χίλια(중성)이다.

예) 200 - διακοσιοι, 300 - τριακόσιοι 등등.

⑤ 2000 ~ 7000 까지의 기수는 부사적 수사에 1000 단위의 χίλιοι(남성), χίλιαι(여성), χίλια(중성)가 붙는다.

예) 2000 - δισχίλιοι, 3000 - τρισχίλιοι 등등.

⑥ 부사적 수사 - 수사가 부사로 사용된 경우.

ἅπαξ(한 번), δις(두 번), τρίς(세 번), 4 이상부터 부사적 수사는 -άκις를 붙여 표기.

예) 네 번 - τετράκις, 다섯 번 - πεντάκις 등등

(2) 수사와 관련된 다른 표현

① -πλοῦς 로 끝나는 배수사

ἁπλοῦς(단일의, 단순한), διπλοῦς(두 배의, 두 겹의), τριπλοῦς(세 배의, 세 겹의), πολλαπλοῦς(여러 배의, 여러 겹의) 등등

② 전치사를 통한 분배수 - 헬라어는 배분사가 없다. 그 대신에,

『전치사(ἀνά, εἰς, κατά)+ 기수(대격)』으로 표현된다. 해석은 " ~ 씩".

예) 눅 10:1. 직역: "그가 그 앞에 그들을 둘씩 보냈다."

ἀπέστειλεν	αὐτοὺς	ἀνὰ δύο	(δύο)	πρὸ προσώπου	αὐτου'
VIAAS3	NPAMP3	PA APCAMP		PG NGNS	NPGMS3
		분배수(둘 씩)		~ 앞에: 히브리적 표현	

③ -πλασιος로 끝나는 비례수

διπλάσιος(두 배로 큰 or 두 배의), πολλαπλάσιος(여러 배로 큰 or 여러 배의)

예) 막 10:30. 직역: "만일 그 사람이 이 시간 안에 지금 (~을) 백배 받지 않는다면 ~"

ἐὰν	μὴ	λάβῃ	ἑκατονταπλασίονα	νῦν	ἐν	τῷ	καιρῷ	τούτῳ
JS	AD	VSAAS3	APANP	AD	PD	DDMS	NDMS	ADDMS
			비례수(백 배의)					

⇨ ἐὰν μὴ + 가정법: 『만일 ~ (장차) ~ 하지 않는다면』 (ἐὰν 은 εἰ + ἄν 의 결합 형태).

(3) 기수(AC-)의 용법

① **한정적 용법**: 기수는 AC- 로 표기. 기수가 명사 앞에서 명사를 수식.

예) 요 10:16. 직역: "그들이 한 양떼가 될 것이다, 한 목자가 (그들에게 있을 것이다)."

γενήσονται	μία	ποίμνη,	εἷς	ποιμήν.
VIFDP3	ACNFS	NNFS	ACNMS	NNMS
	수식 →		수식 →	

② **서술적 용법**: 기수는 APC-로 표기. 기수가 보어로 사용.

예) 요 17:11. 직역: "그들이 우리처럼 하나이기를"

ἵνα	ὦσιν	ἓν	καθὼς	ἡμεῖς.
JS	VSPAP3	APCNNS	JS	NPNP1
		기수		

⇨ 『ἵνα + 가정법』은 " ~ 하기 위하여, ~ 하려고., 즉 목적을 나타낸다." 수사 ἓν는 동사 ὦσιν(εἰμί)의 보어(주격보어)로서 서술적 용법을 나타낸다.

③ **명사적 용법**(독립적 용법): 기수는 APC-로 표기. 기수가 문의 주어, 목적어로 사용.

예) 마 24:40. 직역: "그 때 둘(두 사람)이 그 들에 있을 것이다. 하나(한 사람)는 영접함을 받을 것이다. 그리고 하나(한 사람)는 내버려둠을 당할 것이다."

Τότε	δύο	ἔσονται	ἐν	τῷ	ἀγρῷ,	εἷς	παραλαμβάνεται
AD	APCNMP	VIFDP3	PD	DDMS	NDMS	APCNMS	VIPPS3
	기수(주어)					기수(주어)	

καὶ	εἷς	ἀφίεται·
JC	APCNMS	VIPPS3
	기수(주어)	

예) 마 13:8. 직역: "그것(ἄλλα, APNNP) 다른 것들은 열매를 공급하였다. 그리고 어떤것 하나는 일백배, 그리고 어떤 것 하나는 60배, 그리고 어떤 것 하나는 30배(열매를 공급하였다)."

ἐδίδου	καρπόν,	ὃ	μὲν	ἑκατόν,	ὃ	δὲ	ἑξήκοντα,	ὃ	δὲ	τριάκοντα.
VIIAS3	NAMS	APRNNS	JC	APCANP	APRNNS	JC	APCANP	APRNNS	JC	APCANP
주동사(단수동사)				기수(100)			기수(60)			기수(30)

> ⇨ 주동사의 외적주어는 전반부에 있는 '그것'(ἄλλα, APNNP), 즉 중성이다. 중성복수주어에는 단수 동사가 온다. 관계대명사 ὃ는 지시대명사의 의미를 가짐(어떤 것 하나). 기수들은 배분의 복수를 나타낸다.
> 『μὲν + A ~ , δὲ + B ~』은 'A와 B는 동등한 관계'다.

(4) 서수(AO-)의 용법

① **한정적 용법**: 서수는 AO- 로 표기. 서수가 명사 앞에서 명사를 수식.

예) 고전 15:47. 직역: "그 첫 번째 사람은 땅으로부터 먼지(흙)로 만든 (자이며), 그 두 번째 사람은 하늘로부터 (내려온 자다.)"

ὁ πρῶτος ἄνθρωπος ἐκ γῆς χοϊκός, ὁ δεύτερος ἄνθρωπος ἐξ οὐρανοῦ.
DNMS AONMS NNMS PG NGFS ANMS DNMS AONMS NNMS PG NGMS
서수 → 수식 (AONMS → NNMS) 서수 → 수식 (AONMS → NNMS)

② **서술적 용법**: 서수는 AO-로 표기. 서수가 보어로 사용.

예) 딤전 2:13. 직역: "왜냐하면 아담이 첫 번째로 모양이 지어졌고, 이와는 그 후에 (모양이 지어졌다)."

Ἀδὰμ γὰρ πρῶτος ἐπλάσθη, εἶτα Εὕα.
NNMS JS AONMS VIAPS3 AD NNFS

③ **명사적 용법**: 서수는 APO-로 표기. 서수가 문의 주어, 목적어, 보어로 사용.

예) 계 1:17. 직역: "두려워 하지 말라. 내가 첫 번째요 그리고 맨 끝이다.

μὴ φοβοῦ· ἐγώ εἰμι ὁ πρῶτος καὶ ὁ ἔσχατο"
AD VMPN NPNS1 VIPAS1 DNMS APONMS JC DNMS APNMS
관사 + 서수 (DNMS APONMS)

7) 부사(AD, Adverb)

부사(Adverb)에는 일반 부사(AD)와 문장 부사(or 불변화사) 두 종류가 있다. 일반 부사는 동사나 형용사, 그리고 시간·장소·방법·정도·출처 등을 나타내는 다른 부사를 수식하는 품사다. 문장 부사는 문장 전체에 영향을 주거나(QS, QT, QV) 어떤 종류의 특정 낱말을 강조하는(AD) 품사다. 부사는 그 성질상 변화가 없다. 헬라어에는 많은 문장 부사가 있으며, 그 일부는 불변화사(접두사)에서 다룰 것이다.

(1) 부사의 종류

① 부사의 대부분은 형용사의 복수·속격의 어미 -ων가 변화된 어미 -ως를 가진다. 그리고 이 -ως는 영어의 -ly에 해당한다.

남성: δικαιος(ANMS, 의로운) ⇨ δικαί<u>ων</u>(AGMP) ⇨ δικαί<u>ως</u>(AD, 의롭게)
여성: ἀληθής(ANFS, 참된) ⇨ ἀληθ<u>ων</u>(AGFP) ⇨ ἀληθ<u>ως</u>(AD, 참되게)
중성: πᾶν(ANNS, 모든) ⇨ πάντ<u>ων</u>(AGNP) ⇨ πάντ<u>ως</u>(AD, 모두)

② 분사가 형용사의 역할을 하며 부사의 어미를 취한다.

ὤν(VPPANMS,) ⇨ ὄντ<u>ων</u>(VPPAGMP,) ⇨ ὄντ<u>ως</u>(AD, 실로, 참으로)

③ 일정한 격(속격, 여격, 대격)이 고정되어 부사로 사용되기도 한다.

속격: αὐτοῦ(AD, 그곳에)
여격: ἰδιᾳ(AD, 개인적으로), πεζῃ(AD, 육로로), παντῃ(AD, 언제나)
대격: ἀκμήν(AD, 현재, 지금), σήμερον(AD, 오늘날), τὸ λοιπόν(AD, 기타),

④ 시간, 장소, 방법, 빈도, 출처를 타나내는 부사들(AD) - 대명사가 부사로 사용.

	의문	부정(불한정)	지시	관계
시간	πότε; (언제?)	ὅταν (언제든지)	τότε (그때)	ὅτε (~ 한 때에)
장소	ποῦ; (어디?)	ὅπου (~ 곳에)	ἐνθάδε (여기)	ὅπου (~ 한 거기)
방법	πῶς; (어떻게?)	ὅπως (어떻게)	οὕτος (따라서)	ώς(~ 처럼)
빈도	ποσακις; (얼마나 자주?)	---	πολλακις (자주, 빈번하게)	ὁσάκις (~ 할 때마다)
출처	πόθεν; (어디로부터?)	ποθέν (~ 곳으로부터)	ἐκεῖθεν (그 때로부터)	ὅθεν (~ 로부터)

⑤ 동사가 부사로 사용된 경우.

> δεῦρο(AD, 자, 오라, 이리로 오라): 고대 동사의 변형(복수형- δεῦτε).
> ἑβραϊστι(히브리어로) ⇦ ἑβραΐζω(히브리어를 쓰다) 동사의 변형.
> ἑλληνιστί(헬라어로) ⇦ ἑλληνιζω(헬라어를 쓰다) 동사의 변형.

(2) 부사의 용법

① 동사 수식 - 가장 일반적인 용법. AD로 표기된다.

예) 눅 7:4. 직역: "예수를 향하여 나아온 자들이 그를 급히 불렀다(요청했다)."

οἱ	παραγενόμενοι	πρὸς	τὸν	Ἰησοῦν	παρεκάλουν	αὐτὸν	σπουδαίως
DNMP	VPADNMP	PA	DAMS	NAMS	VIIAP3	NPAMS3	AD
분사의 명사적 용법(문의 주어)					동사		부사

(AD 부사 → VIIAP3 동사: 수식)

② 형용사 수식 - AD로 표기된다.

예) 딤전 3:16. 직역: "경건의 그 비밀은 의심할 여지없이(이의 없이) 크다."

ὁμολογουμένως μέγα ἐστὶν τὸ τῆς εὐσεβείας μυστήριον·

AD ANNS VIPAS3 DNNS DGFS NGFS NNNS

부사 형용사

(수식: 부사 → 형용사)

③ **다른 부사 수식 - AD로 표기된다.**

예) 막 7:36. 직역: "그들은 더욱 널리 (복음을) 선포하고 있었다."

αὐτοὶ μᾶλλον περισσότερον ἐκήρυσσον.

NPMP3 ABM ABM VIIAP3

부사 다른 부사

(수식: 부사 → 다른 부사)

④ **부사가 형용사(명사 수식)로 사용 : AD□A- 로 표기된다.**

예) 롬 3:26. 직역: "지금의 시간에 그의 의로움(의)의 증명을 위하여."

πρὸς τὴν ἔνδειξιν τῆς δικαιοσύνης αὐτοῦ ἐν τῷ νῦν καιρῷ,

PA DAFS NAFS DGFS NGFS NPGMS3 PD DDMS AD□ADMS NDMS

부사 명사

(수식: 부사 → 명사)

⑤ **부사가 명사로 사용 : AD□AP-로 표기된다.**

예) 눅 1:48. 직역: "보라. 지금으로부터 모든 세대에서 나를 복되다고 일컬을 것이다."

ἰδοὺ ἀπὸ τοῦ νῦν μακαριοῦσίν με πᾶσαι αἱ γενεαί,

QS PG DGMS AD□APGMS VIFAP3 NPAS1 ANFP DNFP NNFP

전치사 관사 부사

전치사구

⇨ 부사 νῦν가 관사 τοῦ를 취하여 전치사 ἀπὸ의 목적어, 즉 명사로 쓰인 경우다.

⑥ **명령형 동사가 부사로 사용 : AB□VM-로 표기된다.**

예) 계 21:9. 직역: "이리로 오라. 내가 너에게 새끼양의 그 아내 곧 그 신부를 보여 줄 것이다."

δεῦρο, δείξω σοι τὴν νύμφην τὴν γυναῖκα τοῦ ἀρνίου.

AD□VMAAS2 VIFAS1 NPDS2 DAFS NAFS DAFS NAFS DGNS NGNS

부사

동격

⇨ 신부(τὴν νύμφην)와 아내(τὴν γυναῖκα)는 동격구을 이룬다. 즉 '그 아내 곧 그 신부'.

⑦ **접속사가 부사로 사용 : AD□JS로 표기된다.**

예) 요 8:58. 직역: "아브람이 나기(일어나기) 전에 나는 존재하고 있다."

πρὶν	'Αβραὰμ	γενέσθαι	ἐγὼ	εἰμί.
AD□JS	NAMS	VNAD	NPNS1	VIPAS1
부사	의미상 주어	부정사		

⇨ 시간 부정사 구문 『πρὶν + 부정사』 (선행적 시간, ~ 전에)을 나타낸다. 'Αβραὰμ은 부정사의 의미상의 주어(대격)이다. ἐγὼ는 강조형이므로 동사εἰμί의 내적 주어를 강조한다.

8) 형용사 · 부사의 비교법(Comparative)

(1) 형용사의 비교법(AM-)

형용사가 다른 것과 비교할 때 쓰이는 법을 비교법이라 하며, 기본형은 원급(原級)이라 할 수 있다. 원급과 비교되는 두 개의 급이 있는데, 비교급(比較級)과 최상급(最上級)이 있다. 전자는 둘 사이의 비교를 나타내며, 후자는 둘 이상 또는 그 이상 것들의 비교에 사용된다.

* 원급: 다른 것과 비교하지 않고 형용사.부사 원래의 형태를 나타낸다.
* 비교급: 둘 중에서 한 쪽이 다른 쪽보다 정도가 높음을 나타낸다.
* 최상급: 3개 이상 중에서 정도가 가장 높음을 나타낸다.

① 영어에서 비교의 급은 두 가지 방식으로 형성되는데, 하나는 원급(형용사의 기본형)의 어미에 -er(비교급), -est(최상급)를 덧붙이는 것(great - greater - greatest)과 다른 하나는 전혀 다른 형을 사용하는 것(good - better - best)이다.

헬라어 역시 비교의 급을 형성하는데 두 가지 방식이 사용된다. 하나는 형용사 원급의 어간에 비교의 어미를 덧붙이는 규칙적인 비교법과 다른 하나는 전혀 다른 형을 사용하는 불규칙 비교법이 있다.

예)	비교급			최상급		
	남성	여성	중성	남성	여성	중성
규칙적	어간-τερος	-τέρα	-τερον	어간-τατος	-τάτη	-τα
	어간-ίων	-ίων	-ον	어간-ιστος	-ίστη	-ιστον
불규칙적 비교법: ἀγαθός(원급) - κρείσων(비교급) - κράτιστος(최상급)						

② **원급**(A-, Grade Positive) - 형용사의 고대형이며, 가장 일반적이며 기본형이 되는 형이다.

③ **비교급**(AM-, Grade Comparative) 용법 - 신약에서는 5가지 방식이 있다.

a. **「형용사**(원급) + ~ + **전치사**(PG, πρός · παρά · ὑπέρ = than) + **대격**(명사 or 대명사)**」**
⇨ " (대격)보다 더 (원급 형용사)한 ~ "

예1) 눅 13:2. 직역: "이 갈릴리 사람들은 모든 갈릴리 사람들보다 더 죄가 있다."
οἱ Γαλιλαῖοι οὗτοι ἁμαρτωλοὶ παρὰ πάντας τοὺς Γαλιλαίου ἐγένοντο,
DNMP APNMP ADNMP ANMP PG AAMP DAMP APAMP VIADP3
고유명사 지시형용사 형용사(원급) 전치사(~보다) 대격고유명사 동사
수식

⇨ 이 문장은 2형식 문장이다. 주어(이 갈릴리 사람들) + 동사(ἐγένοντο) + 형용사(ἁμαρτωλοὶ).

예2) 마 10:37. 직역: 아비 또는 어미를 나보다 더 사랑하는 자는 내게 합당치 않다.
Ὁ φιλῶν πατέρα ἢ μητέρα ὑπὲρ ἐμὲ οὐκ ἔστιν μου ἄξιος
DNMS VPPANMS NAMS JC NAFS PA NPAS1 AD VIPAS3 NPGS1 ANMS
분사 전치사 대격(대명사) 속격 속격지배형용사

⇨ 분사 φιλῶν가 원급형용사로 사용되었으며, 형용사 ἄξιος는 속격지배형용사로서 속격 μου 가 보충어로 사용됨.

b. **「형용사**(A-, 원급) + ~ + ἤ(JS, = than) + **주격 or 대격**(명사 or 대명사)**」**
⇨ " (주격 · 대격)보다 ~ (대비되는 주격 · 대격)이 더 (원급 형용사)한 ~ "

ἤ가 JC(등위 접속사)로 분해될 때는 "또한, 혹은"(or)이라는 분리 접속사.
JS(종속 접속사)로 분해될 때는 " ~보다 더"(than)이라는 비교 접속사.

예) 마 18:8. 직역: "두 손 또는 두 발을 가지고서 영원한 그 불 속으로 들어가는 것 보다(than) 불구 또는 절름발이로(즉 가지고서 –분사 생략) 영생으로 들어가는 것이 더 아름답다."

καλόν σοί ἐστιν εἰσελθεῖν εἰς τὴν ζωὴν κυλλὸν ἢ χωλὸν ἢ

ANNS NPDS2 VIPAS3 VNAA PA DAFS NAFS APAMS JC APAMS JS

형용사(원급) 비인칭동사(가주어) 부정사(진주어) 생략된 분사의 목적어 ~보다 더

δύο χεῖρας ἢ δύο πόδας ἔχοντα βληθῆναι εἰς τὸ πῦρ τὸ αἰώνιον.

ACAFP NAFP JC ACAFP NAMP VPPAAMS2 VNAP PA DANS NANS DANS AANS

분사의 목적어 분사구문 부정사

⇨ 이 문장은 길지만 2형식 문에 불과 하다. 동사 ἐστιν의 내적주어가 가주어(비인칭 주어)로, 부정사 εἰσελθεῖν가 진주어로, 형용사 καλόν가 주격보어로 구성된 문이다. 비교 접속사 ἢ 앞에 분사 ἔχοντα가 생략되어 있는 상태며, 분사 ἔχοντα는 비교 접속사 앞뒤에서 각 부정사들과 동시동작(부대상황, ~하면서)을 나타내는 관계분사구문이다.

c. **「형용사**(AM–, 비교급) + ~ + **ἢ**(JS, = than) + **주격 or 대격**(명사 or 대명사)**」**

⇨ "(주격 · 대격)보다 ~ (대비되는 주격 · 대격)이 더 (비교급 형용사)한 ~"

예) 고전 14:5. 직역: "혀들로 말하는 자보다 예언하는 자가 더 크다(위대하다)."

μείζων ὁ προφητεύων ἢ ὁ λαλῶν γλώσσαι

AMNMS DNMS VPPANMS JS DNMS VPPANMS NDFP

형용사(비교급) 분사(명사적 용법) ~보다 더 분사(명사적 용법)

⇨ 분사들이 관사를 가지고 문의 주어로 사용됨(명사적 용법). γλώσσαι의 여격은 '수단의 여격'을 나타낸다('혀'를 수단·도구로).

d. **「형용사**(A–, 원급) + **μᾶλλον**(ADM) ~ **」** – μᾶλλον이 형용사(원급) 수식.

⇨ " 더욱 더(오히려, 도리어) ~ (원급 형용사)한 ~ "

예) 벧후 1:10. 직역: "그러므로 형제들이여! 당신들은 당신들의 그 부르심과 그 택함을 (자신들을 위해) 더욱더 확고하게 급히 서둘러 행하라."

διὸ μᾶλλον, ἀδελφοί, σπουδάσατε βεβαίαν ὑμῶν τὴν κλῆσιν

JH ADM NVMP VMAAP2 AAFS NPGP2 DAFS NAFS

더욱 더 형용사(원급, 대격)

καὶ ἐκλογὴν ποιεῖσθαι·

JC NAFS VNPM

보어부정사(중간태-자신을 위해)

⇨ 부사 μᾶλλον이 원급 형용사 βεβαίαν을 수식하여 비교법을 나타낸다. 동사 σπουδάσατε는 부정사를 보어로 취하는 동사이므로 『σπουδάσατε + ποιεῖσθαι』는 "급히 서둘러 행하라"이다. 원급 형용사 βεβαίαν는 동사(σπουδάσατε)을 수식하는 부사적 형용사로 사용되었다(확고하게). 이 부사적 형용사는 대개 목적격(대격)으로 나타난다.

e. **『형용사**(AM-, 비교급) + ~ + **속격**(명사, 대명사)**』**

⇨ " (속격, = than)보다 ~ 더 (비교급 형용사)한 ~ "

예1) 고전 13:13. 직역: "지금 믿음, 소망, 사랑 곧 이 세 가지 것들은 계속 존재한다 (머문다). 그러나 그 사랑이 이것들보다 더 위대하다."

Νυνὶ	μένει	πίστις,	ἐλπίς,	ἀγάπη,	τὰ	τρία	ταῦτα·
AD	VIPAS3	NNFS	NNFS	NNFS	DNNP	APCNNP	ADNNP
	단수 동사					기수	지시형용사

μείζων	δὲ	τούτων	ἡ	ἀγάπη.
AMNFS	JC	APDGNP	DNFS	NNFS
형용사(비교급)		속격(지시대명사, ~보다)		

⇨ 기수 τρία는 관사를 취하여 동사 μένει의 주어(중성 복수)로서 명사적 용법을 나타내며, 중성 복수가 주어일 때는 단수 동사가 온다. 지시형용사 ταῦτα는 서술적 위치(AD-)에서, 명사적으로 쓰인 수사 τρία를 지시한다. 이 때 지시형용사는 관사를 취하지 않는다.

예2) 마 3:11. 직역: "그러나 내 뒤에 오시는(오고 계시는) 분은 나보다 더 강력하시다."

ὁ	δὲ	ὀπίσω	μου	ἐρχόμενος	ἰσχυρότερός	μου	ἐστιν,
DNMS	JH	PG	NPGS1	VPPNNMS	AMNMS	NPGS1	VIPAS3
				분사	형용사(비교급)	속격(인칭대명사, ~보다)	

⇨ 분사 ἐρχόμενος는 관사를 취하여 문의 주어로 명사적 용법을 나타낸다. 2형식 문이다.

④ **최상급**(APS- or AS-; Grade Superlative)의 용법 - 신약에서는 3가지 방식이 있다.

a. 비교급이 자주 최상급의 기능을 한다(신약에서는 최상급이 드물게 사용된다). 즉

『형용사 비교급 + ~ + 속격(사람, 사물)**』**

⇨ "(속격)중에서 ~ 가장 (비교급 형용사)한 ~ "

예) 고전 13:13. 직역: "지금 믿음, 소망, 사랑 곧 이 세 가지 것들은 계속 존재한다 (머문다). 그러나 그 사랑이 이것들 중에서 가장 위대하다."

Νυνὶ	μένει	πίστις,	ἐλπίς,	ἀγάπη,	τὰ	τρία	ταῦτα·
AD	VIPAS3	NNFS	NNFS	NNFS	DNNP	APCNNP	ADNNP

μείζων δὲ τούτων ἡ ἀγάπη.

AMNFS JC APDGNP DNFS NNFS

비교급(가장 ~ 한) 속격(~ 중에서)

b. 일반적인 최상급이 그 본래 기능(최상급)을 나타낸다.

예) 고전 15:9. 직역: "나는 그 사도들 중에서 가장 작은 사람이다."

Ἐγὼ εἰμι ὁ ἐλάχιστος τῶν ἀποστόλων

NPNS1 VIPAS1 DNMS APSNMS DGMP NGMP

형용사(최상급) 속격(중에서)

c. 절대 최상급(AS-, Grade Elative) - '매우, 대단히' 등 강조에 사용된다. 절대적 최상급은 관사도 속격도 취하지 않는다.

예) 벧후 1:4. 직역: "그것들을 통하여 그는 값비싸며 대단히 위대한 그 약속들을 우리들에게 이미 선물로 주셨다."

δι' ὧν τὰ τίμια καὶ μέγιστα ἡμῖν ἐπαγγέλματα δεδώρηται,

PG APRGNP DANP AANP JC ASANP NPDP1 NANP VIRNS3

중성복수관사 형용사(최상급, 대단히 ~한) 중성복수명사

⇨ 중성복수관사 τὰ는 중성복수명사 ἐπαγγέλματα를 한정하며(그 약속들), 중성복수 형용사인 τίμια와 μέγιστα 역시 중성복수명사 ἐπαγγέλματα를 수식한다.

(2) 부사의 비교법(ADM)

부사의 비교법은 형용사의 비교법을 따른다. 즉 부사의 비교급은 같은 뜻의 형용사의 비교급의 **중성 단수형**을 갖는다. 부사의 최상급은 같은 뜻의 형용사의 최상급의 **중성 복수형**을 갖는다.

① 부사 역시 비교의 급을 형성하는데 두 가지 방식이 사용된다. 하나는 원급의 어미(-ως; -ω)에 비교의 어미를 덧붙이는 규칙적 비교법과 다른 하나는 전혀 다른 형을 사용하는 불규칙 비교법이 있다.

예)	규칙적 비교법			불규칙 비교법		
	원급	비교급	최상급	원급	비교급	최상급
부사	-ως	-τερον	-τατα	다른 형	-ον	-τα
	-ω	-τερω	-τατω		중성단수형	중성복수형
		중성단수형	중성복수형			

② 불규칙적으로 변하는 부사들

원급	비교급	최상급
ἐγγύς (가깝게)	ἐγγύτερ-ον (더 가깝게)	ἔγγισ-τα (가장 가깝게)
καλῶς (잘, 좋게)	κάλλι-ον(더 잘, 더 좋게)	-
ταχέως (빠르게)	τάχι-ον (더 빨리)	τάχισ-τα (가장 빨리)
- (μαλά, 매우)	μᾶλλ-ον (더욱 더)	μάλισ-τα (가장, 특히)
πολύ (많이)	πλει'-ον (더 많이)	-

9) 관사(D-, Article)

어떤 대상을 지적하거나 그것에 주의를 끌게 하는 일종의 지시대명사이다. 관사는 넓은 의미로 형용사의 일종이다. 관사(ὁ, ἡ, τό)는 본래 지시대명사였고 인칭대명사 3인칭 역할을 하였다. 점차 이 기능이 약화되면서 관사는 정관사(the definite article)가 되었다. 또한 관계대명사 대용으로 사용되었다. 헬라어에는 영어와 같이 부정관사 (a, an)는 없고, 정관사(the)만 있다.

(1) 관사의 특징

① 관사는 호격이 없다.

수	격	남성	여성	중성
단수	주격	ὁ	ἡ	τό
	속격	τοῦ	τῆς	τοῦ
	여격	τῷ	τῇ	τῷ
	대격	τόν	τήν	τό
복수	주격	οἱ	αἱ	τά
	속격	τῶν	τῶν	τῶν
	여격	τοῖς	ταῖς	τοῖς
	대격	τούς	τάς	τά

② 관사(D–)가 없는 명사는 " 한 ~ ", " 어떤 ~ "의 의미로 해석한다(영어의 부정관사의 의미).

예) λόγος – "말씀, 한 말씀, 어떤 말씀", ὁ λόγος - "그 말씀"
NNMS DNMS NNMS
φῶς – "빛, 한 빛, 어떤 빛", τὸ φῶς - "그 빛"
NNNS DNNS NNNS

③ 관사(D–)는 관계되는 품사와 격, 성, 수가 일치되어야 한다.

예) ὁ λόγος (그 말씀); ἡ καρδία(그 마음); τὰ ἀρεστὰ (그 기뻐하는 것들)
DNMS NNMS DNFS NNFS DANS NANP
주격, 남성, 단수 – 일치 주격, 여성, 단수 – 일치 대격, 중성, 복수 - 일치

(2) 관사의 위치

① 한정적(형용적) 위치 : 관사(D–)가 형용사(A–) 앞에 올 때.

예) 마 12:43. 직역: "그러나 그 더러운 영이 그 사람으로부터 나갔을 때,"
Ὅταν δὲ τὸ ἀκάθαρτον πνεῦμα ἐξέλθῃ ἀπὸ τοῦ ἀνθρώπου,
JS JC DNNS ANNS NNNS VSAAS3 PG DGMS NGMS
관사 형용사 명사 가정법

⇨『접속사 Ὅταν(JS) + 가정법』 = 시간 부사절을 나타낸다(~ 할 때).

② 서술적 위치 : 관사가 형용사 앞에 오지 않을 때.

예) 고전 5:6. 직역: "너희들의 자랑은 옳지 않다."
Οὐ καλὸν τὸ καύχημα ὑμῶν.
AD ANNS DNNS NNNS NPGP2
형용사 관사 명사

⇨ 이 문장은 영어에서 be 동사인 εἰμί 동사가 생략된 2형식 문이다. 즉 형용사가 주격보어로 사용.

* 신약성경에서 εἰμί 동사는 연계사(連繫詞, link verb, kopula)로서 일상생활의 대화에서, 축복문에서, 속담에서, 그리고 비인칭적인 표현에서 생략되곤 한다.

③ 『관사(D-) + 명사(N-) + 관사(D-) + 형용사(A-)』 일 때는 관사가 명사, 형용사 둘 다 강조하며, 형용사로 하여금 동격의 역할을 하게 한다.

예) 요 10:11. 직역: "나는 아름다운(탁월한, 매력있는) 목자다."

Ἐγώ	εἰμι	ὁ	ποιμὴν	ὁ	καλός.
NPNS1	VIPAS1	DNMS	NNMS	DNMS	ANMS

⇨ ὁ ποιμὴν(그 목자)와 ὁ καλός(그 탁월한 사람)를 강조하며, 즉 "그 탁월한 사람"이 "그 목자"다. 결국 『그 탁월한 목자』를 강조한다. 역시 주어는 외적 주어인 인칭대명사를 사용하여 목자의 탁월성을 강조하는 한편, 바로 그 탁월한 목자가 바로 '나'(예수 그리스도)임을 강조하고 있다.

④ 『관사(D-) + 분사(VP-)』 일 때 분사는 한정적, 관사가 없을 때는 서술적.

예) 고전 2:7. 직역: "우리들이 신비 속에(비밀 속에) 있는 하나님의 지혜, 곧 그 감추어져 있던 것을 말한다."

λαλοῦμεν	θεοῦ	σοφίαν	ἐν	μυστηρίῳ,	τὴν	ἀποκεκρυμμένην,
VIPAP1	NGFS	NAFS	PD	NDNS	DAFS	VPRPAFS
					관사	분사(현재완료 수동태)

⇨ 분사가 관사를 취한 한정적이며, 동시에 σοφίαν와 동격을 이루는 명사적 용법을 나타낸다. 또한 분사의 현재완료 시제는 분사의 동작이 이미 완료된 상태를 나타내지만 그 동작의 결과가 주동사 λαλοῦμεν의 동작과 동시적임을 의미한다.

⑤ 지시형용사(AD-)가 『관사 + 명사』를 지시할 때, 지시형용사는 규칙적으로 관사를 취하지 않는 서술적 위치에 온다.

예) 눅 14:30. 직역: "그들이 말하기를, 이 사람이 자신을 위하여 건축하기 시작하였다. ~ "

λέγοντες	ὅτι	οὗτος	ὁ	ἄνθρωπος	ἤρξατο	οἰκοδομεῖν
VPPANMP	JH	ADNMS	DNMS	NNMS	VIAMS3	VNPA
		지시형용사	관사	명사		부정사

지시(성·수격 일치)

⇨ 분사 λέγοντες는 직접화법의 전달 동사역할을 하며(그들이 말하기를), 동작동사(ἤρξατο) 다음에 부정사가 위치할 경우, 그 부정사는 '목적'을 나타낸다(~ 하기 위하여, ~하려고). 접속사 ὅτι가 JC, JH로 분해 될 경우는 명사절(~ 것)을 이끌며, 특히 JH는 우월한 관계에 있는 내용절을 의미한다. 그리고 JS로 분해될 경우는 원인, 이유, 근거를 나타내는 부사절(~ 때문에, ~로 인하여, 왜냐하면)을 이끈다.

(3) 관사의 일반적 용법

① 특별한 대상을 가리킴.

예) 마 3:3. 직역: "(너희들은) 회개하라. 왜냐하면 하늘들의 그 나라가 (이미) 가까이 이르렀기 때문이다."

μετανοεῖτε·	ἤγγικεν	γὰρ	ἡ	βασιλεία	τῶν	οὐρανῶν.
VMPAP2	VIRAS3	JS	DNFS	NNFS	DGMP	NGMP
현재명령법			관사(그)	하늘들의 (그) 나라		

⇨ 하늘들의 나라는 아주 특별한 대상을 나타낸다. 현재명령법(μετανοεῖτε)은 계속이나 반복되는 동작을 명령하는 경우. 즉 '계속적으로 회개하라'. 그 이유는 이미 가까이 임한 하늘들의 그 나라가 곧 너희들을 다스리고 통치하고 판단·심판하기 때문일 것이다.

② 앞에서 이미 언급된 것을 가리킴.

예) 요 4:11. 직역: "그러므로 당신은 살아있는 그 물을 무엇으로부터 소유할 수 있습니까?"

πόθεν	οὖν	ἔχεις	τὸ	ὕδωρ	τὸ	ζῶν;
ADT	JH	VIPAS2	DANS	NANS	DANS	VPPAANS
			관사	명사		분사

⇨ '물'(ὕδωρ)은 이미 앞에서 예수님과 사마리아 여인과의 대화 중에서 언급되었다(그 물). 분사 ζῶν는 관사를 취하여 앞의 명사를 수식하는 한정적 용법을 나타내고 있다(격, 성, 수 일치).

③ 『관사(복수) + 명사(복수)』. 종류, 무리, 집단에 속하는 모든 대상을 나타내며, 보통 복수를 사용. 이 때 관사를 총칭적 관사라 한다.

예) 마 8:20. 직역: "여우들도 굴을 소유하고 있다 그리고 하늘의 나는 것들도 둥지를 (소유하고 있다)."

αἱ	ἀλώπεκες	φωλεοὺς	ἔχουσιν	καὶ	τὰ	πετεινὰ	τοῦ	οὐρανοῦ	κατασκηνώσεις,
DNFP	NNFP	NAMP	VIPAP3	JC	DNNP	APNNP	DGMS	NGMS	NAFP
관사	명사				관사	형용대명사			

⇨ 여우들(명사)과 나는 것들(형용대명사)에 관사를 붙여 그 집단(무리)를 나타낸다.

④ 『관사(단수) + 명사(단수)』. 명사가 가지고 있는 부류의 전체를 대표하는 대표자인 하나의 대상을 나타내며, 단수가 사용된다. 이 때 관사를 총칭적 관사라 한다.

예) 요 1:21. 직역: "너가 그 선지자인가?" 그리고 그는 "아니다(No)"라고 대답했다."

ὁ	προφήτης	εἶ	σύ;	καὶ	ἀπεκρίθη·	οὔ.
DNMS	NNMS	VIPAS2	NPNS2	JC	VIAOS3	QS
관사	명사					문장접두사

⇨ 명사(προφήτης, 선지자) 앞에 관사를 붙임으로 선지자 전체를 대표하는 하나의 대상을 나타낸다. 부정어 οὔ가 QS(문장접두사)로 분해될 때는 "~이 아니다(not)"(AD)의 의미가 아니라 ναι(Yes)와 대조되는 No로 대답하는 의미를 나타내는 불변사로 사용된다.

⑤ **『관사 + 추상명사』. 특별한 의미를 나타낸다. 일반적으로 추상명사에는 관사를 붙이지 않는다.**

예) ἁμαρτία죄(롬 5:13), νόμος율법(롬 5:13), θάνατος죽음(마26:38), διακονία 봉사(히 1:14), σάρξ육(롬 8:12), πνεῦμα영(요 3:5), ἐπιθυμία탐심(골 3:5) 등 등의 추상명사들은 일반적으로 관사를 취하지 않는다.

예) 엡 2:8. 직역: "너희가 믿음으로 말미암아 그 은혜로 (현재 이미) 구원을 받았다."

Τῇ	χάριτί	ἐστε	σεσῳσμένοι	διὰ	πίστεως·
DDFS	NDFS	VIPAP2+	+VPRPNMP2	PG	NGFS
관사(여격)	추상명사(여격)		수동태	διά + 행위자	

⇨ 추상명사(은혜)에 관사를 붙임으로 "그 은혜", 즉 '하나님의 선물'인 특별한 은혜를 나타낸다. 『εἰμί의 현재 + 현재 완료 분사(σεσῳσμένοι)』는 '우설적 현재 완료'구문이다. 이 구문 형식은 대개 완료된 동작의 현재적 결과를 더욱 강조하는 역할을 한다. 그러나 때로는 완성의 개념을 강조하는 경우도 있다. 이 문장은 수동태 문장이다. 즉 『수동태 동사 + 매개적인 행위자(διὰ πίστεως) / 비인칭적인 행위자(Τῇ χάριτί)』 형태이다. 수동동사의 행위가 수행된 행위자가 여격일 때는 '수단, 방편'을 나타내며, διά+행위자일 때는 수동동사에 의해 표현된 행동에 영향을 미친 중간 매개체를 나타낸다.

⑥ **인명과 지명에는 일반적으로 관사가 붙지 않는다. 고유명사 앞의 관사 사용은 일반적으로 저자들의 성향에 따라 사용되기도 하고 사용되지 않기도 한다.**

예) 롬 1:1. 직역: "예수 그리스도의 종 바울"

Παῦλος	δοῦλος	Χριστοῦ	Ἰησοῦ,
NNMS	NNMS	NGMS	NGMS
고유명사	보통명사	고유명사(속격)	고유명사(속격)

⇨ 인명(바울)에는 관사가 없다. 고유명사(Χριστοῦ Ἰησοῦ)가 명사(δοῦλος) 뒤에서 속격으로 사용될 때는 관사를 붙이지 않는다. 그리스도(Χριστοῦ)와 예수(Ἰησοῦ)는 동격을 나타낸다.

예) 요 1:46. 직역: "그(나다나엘)가 그(빌립)에게 말했다. 나사렛으로부터 어떤 선한 것이 있을 수 있느냐?(or 존재할 수 있느냐?)"

εἶπεν αὐτῷ Ναθαναήλ· ἐκ Ναζαρὲτ δύναταί τι ἀγαθὸν εἶναι;

VIAAS3	NPDMS3	NNMS	PG	NGFS	VIPNS3	AINNS	APNNS	VNPA
		고유명사(인명)		고유명사(지명)		부정형용사	형용사	

⇨ 인명, 지명 고유명사 둘 다 무관사이며, 부정대명사 τι는 형용사 ἀγαθὸν를 수식하는 형용사적 용법을 나타낸다.

⑦ 국명에는 보통 관사가 붙게 된다.

예) 행 20:2. 직역: "그가(바울) 그들에게 많은 말로 권한 후에 그는 헬라로 왔다."

παρακαλέσας αὐτοὺς λόγῳ πολλῷ ἦλθεν εἰς τὴν Ἑλλάδα

VPAANMS	NPAMP3	NDMS	ADMS	VIAAS3	PA	DAFS	NAFS
분사구문						관사	헬라

⇨ 분사 παρακαλέσας는 '시간'을 나타내는 관계분사구문(~ 한 후에, 하고서, 했던)으로 동사 ἦλθεν를 수식한다.

⑧ 강 이름은 대개 관사를 취한다.

예) 막 1:5. 직역: "요단강 안에서 그들은 그에 의해 세례를 받아 왔고 그들의 그 죄들을 (자신들을 위하여) 자백해 왔다.

ἐβαπτίζοντο ὑπ' αὐτοῦ ἐν τῷ Ἰορδάνῃ ποταμῷ ἐξομολογούμενοι

VIIPP3	PG	NPGMS3	PD	DDMS	NDMS	NDMS	VPPMNMP
미완료, 수동				관사	요단	강	분사(중간태)

τὰς ἁμαρτίας αὐτῶν.

DAFP	NAFP	NPGMP3

⇨ 이 문장은 직접적인 행위자를 지닌 수동태 문장이다. 즉 『수동동사 + ὑπο + 직접적인 행위자』. 분사 ἐξομολογούμενοι는 주동사의 동작에 논리적으로 후행하는 동작을 나타내는 '부대상황' 관계분사구문이다. 또 한 중간태이므로 "자신을 위하여"의 의미를 부가하여 해석한다.

⑨ **명사적 용법(특히 문의 주어)으로 사용된 분사 앞에 관사가 사용된다.**

예) 요 3:36. 직역: "그 아들에 대해 (현재) 믿고 있는 자는 영원한 생명을 소유하고 있다."

ὁ	πιστεύων	εἰς	τὸν	υἱὸν	ἔχει	ζωὴν	αἰώνιον·
DNMS	VPPANMS	PA	DAMS	NAMS	VIPAS3	NAFS	AAFS
관사	분사				주동사		

⇨ 분사 πιστεύων가 관사를 취하여 문의 주어로 사용된 명사적 용법을 나타낸다.

(4) 관사의 특별 용법

① **『관사(단, 복) + μέν ~ , 관사(단, 복) + δέ ~ 』** 일 경우, 관사가 양자택일의 인칭대명사 역할을 한다. 즉 "한편은 ~ , 다른 한편은 ~ / 한 사람(들)은 ~ , 또 다른 사람(들)은 ~ " 뜻이다. 이것은 지시대명사의 기능을 가진다.

예) 행 14:4. 직역: "이 사람들은 유대인들과 함께 있었고, 또 다른 사람들은 사도들과 함께 있었다."

οἱ	μὲν	ἦσαν	σὺν	τοῖς	Ἰουδαίοις,	οἱ	δὲ	σὺν	τοῖς	ἀποστόλοις.
DNMP	JC	VIIAP3	PD	DDMP	APDMP	DNMP	JC	PD	DDMP	NDMP
이 사람들은						또 다른 사람들은				

⇨ 형용사 Ἰουδαίοις(유대의, A-)에 관사가 붙어서 명사(유대인, AP-)로 사용된 경우이므로 AP-로 분해됨.

② **『관계대명사 + μέν ~ , 관계대명사 + δέ ~ 』** 일 경우, 위 ①의 용법과 유사함.

예) 마 21: 35. 직역: "그들이 한 사람을 가죽을 벗겼고, 또 다른 사람은 살해했고, 또 다른 사람은 돌로 쳐 죽였다."

ὃν	μὲν	ἔδειραν,	ὃν	δὲ	ἀπέκτειναν,	ὃν	δὲ	ἐλιθοβόλησαν.
APRAMS	JC	VIAAP3	APRAMS	JC	VIAAP3	APRAMS	JC	VIAAP3
한 사람을			또 다른 사람을			또 다른 사람을		

③ **접속사 καί와 연결된 명사와 함께 사용된 경우.**

a. 『관사 + 명사(사람) καί 관사 + 명사(사람)』 일 경우, 다른 사람임을 나타냄.

예) ὁ προφήτης καί ὁ μαθητής 그 선지자와 그 제자 - 두 사람.

b. 『관사 + 명사(사람) καί 명사(사람)』 일 경우, 동일 인물, 즉 한 사람임을 나타냄.

예) ὁ προφήτης καί μαθητής 그 선지자이며 제자인 사람 - 한 사람.

④ **명사가 아닌 다른 품사에 붙어서 전성명사로 사용된 경우.**

a. **『관사 + 분사』**

예) 눅 6:21. 직역: "지금(이제) 굶주린 자들이여, (너희들은) 복이 있다. 왜냐하면 너희들은 꼴이 먹여지게 될 것이기 때문이다."

μακάριοι οἱ πεινῶντες νῦν, ὅτι χορτασθήσεσθε.

μακάριοι	οἱ	πεινῶντες	νῦν	ὅτι	χορτασθήσεσθε
ANMP	DVMP 관사	VPPAVMP2 분사	AD	JS	VIFPP2

⇨ εἰμί 동사가 생략된 경우다(축복문의 한 형태). 분사 πεινῶντες는 관사를 취하여 문의 주어로 사용된 명사적 용법이다(~ 한 자들). ὅτι가 이끄는 절은 '이유'를 나타내는 부사절이다(왜냐하면, ~ 때문에).

b. **『관사 + 형용사』**

예) 마 5:7. 직역: "자비로운 자들은 행복하다(복되다), 왜냐하면 그들이 자비로움을 받기 때문이다."

μακάριοι οἱ ἐλεήμονες, ὅτι αὐτοὶ ἐλεηθήσονται.

μακάριοι	οἱ	ἐλεήμονες	ὅτι	αὐτοὶ	ἐλεηθήσονται
ANMP	DNMP 관사	APNMP 형용사	JS	NPNMP3	VIFPP3

⇨ 형용사(A-)가 관사를 가지게 되면 실명사(~ 한 자)로 취급되므로 AP-로 문법분해가 된다.

c. **『관사 + 부정사』**

관사는 독립적인 부정사 앞에서도 사용된다. 이 때의 부정사는 형용사나 부사에서처럼 역시 하나의 명사로 취급된다. 이 용법에서 관사는 종종 부정사가 필요로 하는 격(格)을 가지고 함께 사용된다. 이러한 부정사를 "관절 부정사"(articular infinitive)라 한다.

예) 빌 2:6. 직역: "하나님의 형상으로(안에서) 존재하고 계시는 바 그는 하나님과 동일하심을 빼앗긴 것으로 생각하지 않으셨다."

ὃς	ἐν	μορφῇ	θεοῦ	ὑπάρχων	οὐχ	ἁρπαγμὸν	ἡγήσατο
APRNMS	PD	NDFS	NGMS	VPPANMS	AD	NAMS	VIADS3
↑ 수식						목적보어	동사

τὸ	εἶναι	ἴσα	θεῷ,
DANS	VNPAA	APANP	NDMS
관사(대격)	부정사(대격)		

⇨ 관계대명사(APR-)의 선행사는 생략될 수도 있다. 즉 관계대명사의 선행사가 '대명사' 또는 '인물', '시간'등일 때 선행사는 생략된다. 이 때 관계대명사 자체가 선행사의 의미를 포함하는 경우다. ὅς(~ 바 그 사람), 부정사 구문인 『τὸ εἶναι ἴσα θεῷ』는 동사 ἡγήσατο의 목적어로 사용되었고, ἁρπαγμὸν는 목적보어로 사용된 경우다. θεῷ의 여격은 '교제의 여격'으로 형용사 ἴσος와 함께 쓰인다. 분사 ὑπάρχων는 주어 ὃς를 수식하는 형용사적 용법을 나타내고 있다.

d. **『관사 + 부사』**

예) 눅 1:48. 직역: "보라, 지금(이제)부터 모든 세대(시대)들이 나를 복되다고 칭송하게 될 것이다."

ἰδοὺ	ἀπὸ	τοῦ	νῦν	μακαριοῦσίν	με	πᾶσαι	αἱ	γενεαί,
QS	PG	DGMS	AD	VIFAP3	NPAS1	ANFP	DNFP	NNFP
		관사	부사					

⇨ '현재'의 시점을 나타내는 부사 νῦν앞에 관사 τοῦ가 붙음으로 특별한 '지금(현재)'를 의미한다. 또 그 앞에 무엇인가가 한 시점으로부터 시작되는 상태를 나타내는 전치사 ἀπὸ가 연결되어, '지금(이제)부터'이란 의미는 어느 한 시점을 기준으로 하여 무엇인가가 새롭게 변화된 모습으로 시작되는 특별한 상태를 가리키는 것이다. 마리아에게 있어 '지금'(이제)이라는 시점은 자신의 정체성을 완전히 바꾸어 놓은 특별하고도 엄청난 전환점이 되는 시점이다.

e. **『관사 + 전치사구』**

이 용법에서 관사는 대개 " ~ 자(들)"로 번역된다.

예) 눅 9:32. 직역: "그 베드로와 그와 함께 한(or 있는) 자들은 잠에 의해 내리눌려져 있었다."

ὁ	Πέτρος	καὶ	οἱ	σὺν	αὐτῷ	ἦσαν	βεβαρημένοι	ὕπνῳ·
DNMS	NNMS	JC	DNMP	PD	NPDMS3	VIIAP3+	+VPRPNMP	NDMS
			관사	전치사구				

⇨ 『εἰμί의 미완료(ἦσαν) + 현재 완료 분사(βεβαρημένοι)』는 분사의 "우설적 과거완료"구문이다. 이 구문 형식은 '우설적 현재 완료 구문'과 비교하면 다만 시간적으로 과거라는 것만 틀리다. 또 이 문장은 수동태 문장으로서 수동동사 βεβαρημένοι의 행동이 수행된 행위자가 비인칭 ὕπνῳ(잠)이므로 단순여격으로 표현되었다.

f. **『관사 + 속격』**

이 용법에서는 주로 복수가 많이 사용되는데, " ~ 의 백성(남성) or ~ 의 것들(중성)" 이란 뜻으로 해석한다. 이와 같이 사용되는 관사는 독자의 이해가 쉬울 경우 " ~ 의 아들/딸/부인" 등을 의미할 수 있다(예, 요 19:25; 21:2; 눅 3:23~38).

예1) 고전 15:23. 직역: "첫 열매는 그리스도, 그 다음에 그의 강림 (때)에 그 그리스도의 백성."

ἀπαρχὴ Χριστός, ἔπειτα οἱ τοῦ Χριστοῦ ἐν τῇ παρουσίᾳ αὐτοῦ,

NNFS NNMS AD DNMP DGMS NGMS PD DDFS NDFS NPGMS3

관사(복수) 속격

⇨ 이 문장은 주동사가 없는 명사문장이다. 『οἱ τοῦ Χριστοῦ』는 그리스도의 백성, 즉 그리스도께 속한 자들을 말한다. 이 때의 속격은 '소속(소유)의 속격'이다.

예2) 롬 14:19. 직역: "그러므로 서로를 향하여 평화의 것들(일들)과 건축의 것들(일들)을 우리들이 힘써 추구하자."

Ἄρα οὖν τὰ τῆς εἰρήνης διώκωμεν καὶ τὰ τῆς οἰκοδομη

JH JH DANP DGFS NGFS VSPAP1 JC DANP DGFS NGFS

관사 속격 관사 속격

τῆς εἰς ἀλλήλους.

DGFS PA NPAMP1

⇨ Ἄρα οὖν은 이상의 논의에서 도출해 낸 실제적이고 실천적인 결론을 말하기 위해 사용되는 접속사구이다. 동사 διώκωμεν은 '정해진 목표를 향해 잡으려고 달려가는 것'을 뜻하는 διώκω의 '현재 가정법'으로 권유적 의지를 나타낸다. 그러므로 '우리가 힘써 추구하자 (NASB, let us pursue)' 로 번역함이 좋다.

⑤ **관사가 지시대명사의 의미로 사용된다.**

예) 행 17:28. 직역: "너희들과 관계하는 수행자들 중 어떤 자들이 말했던 것처럼, 왜냐하면 우리는 또한 그 사람의 자손이다."

ὡς καί τινες τῶν καθ’ ὑμᾶς ποιητῶν εἰρήκασιν·
ADR AD APINMP DGMP PA NPAP2 NGMP VIRAP3

Τοῦ γὰρ καὶ γένος ἐσμέν.
DGMS□APDGMS JS JC NNNS VIPAP1
관사 명사

⇨ 관사 Τοῦ가 지시대명사 속격(그 사람의)의 의미로 사용된 경우다. 또한 관사 Τοῦ가 대문자로 표기된 것은 직접화법의 피전달문을 나타낸다. 즉 동사 εἰρήκασιν (ῥέω, 말하다, 쏟아내다)에 대한 전달 내용이다.

⑥ 관사는 소유대명사의 의미로 사용된다.

예) 눅 9:58. 직역: “그 사람의 그 아들(인자)은 그가 그의 머리를 의지할 곳을 소유하지 못했다.”

ὁ δὲ υἱὸς τοῦ ἀνθρώπου οὐκ ἔχει ποῦ τὴν κεφαλὴν κλίνῃ.
DNMS JH NNMS DGMS NGMS AD VIPAS3 ADT DAFS NAFS VSAAS3
관사(his)

⇨ 관사 τὴν는 소유대명사 his의 의미로 사용된 경우다. 의문부사 που가 이끄는 절은 동사 ἔχει의 목적절로서 명사절을 나타낸다.

⑦ 고유명사와 함께 사용된 동격 명사는 관사를 취한다.

예) 마 3:1. 직역: “(그 때에) 세례자 요한이 나타났다. 그리고 유다 광야에서 전파하였다.”

παραγίνεται Ἰωάννης ὁ βαπτιστὴς κηρύσσων
VIPNS3 NNMS DNMS NNMS VPPANMS
고유명사 관사 명사(고유명사와 동격)

ἐν τῇ ἐρήμῳ τῆς Ἰουδαία“
PD DDFS APDFS DGFS NGFS

⇨ 현재분사 κηρύσσων는 ‘부대상황’ 관계분사구문이다. 논리적으로 주동사 παραγίνεται보다 후속 동작을 나타낸다.

⑧ 인용 또는 생각의 내용이 중성관사(D-N-)에 의해 사용된다.

예) 막 9:23. 직역: 예수께서 그에게 말씀하시기를, “ ‘만일 당신이 할 수 있다면’ 이라는 것을 ~ , 믿는 자들에게는 모든 것들이 가능하다.”

ὁ Ἰησοῦς εἶπεν αὐτῷ· Τὸ εἰ δύνῃ, πάντα δυνατὰ τῷ πιστεύοντι.

DNMS NNMS VIAAS3 NPDMS3 DANS JS VIPNS2 APNNP ANNP DDMS VPPADMS

중성관사

⇨ 이 문장은 직접화법을 나타낸다. 즉 『전달부 + 피전달부』형태이다. 피전달부는 대문자로 시작된다. 중성 관사 Τὸ가 앞 22절의 벙어리 귀신들린 아들의 아버지가 한 말을 인용한 생각 또는 말(εἴ τι δύνῃ, 만일 당신이 무엇을 할 수 있다면)을 나타낸다. 이 문장은 사본 상의 문제가 있다. 표준원문 (Textus Receptus), 알렉산드리아 사본(A), 아토우스라우레 사본(ψ) 등에는 이 부분이 'Τὸ εἰ δύνασαι πιστευσαι'로 되어 있다. 이를 직역하면 '네가 믿을 수 있다면'이 된다. KJV도 'If thou canst believe' 로 번역하여 이를 따르고 있다. 여기서 2인칭 '너(You)'는 그 소년의 아버지를 가리킨다. 반면, UBS3판을 비롯하여 NA27판과 시내사본(a) 빛 바티칸사본(B) 등에는 'Τὸ εἰ δύνῃ' 라고 기록되어 있다. 이는 '당신이 할 수 있다면?'이라는 의미이다. 이러한 번역은 NIV와 RSV, NASB에서도 동일하게 나타난다(If You can).

⑨ **「πᾶς(A–) + 관사(D–) + 명사 or 분사」 일 때, πᾶς(A–)는 단수, 복수 모두 단일성의 전체를 의미한다. "모든(두), 온"으로 번역.**

예) 롬 8:22. 직역: 왜냐하면 모든 피조물(창조물)이 이제(지금)까지 함께 신음하며 그리고 함께 고통하는 것을 우리가 알았다.

οἴδαμεν γὰρ ὅτι πᾶσα ἡ κτίσις συστενάζει καὶ συνωδίνει

VIRAP1 JS JH ANFS DNFS NNFS VIPAS3 JC VIPAS3

관사 명사

ἄχρι τοῦ νῦν·

PG DGMS AD□APGMS

⇨ 우이 접속사 ὅτι이하 절은 주동사 οἴδαμεν의 목적어로서 명사절로 사용되었다.

예) 마 7:8. 직역: 왜냐하면 구하고 있는 모든 자는 얻으며 그리고 찾고 있는 모든 자는 찾는다, 그리고 톡톡 두드리고 있는 자에게 그것이(비인칭 주어) 열리게 될 것이다.

πᾶς γὰρ ὁ αἰτῶν λαμβάνει καὶ ὁ ζητῶν εὑρίσκει καὶ

APNMS JS DNMS VPPANMS VIPAS3 JC DNMS VPPANMS VIPAS3 JC

관사 현재분사 관사 현재분사

τῷ κρούοντι ἀνοιγήσεται.

DDMS VPPADMS VIFPS3

⇨ 이 문장은 πᾶς가 ὁ αἰτῶν와 ὁ ζητῶν 둘 모두에게 적용된다. 동사 ἀνοιγήσεται의 내적 주어는 비인칭주어로서 구하고 찾고 두드리는 특정 대상이 될 것이다. 즉 문맥상 마 7:11의 '좋은 것'(중성복수).

⑩ **『관사(D–) + πᾶς(A–) + 명사 or 분사』 일 때, 단수 – 전(全), 복수 – 모든.**

예) 갈 5:14. 직역: 모든 법이 하나의(한) 법의 의해 충만하게 되었다(완성되어졌다).

ὁ	γὰρ	πᾶς	νόμος	ἐν	ἑνὶ	λόγῳ	πεπλήρωται,
DNMS	JS	ANMS	NNMS	PD	ACDMS	NDMS	VIRPS3
관사		단수pa'"	명사				

⇨ 이 문장은 수동태 문장이다. 수동동사 πεπλήρωται의 행동이 수행된 행위자가 비인칭일 경우에는 『ἐν+ 여격』 또는 『여격』(수단, 도구)에 의해 표현된다. " ~ 에 의해"로 번역.

10) 전 치 사(P–, Preposition)

(1) 전치사의 정의

① 전치사는 명사나 대명사 앞에 두는 품사이며 그 명사(또는 대명사)와 문장의 다른 부분을 연결시키는 역할을 함으로서 형용사구나 부사구로 사용된다.

* 형용사구 : 명사(대명사)를 수식(전치사구 앞에 올 때도 형용사 역할).
* 부사구 : 동사나 부사를 수식할 때, 문장 전체를 수식할 때.

② 본래 헬라어는 명사의 격(格)만으로 한 문장 안에서의 모든 관계를 나타내었다. 그러나 시간이 흐름에 따라 더욱 발전되어 많은 수의 부사들이 명사의 다양한 격 앞에 놓여 특별한 관계를 표시하기에 이르렀다. 점차 이러한 용법이 한 문법적인 체계로 굳어져 이러한 부사들을 전치사(Preposition)로 불리어 지게 되었다.

③ 전치사는 동사의 동사적 개념 또는 격의 기능을 강화하거나 설명한다. 전치사는 먼저 장소 부사로 공간의 개념을, 그 다음에 시간의 개념을 나타낸다. 또한 원인·행위·수 단·방법 등을 표기하기 위하여 사용된다.

④ 전치사는 동사 행위의 특성을 규정하며, 전치사 없이 사용된 경우보다 서술어에 대한 사격(oblique case)의 관계를 더 정확히 설명한다.

⑤ 전치사는 뒤에 오는 명사(또는 명사상당어구)의 격을 지배하기 때문에 속격·여격·대격

지배 전치사로 분류된다.

⑥ 고전 헬라어(Classic Greek)에서 코이네 헬라어(Koine Greek)로 발전하는 과정에서 특별히 나타난 '전치사의 변화'는 다음 세 가지로 요약된다.

a. 격(格) 자체보다 전치사에 의한 관계의 표현이 더 분명해지게 되었고, 격의 기능 역시 전치사에 의해 지배를 받는 성향이 나타나게 되었다. 즉 누가복음과 사도행전에서 '여격'(~에게) 대신 『πρός + 대격』이 더 자주 사용되었다.
b. 전치사의 사용으로 '격' 사용이 쇠퇴하고. 전치사는 점차적으로 한 개의 격 또는 두 개의 격과 세 개의 격을 지배하게 되었다.
c. 점차적으로 부사들까지도 '글쓰는 이'의 필요에 따라 격 사용이 자연스럽게 '전치사의 격'으로 사용되게 되었다.

(2) 전치사의 격(Case) 지배

헬라어 전치사는 영어처럼 목적격만을 취하지 않고 다른 격들을 취하는 데, 5종류로 분류된다. 그 의미는 여러 가지이다. 대표적인 전치사 종류이다.

① 속격 지배(PG) - ἀντί, ἀπό, ἐκ (εἰς), πρό

② 여격 지매(PD) - ἐν, σύν

③ 목적격 지배(PA) - ἀνά, εἰς, ὡς

④ 속격, 대격 둘 지배 - διά, κατά, μετά, περί, ὑπέρ, ὑπό

⑤ 속격, 여격, 대격 셋 지배 - ἐπι, παρά, πρός

(3) 전치사의 특징

전치사가 지배하는 격의 특징을 알면 그 의미를 쉽게 파악할 수 있다. 다음은 속격, 여격, 대격을 지배하는 전치사들의 예를 든 것이다.

① **속격(PG)은 한정이나 분리, 운동의 기점을 나타낸다.**

예) 막 12:11. 직역: 이것은 주로부터 된 것이다. 그리고 이것은 우리들의 눈에 경이롭다(놀랍다).

παρὰ κυρίου ἐγένετο αὕτη καὶ ἔστιν θαυμαστὴ ἐν ὀφθαλμοῖς ἡμῶν;

PG NGMS (전치사+속격명사) VIADS3 APDNFS (주어) JC VIPAS3 ANFS PD NDMP (전치사+여격명사) NPGP1

⇨ παρὰ κυρίου는 운동의 기점을 나타낸다(주로부터~). αὕτη(지시대명사, 여성, 단수)는 두 가지를 지시 할 수 있는데, 첫째는 10절의 κεφαλὴν γωνίας(모서리의 모퉁이돌, 여성 단수)를 지시하거나, 아니면 10절의 τὴν γραφὴν ταύτην(그 성경, 여성단수)를 지시하여, 성경에 인용된 내용(건축자의 버린 돌이 모퉁이의 머릿돌이 되었나니)의 말씀 성취(동작)가 주로부터 시작된 것이라 할 수 있다.

② **여격(PD)은 어느 일정한 곳에 머물러 쉬는 것이나(정지 상태), 수단, 방법, 소재 등을 나타낸다.**

예) 행 7:7. 직역: 그 후에 그들이 나올 것이다. 그리고 그들이 이 장소에서(안에서) 나에게 예배할 것이다(or 나를 섬길 것이다).

μετὰ ταῦτα ἐξελεύσονται καὶ λατρεύσουσίν μοι ἐν τῷ τόπῳ τούτῳ.

PA APDANP (전치사+대격명사) VIFDP3 JC VIFAP3 NPDS1 PD DDMS NDMS (전치사+여격명사) ADDMS

⇨ 전치사 『μετα+대격명사』는 시간를 나타내며(~ 후에), 전치사 『ἐν+여격명사』는 '장소, 시간 안에' 머물러 있는 상태를 나타낸다(~ 안에).

③ **대격(PA)은 목적, 행동(운동)의 방향이나 범위, 확장을 나타낸다.**
그러나 전치사의 격지배의 원칙이 위와 같이 반드시 되지 않는 예외적인 것도 있다.

예) 요12:12. 직역: 그 다음날에 그 명절을 위하여 왔던 많은 무리가 그 예수께서 예루살렘으로 오신다는 것을 들은 후에 ~

Τῇ ἐπαύριον ὁ ὄχλος πολὺς ὁ ἐλθὼν εἰς τὴν ἑορτήν,

DDFS AD□APDFS DNMS NNMS ANMS DNMS VPAANMS PA DAFS NAFS (전치사+대격명사)

ἀκούσαντες ὅτι ἔρχεται ὁ Ἰησοῦς εἰς Ἱεροσόλυμα

VPAANMP JH VIPNS3 DNMS NNMS PA NANP (전치사+대격명사(고유명사))

⇨ 부사 ἐπαύριον가 관사를 취하여 명사로 사용되었다. 따라서 AD□AP-로 문법분해가 되었다. 분사 ἐλθὼν는 한정적 용법으로 명사 ὄχλος를 수식하고 있다. 『전치사 εἰς+대격명사 ἑορτήν』 구는 '목적'을 나타낸다. 즉 명절(종류주일, Palm Sunday)을 지키기 위한 목적을 나타낸다. 분사 ἀκούσαντες(과거분사 - 주동사 동작보다 선행동작을 나타냄)는 분사구문으로 '시간'(할 때에, 하면서, 한 후에)을 나타냄. 주동사는 13절의 ἔλαβον이다. 접속사 ὅτι는 분사 ἀκούσαντες의 목적어로 '명사절'을 인도하고 있다. 『전치사 εἰς+대격명사 ('Ιεροσόλυμα)』 구에서 εἰς는 '운동의 방향'을 나타낸다.

(4) 전치사의 모음 생략 및 축합

① 모음 생략(ellipsis)

a. 연속하는 두 단어의 끝과 앞이 모음 일 때, 앞 단어의 모음이 생략되며, 거기에 생략부호(apostrophe,')가 붙는다. 이런 현상은 주로 전치사나 불변사에 나타난다.

예) διά + αὐτοῦ = δι᾽ αὐτοῦ(그를 통하여),
PG NPGMS3
ἐπι + αὐτόν = ἐπ᾽ αὐτόν(그에게, 그 위에)
PA NPAMS3

b. 단, 생략된 모음에 선행하는 자음이 무성묵음(π, τ)이고, 또 그 뒤에 따르는 모음에 거친 숨표(῾)가 있을 때는 그 묵음이 대기음(φ, θ)이 된다.

예) ἐπὶ + ὑμᾶς = ἐφ᾽ ὑμᾶς (너희 위에),
PA NPAP2
μετά + ὑμῶν = μεθ᾽ ὑμῶν (너희와 함께)
PG NPGP2

c. 전치사 ἐκ 다음에 모음으로 시작하는 단어가 올 때는 ἐκ가 ἐξ로 변한다.

예) ἐκ + ἐμοῦ = ἐξ ἐμοῦ (나로부터, 나에게서 밖으로)
PG NPGS1

d. 합성어(전치사 + 미완료동사의 접두모음)일 경우.

* 합성동사(복합동사)는 전치사와 동사 사이에 접두모음을 붙인다. 이 때 모음으로 끝나는 전치사는 접두모음 'ϵ' 앞에서 그 모음이 생략된다.

예) ἀπό + ἐθνήσκον (θνήσκω의 미완료형, 죽다)

⇨ ἀπό + ἐθνήσκον ⇨ ἀπέθνησκον

모음 접두모음 접두모음

* 모음으로 끝나는 전치사 중 περί, πρό는 그 모음이 생략되지 않는다.

예) περί + ἐπατουν (πατέω의 미완료형; 걷다, 행하다)

⇨ περί + ἐπατουν ⇨ περιεπάατουν

모음 접두모음 모음+접두모음

* 전치사 ἐκ 는 미완료동사접두모음 'ϵ' 앞에서 ἐξ 로 변한다.

예) ἐκ + ἐβαλλον (βάλλω의 미완료형, 내쫓다, 보내버리다)

⇨ ἐκ + ϵβαλλον ⇨ ἐξέβαλλον

κ 접두모음 ξ+접두모음

* 전치사 ϵἰς, πρός, ὑπέρ 는 접두모음 'ϵ' 앞에서 변하지 않는다.

예) πρός + ἐκύνηον (κυνέω의 미완료형, 예배하다, 경배하다)

⇨ πρός + ἐκύνηον ⇨ προσεκύνηον

σ 접두모음 σ+접두모음

* 합성어에서 자음으로 끝나는 전치사는 현재시상에서 그 자음이 변하는데, 미완료형이되어 접두모음이 붙으면 전치사는 본래의 모습을 되찾는다.

예) ἐν + βαλλω ⇨ ἐμβάλλω(현재시상) ⇨ ἐν + ἐβάλλον(미완료시상)

⇨ ἐνἐβάλλον

⇨ ν는 π-음(β, π, φ) 앞에서 μ로 변한다.

② **모음 축합(crasis)**

연속하는 두 단어에서 앞 단어의 끝 문자와 뒷단어의 앞 문자가 모음인 경우, 그 모음이 생략이나 단축에 의해 합쳐져서 한 단어와 같이 발음되는 것을 말한다. 이 때 (')로 표시된다.

예) τὸ + ὄνομα ⇨ τοὔνομα (그 이름)
τὸ + ἐναντίον ⇨ τοὔναντίον (그 앞에서)
τὰ + αὐτα ⇨ ταὐτά (그것들)
καί + ἐγω ⇨ κἀγώ (그리고 나도)
καί + ἐαν ⇨ κἄν (그리고 만일 ~ 이라면)

(5) 전치사와 합성어

동사 앞에 전치사를 붙여 합성어(복합어)가 된 경우이다.

① **전치사의 의미가 포함되는 경우.**

ἐκ (밖으로) + πορεύομαι (내가 가다) ⇨ ἐκπορεύομαι (내가 밖으로 나가다)
ἐκ (밖으로) + ἔρχομαι (내가 오다) ⇨ ἐξέρχομαι (내가 밖으로 나오다)

예) 마 15:18. 직역: 그 입으로부터 밖으로 나가는 것들은 그 마음으로부터 밖으로 나온다.

τὰ	ἐκπορευόμενα	ἐκ τοῦ	στόματος	ἐκ τῆς	καρδίας	ἐξέρχεται,
DNNP	VPPNNNP 분사(합성어)	PG DGNS	NGNS	PG DGFS	NGFS	VIPNS3 주동사(합성어)

⇨ 분사 ἐκπορευόμενα는 관사를 취하여 문의 주어로서 명사적 용법을 나타낸다. 전치사와의 합성어로서 분사 ἐκπορευόμενα는 전치사의 의미가 살아있는 경우이므로, "밖으로 나가다"이며. 주동사 ἐξέρχεται 역시 전치사와의 합성어(복합어)이므로, "밖으로 나오다"이다.

② **전치사의 의미가 포함되어 있지 않은 경우.**

ἀπό (~ 로부터) + κρίνω (내가 심판하다) ⇨ ἀποκρίνομαι (내가 대답하다)

예) 마 13:37. 직역: 대답한 그 사람이 그들에게 말하기를, "좋은 씨를 뿌리고 있는 그 사람은 인자(그 사람의 그 아들)다"

ὁ	ἀποκριθεὶς	εἶπεν·	ὁ	σπείρων	τὸ	καλὸν	σπέρμα	ἐστὶν
DNMS	VPAONMS 분사(합성어)	VIAAS3	DNMS	VPPANMS	DANS	AANS	NANS	VIPAS3

ὁ	υἱὸς	τοῦ	ἀνθρώπου,
DNMS	NNMS	DGMS	NGMS

⇨ 이 문장은 직접화법을 나타낸다. 즉 『전달부 + 피전달부』 구조의 문이다. 전치사와의 합성어인 분사 ἀποκριθεὶς는 관사를 취하여 전달부의 주어로 사용된 경우다. 분사 σπείρων 역시 관사를 취하여 피전달부의 주어로 사용된 경우이다.

(6) 전치사의 의미 - 동사와 결합될(합성어) 때의 전치사 의미.

ὑπό 합성어에서 '아래, 복종, 순종'의 뜻이 있음.

ὑπέρ 합성어에서, 장소를 '초월하여'의 뜻이 있음.

σύν 합성어에서 '연합, 함께, 완전히, 더불어'의 뜻을 가짐.

ἀντι 구문론적용법. 대격과 함께 전치사로 쓰임.
μέσον 와 장소의 소유격, '함께'의 뜻을 지님.
μέρος 와 '함께, 차례로'의 뜻을 지님.
배분적 용법(Distributive Use) ἀνα δύο 눅 10:1
접속사로 쓰임. ανθ' ὧ (왜냐하면)

ἀπό 합성어에서, '분리, 중단, 이탈'의 뜻으로 쓰임

δία 접두사 δία τοῦτο, therefore, '그 때문에'
합성어에서, '관통, 동작의 완료, 분배, 분리, 이동'의 뜻이 있음.

εἰς 목적부사구 εἰς τοῦτο, '이것을 목적으로'.
부사구 εἰς τό παλιν, '다시'

ἐκ (ἐξ) 합성어에서, '나감, 원천, 완성'의 뜻이 있음.

ἐν 동사와 함께 '머묾, 동작 장소'를 뜻함.

ἐπί 합성어로 쓰일 때, '안정, 영향, 동작, 부과증가, 반복'.

κατά 부사구 κατ' ἰδίαν, '따로 따로'.
합성어로 쓰일 때, '아래로 통과하여, 계속하여 아래로, 분리, 속에, 비례하여, 반대'.

μετα　　합성어에서, '연합, 교환, 후에' 의 뜻으로 쓰임.

παρα　　합성어에서, '근접, 비밀성, 위험, 부주의' 뜻이 있음.

περί　　합성어에서 '~ 주위, ~을 초과하여' 의 뜻으로 쓰임.

προ　　합성어에서 '이전 동작, 전에' 라는 뜻.

πρός　　합성어에서 목표를 향한 움직임.

(7) 중요한 전치사들

① 속격만 지배하는 전치사들

a. ἐκ (915회 사용) : ~에서 밖으로(안에서부터)

b. ἀπό (645회 사용) : ~로부터, ~로부터 떨어져서

c. πρό (47회 사용) : 앞에, 전에

d. ἀντί (22회 사용) : 대신에, 때문에, 대신하여

e. ἀμφί (단독으로 사용되지 않았고 합성어로 사용됨) : 관하여, 양편에서

② 여격만 지배하는 전치사들

a. ἐν (2713회 사용) : 안에, 가운데, ~에 의해(도구), 함께

b. σύν (217회 사용) : 함께, 동반하여(μετά + 속격과 동일의미)

③ 대격만 지배하는 전치사들

a. εἰς (1753회 사용) : 안으로, ~에로, ~할 목적으로

b. ἀνά (13회 사용) : 위로, 사이에, 차례로(합성어에서)

④ 두 개의 격(대격, 속격)을 지배하는 전치사들

a. δία (666회 사용) : 대격(280회) - 때문에
속격(386회) - 통하여

b. κατά (471회 사용) : 대격(398회) - ~을 따라서(장소, 시간)
속격(73회) - 대해서, 밑으로

c. μετά (467회 사용) : 대격(103회) - 후에(시간)
속격(364회) - 함께, 동반하여

d. περί (331회 사용) : 대격(많이 사용하지 않음) - 관하여, 주위에(장소), 쯤(시간)
속격(많이 사용함) - 관하여, 대하여

e. ὑπό (217회 사용) : 대격(50회) - 아래, 밑으로
속격(167회) - ~에 의해(사람), ~의 손에 의해

f. ὑπερ (149회 사용) : 대격(19회) - 위에, 넘어, 더욱 더
속격(130회) - 위하여, 대신에

⑤ 세 개의 격(대격, 속격, 여격)을 지배하는 전치사들

a. ἐπί (878회 사용) : 대격(439회 사용) - 건너서, 에게, 대하여, 위에, 함께
속격(219회 사용) - 위에, 시간에, 전에
여격(219회 사용) - 에, 옆에, 위에, 기준삼아

b. παρά (191회 사용) : 대격(60회) - 옆으로, 나란히, 가까이
속격(79회) - 옆으로부터, 떨어져서
여격(52회) - 면전에서, 옆에서

c. πρός (696회 사용) : 대격(689회) - 에게, 향하여, 대하여, 함께
속격(1회) - 유리하게, 위하여(행 27:34)
여격(6회) - 가까이, 옆에, 때에, 에

⑥ 부사가 전치사로 사용되는 경우(속격 지배)

a. ἐνώπιον (93회 사용) : 앞에, 면전에, 전에

b. ἔξω (62회 사용) : 밖으로, 밖에

c. ἔμπροσθεν (48회 사용) : 앞에, 면전에, 전에

d. χωρίς (41회 사용) : 없이, 떠나서

e. ὀπισω (35회 사용) : 후에, 뒤에

⑦ 접속사가 전치사로 사용되는 경우(속격 지배)

a. ἕως (145회 사용) : ~ 까지, ~ 하는 한

b. ἄχρι (48회 사용) : ~ 까지, ~ 하는 한

c. μέχρι (20회 사용) : ~ 까지, ~ 하는 한

(8) 전치사들의 관계성

① 전치사의 도표(공간적인 의미)

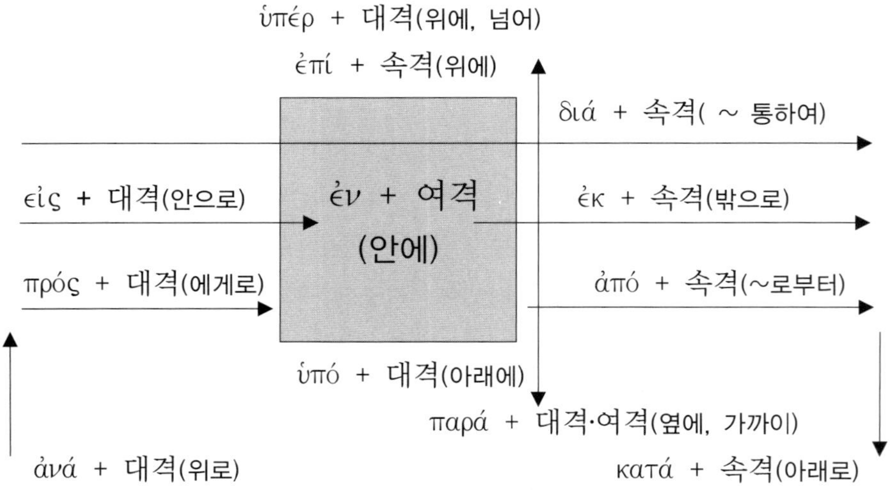

② 전치사와 시간

a. 시간의 길이: 전치사의 대격(PA)으로 표현된다.
b. 시간의 동안(어떤 일이 일어나고 있는 동안): 속격(PG)으로 표현된다.
c. 시간의 시점(어떤 일이 일어나고 있는 시점): 여격(PD)으로 표현된다.

(9) 전치사의 기능적 분류

		방향	위치	관계	매개	수단	이유	연합	목적
ἀνά	대	위로	안에, 곁에						
ἀντί	속			~에 대하여, 대신에, 바꾸어			때문에		
ἀπό	속	~로부터		~에 대해	의해		때문에		
δία	속, 대	통하여		~에 대해	의해	통하여, 의해	때문에		위하여
ἐκ	속	~밖으로	위에			의해	때문에		
ἐν	여	속으로	안에, 위에, 가운데	이리하여	안에	으로, 의해	때문에	함께	
εἰς	대	속으로, 에로	안에, 가운데, 위에	에 대해, 반하여, 관하여			때문에		위하여
ἐπί	속, 여, 대	위로, 에	위에, 에, 안에, 곁에, 앞에, 넘어	반하여, 후에, 때에			때문에		위하여
κατά	속, 대	따라서, 아래로, 위에, 통하여, 밖으로	아래로, 로부터, 위에, 안에, 곁에, 앞에	따라서, 관하여, 대하여					
μετά	속, 대			후에				함께	
περί	속, 대	주위에, 둘레에		관하여, 대하여				함께	
παρά	속, 여, 대	넘어서, 곁에, 로부터	곁에, 앞에	반대로. 거꾸로				함께	
πρό	속		앞에						
πρός	속, 여, 대	에로, 향하여	에, 곁에, 편에	반하여, 에 속한		의해, 수단으로	때문에	함께	위하여
σύν	여			이리하여				함께	
ὑπερ	속, 대	건너, 넘어	위에, 넘어	관하여, 대신에					위하여
ὑπό	속, 대		아래에		의해				

11) 접속사(J-, Conjunction)

(1) 접속사란

연결어(connectives, 連結語)의 일종어로서, 단어(word)나 구(phrase), 절(clause), 문장(sentence)을 잇는 역할을 하는 품사이다. 전통적으로 문법상, 접속사는 등위접속사와 종속접속사 등 2가지 관계로 구분되어 왔다. 하지만 성경 헬라어에서는 어의적(語意的)으로 한 문장 구문이 다른 구문에 우위적 관계를 가진다는 제 3의 관계를 추가하여, 논리적 체계로 3가지 접속사로 분류하였다. 즉 등위접속사(JC), 종속접속사(JS), 우위접속사(JH)로 분류하였다.

우위로 표시한 접속사는 연결되는 절보다 우위에 있는 절임을 나타낸다. 이 때 앞에 있는 절은 우위접속사(JH)에 의하여 주도되는 절에 종속하게 된다. 이렇게 우의접속사(JH)의 분해로 나타나는 관계는 어의적인 것이며, 문법적인 것은 아니다. 우위접속사에 대한 분해는 전통적인 문법 고찰과는 거의 무관한 관계를 나타내고 있다는 것을 의미한다.

(2) 접속사의 종류(성질상 분류)

① **등위접속사**(JC, Coordinate Conjunction)

양쪽을 같은 자격으로 이어주는 접속사다. 즉 단어와 단어, 구와 구, 절과 절, 문장과 문장이 통사(통사)상 대등한 기능을 갖고 연결될 때 등위 관계(coordination)가 성립되며, 이 때 연결되는 접속사가 등위접속사다. 등위접속사가 이끄는 절은 문법적으로 독립적이다. 특히 등위접속사는 중문(重文, Compound Sentence)을 이끈다.
중문(Compound Sentence)이란 둘 이상의 단문으로 이루어지며, 문법적으로 서로 독립적이고 대개 등위접속사로 연결된다.

a. **반의 접속사 ἀλλά**(JC)

'그러나, 오히려'; 종종 πλήν(그럼에도 불구하고)과 같이 쓰임.

예) 요 10:8. 직역: 내 앞에 온 모든 자들은 도적들과 강도들이다. 그러나 그 양들은 그들을(그들의 음성을) 듣지 않았다.

πάντες	ὅσοι	ἦλθον	(πρὸ	ἐμοῦ)	κλέπται	εἰσὶν	καὶ	λῃσταί,
APNMP	APRNMP	VIAAP3	PG	NPGS1	NNMP	VIPAP3	JC	NNMP
선행사	관계대명사							

ἀλλ' οὐκ ἤκουσαν αὐτῶν τὰ πρόβατα.
JC AD VIAAP3 NPGMP3 DNNP NNNP
속격지배동사 속격(목적어)

⇨ 접속사 ἀλλά(JC)는 앞 뒤 문장이 서로 대등한 관계임을 나타내준다. 관계대명사 ὅσοι의 선행사는 πάντες다(성·수·격 일치). 동사 ἤκουσαν(ἀκούω, 듣다)는 속격지배동사로서 속격(αὐτῶν)을 목적어로 취하는 동사다. 접속사 και역시 앞·뒤 명사들(κλέπται καὶ λῃσται)을 대등한 관계로 연결시켜주고 있다.

b. **반의접속사 δέ**(JC, 그러나) or **계합접속사 δέ**(JC, 그리고)

후치, 종종 앞 절에 μέν과 함께 쓰인다.

예) 고전 1:12. 직역: 나는 바울에게 (속한 자)다. 그리고 나는 아볼로에게 (속한 자)다. 그리고 나는 게바에게 (속한 자)다. 그리고 나는 그리스도에게 (속한 자)다.

ἐγὼ μέν εἰμι Παύλου, ἐγὼ δὲ Ἀπολλῶ, ἐγὼ δὲ Κηφᾶ, ἐγὼ δὲ Χριστοῦ.
NPNS1 JC VIPAS1 NGMS NPNS1 JC NGMS NPNS1 JC NGMS NPNS1 JC NGMS

⇨ 『μὲν(JC)+A~, δὲ(JC)+ B~』: A와 B는 동등관계. 속격명사(Παύλου, Ἀπολλῶ, Κηφᾶ, Χριστου)의 속격은 '소유(소속)의 속격'을 나타낸다.

c. **계합접속사 καί**(JC, 그리고, 그뿐 아니라)

부사(AD)로 사용될 때 - '역시, 까지도'

예) 요 7:19. 직역: 모세가 그 율법을 너희들에게 이미 주었지 않았느냐? 그리고 너희들로부터 한사람도 그 율법을 행하는 자가 없도다.

Οὐ Μωϋσῆς δέδωκεν ὑμῖν τὸν νόμον; καὶ οὐδεὶς ἐξ ὑμῶν
QT NNMS VIRAS3 NPDP2 DAMS NAMS JC APCNMS PG NPGP2

ποιεῖ τὸν νόμον.
VIPAS3 DAMS NAMS

⇨ Οὐ가 QT(의문접두사)로 분해될 때는 수사의문문을 나타낸다. '수사의문문'이란 상대방의 답을 구하는 것이 아니고 화자가 의도하는 내용을 청자에게 납득시키기 위해 반어적으로 의문문형식으로 서술하는 문이다. 긍정형의 수사의문은 '부정의 평서문'에, 부정형의 수사의문은 '긍정의 평서문'에 상당한다. 따라서 본문은 '부정형의 수사의문문'이다. 즉 긍정의 대답을 유도한다.

d. **원인접속사 γάρ**(JS)

'왜냐하면 ~ 때문이다, 즉 예를 들면, 참으로'; 이유, 설명, 판단의 보충적 근거 등을 나타냄. 접속사 γάρ는 성격상 등위접속사(JC)이지만 어의(語意)상 종속접속사(JS)로 분해된다. 이유는 어의적으로 원인이나 이유를 나타내는 절은 그 접속사가 설명하는 절에 종속하는 것이기 때문이다. 접속사 γάρ는 영어의 for(등위접속사)와 같은 의미이나 because(종속접속사)와는 다르다.

예) 롬 15:27. 직역: 왜냐하면 그들은(마케도냐와 아가야 사람들) 좋게 생각했다(즐거워 했다). 그리고 그들은 그들의(예루살렘의 성도들 중 가난한 자들) 빚진 자들이다. 왜냐하면 만일 그 이방인들(마케도냐와 아가야 사람들)이 그들(예루살렘의 성도들 중 가난한 자들)의 신령한 것들을 나눴다면(신령한 것들에 참여하였다면), 그들(마케도냐와 아가야 사람들) 또한 마땅히 그 육신의 것들로 그들을(예루살렘의 성도들 중 가난한 자들) 섬겨야 하는 것이기 때문이다.

εὐδόκησαν γὰρ καὶ ὀφειλέται εἰσὶν αὐτῶν· εἰ γὰρ τοῖς πνευματικοῖς

VIAAP3 JS JC NNMP VIPAP3 NPGMP3 JS JS DDNP APDNP

등위접속사 종접 등접

αὐτῶν ἐκοινώνησαν τὰ ἔθνη, ὀφείλουσιν καὶ ἐν τοῖς σαρκικοῖς

NPGMP3 VIAAP3 DNNP NNNP VIPAP3 AD PD DDNP APDNP

부사

λειτουργῆσαι αὐτοῖς.

VNAA NPDMP3

⇨ 동사 ἐκοινώνησαν는 '교제의 여격'지배동사로서 여격 τοῖς πνευματικοῖς을 목적어로 취한다. 동사 ὀφείλουσιν는 부정사를 보어로 취하는 동사이므로 부정사 λειτουργῆσαι를 취하여 완전한 의미를 나타낸다(마땅히 ~ '부정사'하다, 즉 마땅히 섬기다). 부정사 λειτουργῆσαι는 여격지배동사이므로 여격(αὐτοῖς, 예루살렘 성도들 중 가난한 자들)을 목적어로 취하고 있다.

e. 이접접속사 ἤ(JC, 또는, 혹은)

예) 마 5:17. 직역: 너희들은 내가 그 법(율법) 또는 그 선지자를 파괴하기 위하여 왔다는 것으로 생각지 말라.

Μὴ νομίσητε ὅτι ἦλθον καταλῦσαι τὸν νόμον ἢ τοὺς προφήτας·

AD VSAAP2 JC VIAAS1 VNAA DAMS NAMS JC DAMP NAMP

부정과거가정법(2인칭) 종속접속사 부정사 이접접속사

⇨ 이 문장은 『μὴ + 부정과거 가정법』을 나타낸다. 즉 금지나 부정적 간구, 소원을 나타내는 것. 이 때 부정어는 μὴ가 사용되며, 단순과거 시상과 2인칭이 사용되어 '금지를 나타내는 '명령'으로 사용된다 (너는 ~하지말라). 운동을 나타내는 동사 ἦλθον뒤에 위치하는 부정사 καταλῦσαι는 '목적(~하기 위하여)을 나타낸다. 접속사 ὅτι(JC)가 이끄는 절은 주동사 νομίσητε의 목적어로서 명사절을 나타낸다.

f. 추론접속사 οὖν(JC, 그러므로, 그래서, 따라서, 그때에)

예) 요 4:6. 직역: 그러나 거기에 야곱의 우물이 있었다. 그러므로 예수께서 그 여행으로부터 피곤했었기 때문에 그 우물 위에 이렇게 앉으셨다.

ἦν	δὲ	ἐκεῖ	πηγὴ	τοῦ	Ἰακώβ.	ὁ	οὖν	Ἰησοῦς	κεκοπιακὼς
VIIAS3	JS	AD	NNFS	DGMS	NGMS	DNMS	JC	NNMS	VPRANMS
	반의접속사						추론접속사		완료분사구문

ἐκ	τῆς	ὁδοιπορίας	ἐκαθέζετο	οὕτως	ἐπὶ	τῇ	πηγῇ·
PG	DGFS	NGFS	VIINS3	AD	PD	DDFS	NFDFS

⇨ 분사 κεκοπιακὼς는 '이유(원인)'를 나타내는 분사구문이다. 즉 원인접속사+주어+동사. 따라서 '예수께서 피곤했었기 때문에'이다.

* 중문은 계합문, 반의문, 이접문, 추론문, 원인문으로 나뉜다.

* 등위접속사의 종류 *

1. 계합(or 연계)접속사(Copulative Conjunction)

- 단지 첨가(첨가)의 의미만 있는 등위접속사.

τε (그리고, 또) - και보다 약함.

τέ … τέ (~도 ~도), τέ … καί (이것도 ~저것도 둘 다),

καί (그리고, ~까지도, 역시, 또한, 그러나, 참으로, 실로), καί … καί (~도 ~도)

οὐκ … οὐδε (~도 ~도 아니)

οὐδε(μηδε) (그리고 ~않다, ~도 않다), οὐδε … μηδε (그리고 ~않다, ~도 않다)

οὐδε … οὐδε(~도 ~도 않다), οὐτε … οὐτε (~도 ~도 않다),

2. 반의접속사 (Adversative Conjunction)

- 반대의 의미가 있는 등위접속사.

καίτοι (그럼에도, 그렇다면), καίτοθε (그리고 아직도)

αλλά - (그러나, 오히려, 이외에)

δε - (후치, 종종 앞 절에 μέν과 함께 쓰임, 그러나, 그리고, 그래서, 아직도), 부사적 지속적, 설명적으로 사용됨.

3. 이접(or 선택)접속사 (Disjunctive or Alternative Conjunction)

ἤ (혹은, 또는), ἤ … ἤ (~이든지 ~이든지)

εἴτε … εἴτε (동사 없이, ~이거나 ~이거나),

ἐάν τε … ἐάν τε

4. 추론접속사 (Illative Conjunction)

οὖν (그러므로, 그래서, 따라서, 그때에 - 결과나 지속을 나타내는 접속사)

οὐκουν (그러므로 ~은 아니다.), ἄρα (그러면, 따라서)

5. 원인접속사 (Causal Conjunction)

γαρ - (왜냐하면, 즉 예를 들면, 참으로), 근거, 이유, 설명, 확증 등을 나타냄.

② **종속접속사**(JS, Subordinate Conjunction)

어느 한 쪽을 다른 쪽에 종속시키는 접속사, 즉 한 문장의 구성이 다른 문장의 구성과 종속적인 관계에 있는 경우이다. 다시 말해서 종속절을 주절에 이어주는 접속사다. 종속접속사가 이끄는 절은 명사절 또는 부사절이 된다. 특히 종속접속사는 복문과 혼합문을 이끈다.

복문(Complex Sentence)이란 한 개의 주절과 한개 이상의 종속절로 이루어진 문장이다. 혼합문(Compound -Complex Sentence)이란 한개 이상의 주절과 한개 이상의 종속절로 이루어진 문장이다.

a. **εἰ**(JS) - '만일 ~ 한다면', 등위접속사(JC)로 분해된 경우는 명사절을 이끌며, 의문접두사(QT)로 분해될 경우는 'whether'(~인지 아닌지)가 나오는 직접·간접 의문문에 사용된다.

예) 고전 15:14. 직역: 그러나 만일 그리스도께서 일으킴을 당하지 않으셨다면, 따라서 우리들의 복음전파(전도) 또한 헛되고, 그리고 우리들의 믿음 또한 헛되다.

εἰ δὲ Χριστὸς οὐκ ἐγήγερται, κενὸν ἄρα (καὶ) τὸ κήρυγμα ἡμῶν,

JS JC NNMS AD VIRPS3 ANNS JH AD DNNS NNNS NPGP1

종속접속사 우위접속사(추론)

κενὴ καὶ ἡ πίστις ὑμῶν·

ANFS AD DNFS NNFS NPGP2

⇨ 중성형용사 κενὸν와 여성형용사 κενὴ로 시작되는 문은 형용사가 서술어인 명사문장이다.

b. **ἐάν**(JS) - '만일 ~한다면'(가접법과 함께 사용);

* ἐάν καί, και ἐάν(κἄν) - ' ~ 일지라도'

* ἐάνπερ - '만일 ~ 이라면'

예) 마 6:14. 직역: 왜냐하면 만일 너희들이 그 사람들에게(있는) 그들의 그 범죄를 떠나가게 한다면(or 용서한다면), 하늘의 너희들의 그 아버지께서 너희에게 또한 (있는 그 범죄를) 떠나가게 할 것이다(or 용서할 것이다).

Ἐὰν γὰρ ἀφῆτε τοῖς ἀνθρώποις τὰ παραπτώματα αὐτῶν,

JS JS VSAAP2 DDMP NDMP DANP NANP NPGMP3

ἀφήσει καὶ ὑμῖν ὁ πατὴρ ὑμῶν ὁ οὐράνιος·

VIFAS3 JC NPDP2 DNMS NNMS NPGP2 DNMS ANMS

⇨ τοῖς ἀνθρώποις는 여격이므로 '장소의 여격'이므로 즉 범죄(죄)가 머물러 있는 장소가 '그 사람들 안에'이다. 여격 ὑμῶν역시 같은 의미다. 우리들 ὑμῶν의 죄(범죄)는 우리들 안에 머물러 있는 상태다. 따라서 천부께서 우리들 안에 있는 죄들을 우리들로부터 떠나가게 하시는 것이다(즉 용서해 주심).

c. ἵνα(JS) - ‘ ~ 하기 위하여’(목적을 나타내며, 가정법과 함께 사용됨).

ἵνα(JC) - 명사절을 인도하며; ἵνα(JH) - ‘결과’를 나타낸다.

ἵνα(ADR) - 선행사와 함께 관계부사로 사용된 경우다.

예) 엡 2:10. 직역: 왜냐하면 우리들은 하나님께서 미리 준비하셨던 선할 일들을 위하여 그리스도 예수 안에서 창조되었기 때문에 그의 작품(만들어진 것)이다. 우리들이 그 일들(선한 일들) 안에서 두루 다니게 하기 위하여(즉 행하게 하기 위하여).

αὐτοῦ	γάρ	ἐσμεν	ποίημα,	κτισθέντες	ἐν	Χριστῷ	Ἰησοῦ	ἐπὶ	ἔργοις
NPGMS3	JS	VIPAP1	NNNS	VPAPNMP1	PD	NDMS	NDMS	PD	NDNP
		주동사		분사구문					선행사

ἀγαθοῖς	οἷς	προητοίμασεν	ὁ	θεός,	ἵνα	ἐν	αὐτοῖς	περιπατήσωμεν.
ADNP	APRDNP	VIAAS3	DNMS	NNMS	JS	PD	NPDMP3	VSAAP1
	관계대명사				접속사		인칭대명사	가정법

⇨ 분사 κτισθέντες는 ‘원인’을 나타내는 분사구문(부사적 용법)이다. 관계대명사 οἷς의 선행사는 ἔργοις이며 성수격이 일치한다. 전치사 ἐπὶ는 ‘목표, 혹은 결과’를 나타내므로 ‘~을 위하여’이다. 인칭대명사 αὐτοῖς는 앞의 ἔργοις ἀγαθοῖς(선한 일들)을 지시하는 지시대명사 역할을 하고 있다.

d. ὅτι(JS) - ‘ ~ 때문에, 왜냐하면’(원인, 이유, 근거를 나타냄).

ὅτι(JC) - ‘ ~ 한 바, 한 것’(명사절을 인도); ὅτι(JH) - ‘결과’를 나타낸다.

ὅτι(ADR) - 선행사와 함께 관계부사로 사용된 경우다.

예) 요 19:20. 직역: 그러므로 그 유대인들의(or 그 유대인들 중에) 많은 사람들이 이 표제를 재차 알게 되었다. 왜냐하면 그 예수께서 십자가에 못 박히신 그 도시의 그 지점이 가까이 있었기 때문이다.

τοῦτον	οὖν	τὸν	τίτλον	πολλοὶ	ἀνέγνωσαν	τῶν	Ἰουδαίων,	ὅτι	ἐγγὺς
ADAMS	JH	DAMS	NAMS	APNMP	VIAAP3	DGMP	APGMP	JS	PG
지시형용사								접속사	

ἦν	ὁ	τόπος	τῆς	πόλεως	ὅπου	ἐσταυρώθη	ὁ	Ἰησοῦς·
VIIAS3	DNMS	NNMS	DGFS	NGFS	ADR	VIAPS3	DNMS	NNMS
		선행사			관계부사			

⇨ 지시대명사 τοῦτον가 서술적 위치에서 지시형용사(AD-)의 기능을 한다. 즉 명사 τίτλον를 수식한다(이 표제를). 관계부사 ὅπου의 선행사는 τόπος이다.

e. ἐπεί(JS) - ' ~ 할 때에, 한 후에'(시간을 나타냄); ' ~ 때문에'(이유를 나타냄).

* ἐπειδή(JS) - ' ~ 때문에'

예) 히 9:26. 직역: 그것 때문에 세상의 창설로부터 그가 반드시 자주 고난을 당해었야만 했다.

ἐπεὶ	ἔδει	αὐτὸν	πολλάκις	παθεῖν	ἀπὸ	καταβολῆς	κόσμου·
JS	VIIAS3	NPAMS3	AD	VNAA	PG	NGFS	NGFS
		의미상주어		부정사			

⇨ 이 문장은 『δεῖ + 부정사』 구문이다(반드시 ~하다, ~하는 것이 마땅하다).

f. ἕως(JS) - ' ~ 하기 까지, ~ 하는 동안'

예) 마 5:26. 직역: 내가 너에게 진실로 말한다. 너는 그 마지막 고드란트를 넘겨주기 까지(or 빚을 다 갚기까지) 결코 그곳으로부터 나오지 못할 것이다.

ἀμὴν	λέγω	σοι,	οὐ μὴ	ἐξέλθῃς	ἐκεῖθεν,	ἕως	ἂν	ἀποδῷς
QS	VIPAS1	NPDS2	AD AD	VSAAS2	AD	JS	QV	VSAAS2
			부정어	가정법		접속사		가정법

τὸν	ἔσχατον	κοδράντην.
DAMS	AAMS	NAMS

⇨ 『ἕως + ἄν + 가정법』은 아직 일어나지 않은 미래의 가상적 동작을 말할 때 사용된다. ἂν(QV)은 비현실적, 비확정성을 의미하는 동사 접두사다. 미래적인 강한 부정의 뜻을 나타내는 『οὐ μὴ + 부정과거 가정법』는 '결코 ~ 하지 못할 것이다'로 번역한다. '호리'로 번역된 κοδράντην는 두 렙돈과 동가인 작은 주화를 의미한다. 따라서 "호리라도 남기없이 다"(톤 에스카톤 코드란텐)는 '마지막 작은 돈'이라고 번역할 수 있다. 이것은 마지막으로 남아 있는 작은 지불금을 의미한다.

* 중요 종속접속사의 종류 *

διό - (그러므로, 그 때문에).

ἐάν - (만일 ~ 한다면). 항상 가정법과 함께 사용되며, 조건적인 상태를 유도함.

εἰ - (만일 ~하면). 직접 질문을 유도한다.

ἐπεί - (~때에, 그러므로, 때문에). 이유적인 의미에서 쓰임.

ἵνα - (~하기 위하여). 목적을 나타내기 위해 쓰임.

ὅτι - (~ 때문에, 왜냐하면, ~한 바를). 이유를 나타내거나 절을 이끄는 역할을 함.

③ 우위접속사(JH, Hyperordinate Conjunction)

한 문장의 구문이 다른 구문에 우위적 관계를 가진다. 즉 우위로 표시한 접속사는 어의(語意)상 연결되는 절보다 우위에 있는 절임을 나타낸다.

a. **ἀλλὰ**(JH) - '그러나'

예) 마 5:17. 직역: 내가 파괴하기 위하여 온 것이 아니다. 그러나 완성하기 위하여(온 것이다).

οὐκ ἦλθον καταλῦσαι, ἀλλὰ πληρῶσαι.

AD VIAAS1 VNAA JH VNAA

⇨ 운동동사(ἦλθον) 다음에 위치하는 부정사는 '목적'을 나타낸다(~ 하기 위하여). 『οὐκ ~, ἀλλα~』는 영어의 'not ~ , but ~ '의 의미다.

b. **ἀλλ'**(JH) **ἤ**(JS) - '이 외에는'

예) 고후 1:13. 직역: 왜냐하면 우리들은 너희들이 재차 알고 또한 완전히 아는 바 그것들 외에는 다른 것들을 너희에게 쓰지 않는다. 그러나 내가 바라는 것은 끝까지 너희가 알게 되는 것이다(or 그러나 나는 너희가 끝까지 알게 되기를 바란다).

οὐ γὰρ ἄλλα γράφομεν ὑμῖν ἀλλ' ἢ ἃ ἀναγινώσκετε,

AD JS APANP VIPAP1 NPDP2 JH JS APRANP VIPAP2

(APRANP: 관계대명사)

ἢ καὶ ἐπιγινώσκετε· ἐλπίζω δὲ ὅτι ἕως τέλους ἐπιγνώσεσθε,

JC AD VIPAP2 VIPAS1 JC JC PG NGNS VIFDP2

⇨ 중성관계대명사 ἃ는 선행사가 생략된 경우이므로 '~한 바 그것'으로 번역한다. 접속사 ὅτι는가 이끄는 종속절은 주동사 ἐλπίζω의 목적어로서 명사절을 나타낸다.

c. **διον**(JH), **διόπερ**(JH), **διότι**(JH) - '그러므로, 그 때문에, ~ 이기 때문에'

예) 마 27:8. 직역: 그러므로 저 밭(들)이 오늘까지 피의 밭(들)이라 불리어졌다.

διὸ ἐκλήθη ὁ ἀγρὸς ἐκεῖνος ἀγρὸς αἵματος ἕως τῆς σήμερον.

JH VIAPS3 DNMS NNMS ADNMS NNMS NGNS PG DGFS AD□APGFS

(ADNMS → NNMS: 수식)

d. ὥστε(JH) – ' 그래서, 그 결과'(사실적인 결과, 정동사나 부정사와 함께 사용).

예) 요 3:16. 직역: 왜냐하면 하나님이 그 세상을 이와같이 사랑하셨다. 그 결과 그가 그 독생한 아들을 주셨다.

οὕτως	γὰρ	ἠγάπησεν	ὁ	θεὸς	τὸν	κόσμον,	ὥστε	τὸν	υἱὸν	τὸν
AD	JS	VIAAS3	DNMS	NNMS	DAMS	NAMS	JH 결과접속사	DAMS	NAMS	DAMS

μονογενῆ	ἔδωκεν,
AAMS	VIAAS3

④ 종속 접속사의 기능적 분류

a. 원인(이유) – ὅτι(하므로, 왜냐하면), διό(그 때문에), διότι(고로), ἐπεί(고로)
b. 비교 – ὡς(처럼), ὥσπερ(꼭 같이), καθώς(처럼 같이)
c. 조건 – εἰ, ἐάν 등이 쓰임 (만일 ~하면)
d. 결과 – ὡς, ὥστε (그러므로, 그 결과)
e. 양보 – κἄν(καὶ ἐάν), εἰ καί, ἐάν καί (…이긴 하지만, 비록 …일지라도)
f. 추론 – οὖν(그러므로), τοινυν(그래서), ἄρα(따라서), διό(그러므로), τοιγαρουν(따라서)
g. 목적 – ἵνα(…위하여), ὅπως (…하기 위해), μή (…하지 못 하도록)
h. 시간 – ὅτε(그때, 언제든지, 하자마자), ἕως(…때까지), ἄχρι(…때까지), μέχρι(… 때까지)
i. 장소 – ὅπου(…하는 곳에), ὅθεν(…하는 그곳에서)

(3) 접속사의 어의적(語意的) 분류(문맥상 문법 분해)[2)]

ἀλλὰ

JC : 선행절과 동등하나 단순히 반대되는 내용일 경우에 사용된다.

예) "내가 네게 쓸 것이 많**으나** 먹과 붓으로 쓰기를 원치 아니하고"(요삼 13)

JH1. : -/+ 대조에서 부정문은 긍정문에 종속된다는 원칙에 따라, 선행하는 절·구가 부정적일 경우에 사용된다.

예) "네가 하나님의 일을 생각지 **아니하고 도리어** 사람의 일을 생각하는도다"(막 8.33).

JH2. : 양보와 반대를 함께 나타내는 구조에서 접속사가 반대를 뜻하는 절 앞에 있는

2) 이병철 편, 『헬 · 한 · 영 대조 신약성경』(서울: 브니엘출판사, 1986), 2171. '목록5' 참조.

경우에 사용된다.

예) "비록 내가 말에는 졸하**나** 지식에는 그렇지 아니하니"(고후 11:6).

ἄρα

JH : 추론하여 결론을 내릴 경우에 사용된다.

예) "**곧** 아브라함의 자손이요"(갈 3:29).

QT : 가능성이 거의 없음을 나타내는 의문문에서 사용된다.

예) "세상에서 믿음을 보겠느냐?" - 세상에서는 믿음이 없음을 나타냄(눅 18;8).

ἄχρι

JS : 절을 이끌 경우에 사용된다.

예) "**천년이 차도록** 다시는 만국을 미혹하지 못하게 하였다가:(계20:3).

PG : οὗ(APRGMS)를 포함하여 목적어가 뒤이어 다음에 나올 경우에 사용된다.

예) "예루살렘은 **이방인의 때가 차기까지** 이방인들에게 밟히리라"(눅21:24)

여기서 ἄχρι οὐ는 ~ (그 때)까지, until (the time in) which.

note) ἄχρι, ἀπό, ἕως, μέχρι는 관계대명사가 뒤에 올 때 접속사와 같은 역할을 하는 구문을 형성한다.

δέ

JC : 선행절과 대등한 관계일 때 사용된다.

JH : 선행절보다 우위에 있는 관계일 때 사용된다.

JS : 선행절에 종속된 관계에 있을 때 사용된다.

ἐάν

JS : εἰ에 상당하는 조건문일 경우에 사용된다.

예) **사람이 나를 섬기려면** 나를 따르라"(요 12:26).

QV : ἀν에 해당, 불확정성(비현실성)을 나타내는 경우에 사용된다.

예) "선생님이여 **어디로 가시든지** 저를 좇으리이다"(마 8:19).

εἰ

ADR : JC에 해당되나 특별히 선행사와 함께 사용된다.

예) "애매히 고난을 받아도 ~ 슬픔을 참으면 **이는** 아름다우나"(벧전 2:19).

JC : 문장을 이루는 명사절일 때 사용된다.

예) "그 사람은 차라리 나지 아니하였더면 제게 좋을뻔하였느니라"(마 26:24).

JS : 규칙적인 조건문에 사용된다.

예) 그리스도께서 만일 다시 살지 못하셨으면 우리의 전파하는 것도 헛것이요 "(고전15:14).

QT : "whether"(~ 인지 아닌지)가 나오는 직접. 간접 의문문에 사용된다.

예) "바울에게 묻되 예루살렘에 올라가서 이 일에 심문을 받으려느냐 한즉"(행 25:20).

ἕως

JS : 절을 이끌 경우에 사용된다.

예) "내가 이를 때까지 읽는 것 ~ 에 착념하라"(딤전 4:13).

PG : οὗ(APRGMS)를 포함하여 목적어가 뒤이어 다음에 올 경우:"…끝까지 견고케 하시리라"(고전 1:8). 여기서 ἕως οὗ는 ~ (그 때)까지, until(the time in) which.

ἤ

JC : '또한, 혹은'(or)이라는 분리 접속사로 사용된다.

예) " ~ 그는 변함도 없으시고 회전하는 그림자도 없으시니라"(약1:17).

JS : 비교급을 나타내는 문에서 비교접속사로 사용된다. 즉 " ~ 보다 더"(than).

예) "너희 안에 계신 이가 세상에 있는 이보다 크심이라"(요일 4.4).

ἵνα

ABR1. : JC1에 해당되나 특별히 선행사와 함께 사용된다.

예) "내 주의 모친이 내게 나아오니 이 어찌 된 일인고"(눅 1:43).

ABR2. : JC2에 해당되나 특별히 선행사와 함께 사용된다.

예) "우리가 이 계명을 주께 받았나니 하나님을 사랑하는 자는 또한 그 형제를 사랑할지니라 "(요일4:21).

JC1. : 문장을 이루는 명사절에 사용된다.

예) "아무도 너희를 가르칠 필요가 없고"(요일 2:27).

JC2. : 간접 명령문에 사용된다. 여기서는 방향제시하는 말과 간접 명령문이 동등한 관계를 이룬다.

예) "우리가 주 예수 안에서 너희에게 구하고 권면하노니 너희가 마땅히 어떻게 행하며 하나님께 기쁘시게 할 것을 우리에게 받았으니 곧 너희 행하는 바라 더욱 많이 힘쓰라"(We ask and urge you in the Lord Jesus that you walk more and more in the way we instructed you and in the way you are in fact walking, 살전 4:1)

JS : 목적을 나타낸다.

예) "…이 일(선한 일)은 하나님이 전에 예비하사 우리로 그 가운데서 행하게 <u>**하려하심이니라**</u>"(엡 2:10).

JH1. : 간접 명령문에 사용된다. 여기서 명령문은 명령문이 방향제시어 보다 더 우월한 관계에 있다. 방향제시어는 보통 실제로 생략된다.

예) "오셔서 그 위에 손을 얹으사"(Come, lay your hands on her, 막 5:23)

JH2. : '결과'를 나타낸다.

예) "만일 우리가 우리 죄를 자백하면 저는 미쁘시고 의로우사 (<u>**그 결과로**</u>) 우리 죄를 사하시며 모든 불의에서 우리를 깨끗하게 하실 것이요"(요일1;9).

JH3 : '성경 말씀의 성취'를 나타낸다.

예) "이 모든 일의 된 것은 (**그 결과로**) 주께서 선지자로 하신 말씀을 이루려 하심이니"(마 1:22).

καί

AD : 부사로 사용된 경우다. 즉 "~도, 또한"(also), "~이라도, ~까지"(even), "실지로, 정말로"(indeed), "역시"(too).

예) "오늘 구원이 이 집에 이르렀으니 이 사람<u>도</u> 아브라함의 자손임이로다"(눅 19:9).

JC : 연결어 "그리고"(and), καί ~ καί ~ (양쪽 모두, 둘 다, ~도 ~도; both~ and)구조에도 사용되는데, 여기서 처음 나온 καί는 종종 부사로 간주된다.

예) "그 한 므나를 빼앗아(**and**) 열 므나 있는 자에게 주라"(눅 19:24).

JH : 뒤에 나오는 명사절이 의미없는 ἐγένετο와 비교하는 관계에 있는 『καί ἐγένετο ~ , καί ~ 』구조에서 두 번째 καί가 JH로 분해된다.

예) "많은 세리와 죄인들이 와서 예수와 그 제자들과 함께 앉았더니"(It happenedthat ~ many tax collectors and sinners came <u>and</u> reclined with Jesus at table, 마 9:10).

note) 연결어 καί는 δέ에서 일어날 수 있는 것과 같은 방법인 우위적인 관계(JH), 대등한 관계(JC), 종속적인 관계(JS)에 있는 접속사로, καί에 선행하는 말과 καί뒤에 나오절을 연결시켜 준다. JH로 분해되는 καί에 대한 앞의 정의와 일치하는 단어들을 제외하고 부사가 아닌 모든 καί는 단순히 JC로 분해하고 있다.

μέν

JC : 하나의 항목과 그에 상응하는 말(또는 한 항목과 그 짝)은 서로 똑같이 동등한 관계를 가진다. 그 다음에 나오는 상대되는 짝을 공공연하게 하나의 접속사(δέ 또는 다른 방식으로)로 표시할 필요가 없다.

예) "양(the μὲν sheep)은 그 오른 편에 염소(the δὲ goats)는 왼편에 두리라" (마 25:33)

JS : 이 항목은 상응하는 말(또는 상응하는 짝)에 종속적인 관계에 있다.

예) 마음(the μὲν spirit)에는 원이로되 육신(δὲ the flesh)이 약하도다(막 14:38). QS : 잇따라 뒤에 오는 구문에서 짝이 없는 경우에 사용된다. 이것은 의도적으로 뜻을 강화하려는 것이거나 성경 기자가 상응하는 말과 함께 연속하는 과정에서 혼란을 일으켰을 경우에 발생할 수도 있다.

예) "데오빌로여 내가 먼저 쓴 글에는 무릇 ~ "(행 1:1).

μέχρι

JS : 절을 이끌 경우에 사용된다.

예) "우리가 다 ~ 믿는 것과 ~ 하나가 ~ 될 <u>때까지</u>…"(엡 4:13).

PG : οὗ(APRGMS)를 포함하여 목적어가 뒤따라 나올 경우에 사용된다.

예) "이 세대가 지나가기 <u>전에</u> 이 일이 다 이루리라"(막 13.30).

여기서 μέχρι οὗ는 ~ (그 때)까지, until (the time in) which.

note) 앞에 나온 ἄχρι의 note를 참조하라

μή

AB : 부정 부사. " ~ 아닌"(not)의 의미로 사용된다.

예) "의의 도를 안 후에 (받은 거룩한 명령을 저버리는 것보다) 알지 <u>못하는 것이</u> 도리어 저희에게 나으리라"(벧후 2:21).

JC : 문장을 이루는 명사절을 이끈다.

예) "내가 너희를 위하여 수고한 <u>것이</u> 헛될까 두려워 하노라"(갈 4:11).

JS : 부정 목적, "하지 않기 위하여"(in order that not)의 의미로 사용된다.

예) "너희는 삼가 말씀하신 자를 거역하지 말라"(여러분에게 말씀해 주시는 분을 거역하지 <u>않도록</u> 조심 하십시오" - 공동번역성서, 히 12:25).

QT : '수사 의문 불변사'로 사용된다.

예) "당신이 야곱보다 더 크니<u>이까?</u>"(요 4:12).

μηδέ

AB : 부정 부사. " ~ 라도 아닌, ~ 조차 아닌"(not even)의 의미로 사용된다.

예) "많은 사람이 모여서 문 앞에**라도** 용신할 수 **없게 되었는데**"(막 2:2).

JC : " A도 B도 ~ 아니다"(neither A … nor B)로 사용된다.

예) "금**이나** 은**이나** … 가지지 **말고**"(마 10:9).

μήποτε

AB : 부정 부사. "결코 ~않다"(never)의 의미로 사용된다.

예) "유언은 그 사람이 죽은 후에야 견고한즉 유언한 자가 살았을 때에는 **언제든지** 효력이 **없느니라**"(히 9:17).

JC : 문장을 이루는 명사절을 이끈다.

예) "우리는 두려워할지니… 너희 중에 혹 미치지 못할 자가 있을까 **함이라**"(히 4:1).

JS : 부정 목적. " ~ 하지 않기 위하여"(in order that not)의 의미로 사용된다.

예) "가만두어라 가라지를 뽑다가 곡식까지 뽑을**까** 염려하노라"(마 13:29).

QT : 수사 의문 불변사. 가능성이 거의 없음을 나타내는 경우에 사용된다.

예) "모든 사람들이 요한을 **혹** 그리스도**신가** 심중에 의논하니"(눅 3:15).

ὅθεν

ADR : JS에 해당되나 특별히 선행사와 함께 사용된다.

예) "**수라구사**에 대고 사흘을 있다가 **거기서** 둘러가서 레기온에 이르러"(행 28:12-13).

JH : 추론하여 결론을 내릴 경우에 사용된다.

예) "아그립바 왕이여 **그러므로** 하늘에서 보이신 것을 내가 거스리지 아니하고 "(행 26:19).

JS : 선행사가 없는 곳에 사용된다.

예) "당신은 … 심지 않은 **데서** 거두고"(마 25:24).

ὅπου

ADR : JS에 해당되나 특별히 선행사와 함께 사용된다.

예) 말씀이 **길가에** 뿌리웠다는 것은 이들이니"(막 4:15).

JS : 선행사가 없는 곳에 사용된다.

예) "**어디로** 가시**든지** 저는 좇으리이다"(눅 9:57).

ὅπως

ADR1. : JC1에 해당되나 특별히 선행사와 함께 사용된다.

예) "베스도의 호의로 바울을 예루살렘으로 옮겨 보내기를 청하니 … "(행 25:3).

ADR2. : JC2에 해당되나 특별히 선행사와 함께 사용된다.

예) " … 나사렛 예수의 일이니… "(눅 24:19-20).

JC1. : 방향제시하는 말과 대등한 관계에 있는 간접 명령문에 사용된다.

예) "예수께서 말씀하실 때에 한 바리새인이 자기의 함께 점심 잡수시기를 청하므로 … "(눅 11:37).

JC2. : 문장을 이루는 명사절 앞의 ABR 2에 나오는 눅 24:19-20에서의 예에만 선행사를 갖는다.

JS : '목적'을 나타내는 부사절을 이끈다.

예) "… 이 악한 세대에서 우리를 건지시려고 우리 죄를 위하여 자기 몸을 드리셨으니"(갈 1:4).

JH : '결과'을 나타내는 부사절을 이끈다.

예) "그러므로 내가 너희에게 선지자들과 지혜 있는 자들과 서기관들을 보내매 너희가 그 중에서 더러는 죽이고 십자가에 못 박고.…(그 결과로) 땅 위에서 흘린 의로운 피가 다 너희에게 돌아가리라"(마23:34-35).

ὅταν

ADR : JS에 해당되나 특별히 선행사와 함께 사용된다.

예) "그 후에는 나중이니 … 나라를 하나님께 바칠 때라"(고전 15:24).

JS : 선행사가 없을 경우에 사용된다.

예) "그러하나 진리의 성령이 오시면 그가 너희를 모든 진리 가운데로 인도하시리니"(요16:13).

ὅτε

ADR : JS에 해당되나 특별히 선행사와 함께 사용된다.

예) "때가 이르니 사람이 바른 교훈을 받지 아니하며"(딤후 4:3).

JS : 선행사가 없을 경우에 사용된다.

예) " … 내가 듣고 볼 때에 … 경배하려고 엎드렸더니"(계 22:8).

ὅτι

ADR : JC에 해당되나 특별히 선행사와 함께 사용된다.

예) "아시아에 있는 모든 사람이 나를 버린 이 일을 네가 아나니"(딤후 1:5).

ADT : 의문 부사. "왜? 어째서?"(why?)의 의미로 사용된다.

예) "제자들이 종용히 묻자오되 우리는 어찌하여 능히 그 귀신을 못하였나이까?"(막 9:28).

JC : 방향제시하는 말과 서로 동등한 관계에 있는 내용절을 나타낼 때 사용된다(동격절). 실제로 이것은 오로지 문장을 이루는 명사절의 특별한 경우에만 사용된다.

예) "예수의 제자를 삼고 세례를 주는 것이 요한보다 많다 하는 말을 바리새인들이들은 줄을 주께서 아신지라 유대를 떠나사"(Therefore, when the Lord knew that the phariseeses had heard that he was making and baptizing more disciples than Jedea, 요4:1,3).

JH1. : 방향제시하는 말보다 더 우월한 관계에 있는 내용절(우위절)을 나타낸다.

예) "이에 헤롯이 박사들에게 속은 줄을 알고 심히 노하여"(Then Herod, seeing that he had been outwitted by the Magi, became very angry, 마 2:16).

JH2. : '결과'를 나타내는 부사절을 이끈다.

예) "이에 유대인들이 서로 묻되 이 사람이 어디로 가기에 우리가 저를 만나지 못하리요"(요 7:35).

JS : '원인, 이유, 근거'를 나타내는 부사절을 이끈다.

예) "예수의 못 박히신 곳이 성에서 가까운 고로 많은 유대인이 이 패를 읽는데" (요19:20).

οὗ

ADR : 특별한 선행사가 없는 점을 제외하고는 JS에 해당된다.

예) "열 한 제자가 갈릴리에 가서 예수의 명하시던 산에 이르러"(마 28:16).

JS : 선행사 없이 부사절(관계사절과 대비되는 절)로 사용된다.

예) "죄가 더한 곳에 은혜가 더욱 넘쳤나니"(롬 5:20).

οὐδέ

AD : 부정어 " ~ 조차 아니, ~ 이라도 아닌"(not even)의 의미로 사용된다.

예) "나는 스스로 온 것이 아니며 아버지께서 나를 보내신 것이니라"(요 8:42).

JC : "A도 B도 ~ 아니다"(neither A … nor B)로 사용된다.

예) "나의 달음질도 헛되지 아니하고 수고도 헛되지 아니함으로 …"(빌 2:16).

JC & AB : 부정어 " ~ 조차 아닌"(nor even)의 의미로 사용된다.

예) "너희가 아직도 깨닫지 못하느냐"(마 16:9).

QT : '수사 의문 불변사'로 사용된다.

예) 너희가 성경에 …함을 읽어 보지도 <u>못하였느냐?</u>"(막 12:10,11).

οὖν

JC : 중복적이거나 연속되어 새로운 화제를 도입할 경우에 사용된다.

예) "<u>**이에**</u> 그 누이들이 예수께 사람을 보내어 가로되"(요 11:3).

JH : 추론하여 내리는 결론, 예상되는 결말, 결과를 나타낼 때 사용된다.

예) "<u>**그런즉**</u> 너희가 먹든지 마시든지 무엇을 하든지 다 하나님의 영광을 위하여 하라"(고전 10:31).

πλήν

JC : " … 이외에는(except), 그러나(but)"의 의미로 사용된다.

예) "<u>**그러나**</u> 오늘과 내일과 모래는 내가 갈 길을 가야 하리니"(눅 13:33).

JH : " … 이외에는(except), 그러나(but)"의 의미로 사용된다. 특히 이것은 선행절보다 더 우위의 관계를 지닌다.

예) "(<u>But</u>) 내가 너희에게 이르노니 두로와 시돈이 너희보다 견디기 쉬우리라 하시니라"(마 11:22).

PG : 명사 목적어와 함께 사용된다.

예) " … 그 <u>**외에**</u> 다른 이가 없다 … "(막 12:32).

πῶς

AD : 의문부사. "어떻게, 얼마나"(how)의 의미로 사용된다.

예) "재물이 있는 자는 하나님 나라에 들어가기가 <u>심히</u> 어렵도다"(재물을 많이 가진 사람이 하나님 나라에 들어가는 것은 <u>**얼마나**</u> 어려운 일인지 모른다. - 공동번역, 막 10:23).

ADI : 부정 부사(Indefinite Adverb). "어떻게 해서든지, 어쩐지(somehow), 어떤 방법으로 (in some way)"의 의미로 사용된다.

예) "<u>**어찌하든지**</u> 죽은 자 가운데서 부활에 이르려 하노니"(빌 3:11).

ADT : 의문 부사. "얼마나, 어떻게(how), 어떤 방법으로(in what way), 어떻게 그것이 가능한가?(how is it possible)의 의미로 사용된다.

예) " … 각 사람에게 <u>**마땅히**</u> 대답할 것을 알리라" (골 4:6).

JC : 문장을 이루는 명사절을 이끈다.

예) "그가 우리에게 말하기<u>를</u> 천사가 내 집에 서서 … <u>보았다 하거늘</u>"(행 11:13).

ὡς

AD1. : 정도부사. "대략, 거의"(approximately)의 의미로, 보통 숫자를 동반한다.

예) "세 시간쯤 지나 … "(행 5:7).

AD2. : 감탄문 형식. "얼마나, 참(~ 이기도 하다)"(how)의 의미로 사용된다.

예) "그의 판단은 측량치 못할 것이며 그의 길을 찾지 못할 것이로다"(롬 11:33).

AD3. : 비교급, 최상급과 함께 사용된다.

예) " … 너희를 보니 범사에 종교성이 많도다"(행 17: 22).

ADR1. : JC에 해당되나 특별히 선행사와 함께 사용된다.

예) " … 도 우리에게 화목하게 하는 직책을 주셨으니 이는 하나님께서 그리스도안에 계시사 … "(고후 5:18-19).

ADR2. : JS2에 해당되나 특별히 선행사와 함께 사용된다.

예) "언제부터 이렇게 되었느냐"(막 9:21).

JC1. : 문장을 이루는 명사절을 이끈다.

예) " … 주의 사자의 분부대로 행하여"(마 1:24).

JC2. : 방향을 제시하는 말과 동등한 관계를 이루는 내용절(동격절)을 이끈다. 이것은 실제로 문장 중에 나오는 명사절의 특별한 경우이다.

예) "두 사람도 길에서 된 일과 예수께서 떡을 떼심으로 자기들에게 알려지신 것을 말하더라"(눅 24:35).

JH : 방향제시하는 말보다 더 우위에 있는 관계를 나타내는 내용절(우위절)을 이끈다.

예) "너희도 아는 바와 같이 우리가 너희 각 사람에게…권면하고"(Just as you know that we exhorted each one of you …, 살전 2:11).

JS1. : '목적'을 나타내는 부사절을 이끈다.

예) "저희가… 예수를 위하여 예비하려고 사마리아의 한 촌에 들어갔더니"(They entered a village of the samaritans in order prepare for him, 눅 9:52).

JS2. : 때, 시간을 나타내는 부사절을 이끈다. 즉 " ~할 때(when), ~하는 동안(while), ~하고 있을 때 ~하면서"(as)의 의미를 가진다.

예) "말씀을 마치고 시몬에게 이르시되"(When he stopped speaking, he said to Simon … , 눅 5:4).

JS3. : 비교 부사. " ~ 와 같이, ~ 처럼(as), ~와 같이 (like)"의 의미로 사용된다. 이 절에는 특별히 동사가 반드시 있어야 할 필요는 없다.

예) "네 이웃을 네 몸과 같이 사랑하라"(Love your neighbor as(you love) yourself, 마 22:39).

ὥσει

AD : 정도 부사. " ~ 쯤에, ~ 데 가까운, 약 ~ 쯤"(about)의 의미로 사용되며, 보통 숫자와 함께 사용된다.

예) "모두 열 두 사람**쯤** 되니라"(There were about twelve men, 행 19:7).

JS : '비교' 부사절을 이끈다. "~과 같이"(like), 처럼(as)"의 의미로 사용된다.

예) "하나님의 성령이 비둘기 같이 자기 위에 임하심을 보시더니"(He saw the Spirit of God coming down like a dove", 마3:16).

ὥστε

JH1. : '추론, 결론' 부사절을 이끈다. "이 이유로"(for this reason), "그러므로"(therefore)의 의미로 사용된다.

예) "**그러므로** …너희 구원을 이루라"(Therefore, …work out your salvation, 빌2:12).

JH2. : '결과' 부사절을 이끈다. '그 결과'(with the result that)의 의미로 사용된다.

예) 집에 들어가신 무리가 다시 모**이므로** 식사할 겨를도 없는지라(A crowd together again with the result that they were not able to eat", 막3:20).

JS : '목적'을 나타내는 부사절을 이끈다. " ~ 하기 위하여"(so that), " ~ 할 목적으로"(in order that)의 의미로 사용된다.

예) "예수를 총독의 치리와 권세 아래 붙**이려 하여** 정탐들을 보내어"(They sent spies … in order to deliver him over to … the governor, 눅 20:20).

12) 불변사(Q-, Particle, 접두사)

불변화사(Indeclinable, 불변사)란 광의적(廣義的)인 의미에서 어형이 변하지 않는 품사의 계열을 총체적으로 일컫는 용어라고 할 수 있다. 즉 전치사, 부사, 접속사, 감탄사 등 전체를 일컫는다. 그러나 Particle(불변사)이란 협의적(俠義的)인 의미에서 품사의 한 종류인 불변사(Particle)를 말한다. 불변사에는 문장불변사(QS, Sentential Particle), 의문불변사(QT, Interrogate Particle)와 동사불변사(QV, Verbal Particle)의 세 가지가 있다.

불변사(Particle)에는 문장부사와 접속사가 포함되어 있다. 많은 문장부사가 불변사로 남아 있는데, 일부는 단순한 접두어(전접어)로, 일부는 순수한 접속사로 되었다. 일부 불변사는 καί, ουδέ, γάρ, πρίν처럼 그 기능에서 부사적, 접속사적으로 다르게 사용된다. 대부분의 불변사들은 독립적이라 문장 어디에나 위치한다. ἀτάρ처럼 일부는 맨 앞에 위치하며(전치 불변사), γάρ, δέ같은 불변사는 문장의 맨 앞의 첫 한두 낱말 뒤에만 위치하며(후치 불변사), γέ, τέ처럼 앞에 오는 낱말에 연결되는 불변사도 있다.

접속사는 세 가지로 구분하는 것은 완벽하다고 할 수 있으나(등위, 종속, 우위), 불변사(Particle)의 경우는 그렇지 않다. 따라서 불변사(Particle)는 부사 또는 접속사 등과 중복 내지는 혼동되기 쉽기 때문에 문맥상으로 잘 살펴보아야 한다. 사실상 QS와 QV는 중복되었지만 어떤 단어도 이 2가지 분해를 동시에 지니지 않는다.

(1) 문장 불변사(QS)

문장 불변사란 화자(話者)가 주의를 더 집중시키거나, 잇따라 오는 구문에서 짝을 이루는 구조가 계속하여 나오지 않을 경우에(즉 화자(話者)가 상응하는 말(앞에 나온 말)과 함께 연속하는 과정에서 혼란을 일으켰을 경우에) 의도적으로 뜻을 강화(강조)하려는 것이거나, 어떤 질문에 부정적인 대답을 한마디로 나타낼 때 사용하는 불변사다. 특히 문장불변사는 문장부사에서 온 것이 많다.

① ἴδε(QS) - 주의를 더 집중시키려 할 때 사용(Behold! or Look!).

예) 마 25:20. 직역: 주여! 당신은 나에게 다섯 달란트를 주셨습니다. <u>보소서!</u> 나는 다른 다섯 달란트를 이익으로 얻었습니다.

κύριε, πέντε τάλαντά μοι παρέδωκας· ἴδε ἄλλα πέντε τάλαντα ἐκέρδησα.

NVMS ACANP NANP NPDS1 VIAAS2 <u>QS</u> AANP ACANP NANP VIAAS1

문장 불변사 - 주위를 집중시킴.

> ⇨ 문장 불변사 ἴδε는 명령형 동사로 사용되기도 한다. 요 1:46에서 "와 보라" [ἔρχου(VMPNS2) καὶ ἴδε(VMAAS2)], 즉 "너는 오라 그리고 너는 보라."

② μὲν(QS) - 의도적으로 뜻을 강화할 때 사용(Indeed!).

예) 행 3:21. 직역: 하나님께서 영원으로부터 그의 모든 거룩한 선지자들의 입을 통하여 말씀하신 바 모든 자들의 회복 때까지 <u>참으로</u> 하늘이 그를(예수 그리스도) 반드시 영접해야 하는 것이다.

ὃν δεῖ οὐρανὸν μὲν δέξασθαι ἄχρι χρόνων ἀποκαταστάσεως

<u>APRAMS</u> <u>VIPAS3</u> <u>NAMS</u> <u>QS</u> <u>VNAD</u> PG NGFS NGFS

관·대 비인칭동사 문장불변사 부정사

πάντων ὧν ἐλάλησεν ὁ θεὸς διὰ στόματος τῶν ἁγίων ἀπ' αἰῶνος
APGNP APRGMP VIAAS3 DNMS NNMS PG NGNS DGMP AGMP PG AGMP
선행사 관·대
αὐτοῦ προφητῶν.
NPGMS3 NGMP

⇨ 원래 『μὲν(JC)+A~, δὲ(JC)+ B~』, A와 B는 동등관계를 나타내는 문장이다. 하지만 본문은 등위접속사 μὲν의 짝을 이루는 δὲ의 구문이 나오지 않으므로, 의도적으로 μὲν을 문장불변사(QS)로 사용하여 그 뜻을 강화시키고 있다. 이 문장은 비인칭동사 『δεῖ + 부정사』 구문이다(반드시 ~해야 한다. ~ 하는 것이 필요하다). 관계대명사 ὃν(선행사는 앞 절의 예수 그리스도, 성·수·격 일치)은 부정사의 '목적어'요, 명사 οὐρανὸν는 부정사의 '의미상의 주어'이다. 또한 관계대명사 ὧν(APRGMP)은 그 선행사가 '만유'(πάντων, APGNP)로 번역하고 있는데, 이 경우, 관계대명사와 선행사가 성에 있어 일치하지 않는다. 따라서 선행사(πάντων)를 '사람들'(APGMP)로 분해해야 맞다.

* **강조형 불변사(Particles)** – 어떤 단어나 문장의 사상을 강조.

ἀμήν (참으로)

ἄν (~ 든지, 우연히) 우연한 경우의 결합에 의해 일어나거나 일어날 수 있는 어떤 것을지시하는 불변사. ὅταν, ἐπειδάν(~때든지), ὅπου ἐάν(~곳이든지), ὃς ἄν(~라든지, 누구든지).

γέ (적어도, 참으로, 심지어) 단어 뒤에 오면 강조.

δή (실제로, 어쨌든, 어떤 수단으로) 마지막 부분에 이르러 분명히 밝혀지는 불변사.

νή, ναί (그러나, 확실하나) 맹세나 확증을 나타내는데 쓰임.

πέρ (참으로) 실제로 첨부된 말의 의미를 강조한다.

ποτέ (한번, 언젠가, 이전에) 후치적 불변사.

πού, πώς (어쨌든, 여하튼, 약, 어느 정도)후치적 불변사

τοί 해석하기 힘들며 강조적인 의미를 가지고 있다.

③ οὔ(QS)와 οὐχί(QS) – 부정적인 대답을 한마디로 나타낼 때 사용(No!).

예) 요 1:21. 직역: 그리고 그가 말하기를, "나는 아니다." 너가 그 선지자냐? 그리고 그가 대답하기를, "아니다."

καὶ λέγει· οὐκ εἰμί. ὁ προφήτης εἶ σύ; καὶ ἀπεκρίθη, οὔ.
JC VIPAS3 AD VIPAS1 DNMS NNMS VIPAS2 NPNS2 JC VIAOS3 QS
문장불변사

⇨ 이 문장은 2개의 직접화법으로 구성되어 있다. 문장 불변사 οὔ(No!)는 ναί(Yes!)와 대조된다.

* 일반 부사와 문장 부사 *

- 일반 부사는 동사와 형용사, 그리고 방법 · 정도 · 시간 · 장소 등을 나타내는 부사, 드물지만 실명사(substantive)를 수식하는 부사다.
- 문장 부사는 전체 문장에 영향을 주거나 어떤 종류의 특정 낱말을 강조하는 부사이다.

(2) 의문 불변사(QT)

의문불변사는 '수사의문문'(Rethorical Question) 형식을 이끈다. 수사의문문이란 상대방의 답을 구하는 것이 아니고 화자(話者)가 의도하는 내용을 청자(聽者)에게 납득시키기 위해 반어적으로 의문문 형식으로 서술하는 의문문으로서, 강한 긍정 또는 강한 부정의 수사적(修辭的) 효과를 가지는 의문문을 말한다.

수사의문문은 자신의 말을 설득력있게 표현하기 사용하는 어법적인 기교 중 하나이며, 문장 내용상 굳이 의문형식을 취하지 않아도 되는데 의문형식을 취하는 문장 형식이라 할 수 있으며, 굳이 대답을 요구하는 것이 아니면서 서술이나 명령의 효과를 나타내는 의문문이라 할 수 있다. '긍정형의 수사의문문'은 '부정의 평서문'에 상당하며, '부정형의 수사의문문'은 '긍정의 평서문'에 상당한다.

① ἄρα(QT) - '희박한 가능성'을 나타낼 때 사용(Perhaps).

예) 행 8:22. 직역: 그러므로 너는 너의 이 사악함으로부터 마음을 바꾸라(회개하라). 그리고 너는 주께 요청하라(or 기도하라). 혹시 너의 그 마음의 속생각이 너에게서 내 쫓아지게(용서받게) 될 것인지 아니 될 것인지(모르겠다 - 삽입).

μετανόησον	οὖν	ἀπὸ	τῆς	κακίας	σου	ταύτης	καὶ	δεήθητι	τοῦ	κυρίου,
VMAAS2	JH	PG	DGFS	NGFS	NPGS2	ADGFS	JC	VMAOS2	DGMS	NGMS
명령문								명령문	대상의 속격	

εἰ	ἄρα	ἀφεθήσεταί	σοι	ἡ	ἐπίνοια	τῆς	καρδίας	σου.
QT	QT	VIFPS3	NPDS2	DNFS	NNFS	DGFS	NGFS	NPGS2
문장	불변사	수동태						

⇨ 두 번째 명령문에서 기도행위(δεήθητι)의 주체가 '너희'가 되고 기도의 대상은 '주님'이 되므로, τοῦ κυρίου의 속격은 '대상의 속격'(주님에게)이 된다. 접속사 εἰ가 QT(의문 불변사)로 분해되면 의문 접속사 "whether"(~ 인지 아닌지)가 나오는 간접 의문문, 즉 명사절을 이끈다. 그리고 접속사가 QT로 분해되면 '희박한 가능성'을 나타내기 때문에 본문은 '용서받을 가능성이 희박하다'는 의미가 된다.

② εἰ(QT) - 의문 접속사"whether"(~ 인지 아닌지)가 이끄는 직접·간접 의문문(명사절)에 사용.

예) 행 25:20. 직역: 내(베스도)가 이 일들에 관한 그 탐색(찾음, 조사)에 당황하므로 (or 의심이 있기 때문에), 내가 말했다. 그(바울)가 예루살렘으로 가서 그리고 거기서 이 일에 관하여 재판을 받기 원할지 아니할지를 (말했다.)

ἀπορούμενος δὲ ἐγὼ τὴν περὶ τούτων ζήτησιν ἔλεγον εἰ βούλοιτο

VPPMNMS1 JH NPNS1 DAFS PG APDGNS NAFS VIIAS1 QT VOPNS3

분사구문 의문불변사 희구법

πορεύεσθαι εἰς Ἱεροσόλυμα κἀκεῖ κρίνεσθαι περὶ τούτων.

VNPN PA NANS JC&AD VNPP PG APDGNP

부정사 부정사

⇨ 의문 불변사 εἰ가 QT(의문 불변사)로 분해되면 의문 접속사 "whether"(~ 인지 아닌지)의 의미를 가지는 간접의문문(명사절)을 형식을 취한다. 동사 βούλοιτο(원하다. 결의하다)는 부정사를 보어를 취하는 불완전 동사다(VN하기를 바라다). 분사 ἀπορούμενος는 '원인(이유)'를 나타내는 분사구문이다.

*** 직접 의문문(Direct Question)과 간접 의문문(Indirect Question) ***

- 직접 의문문이란 직접 묻는 형식의 의문문이다.
- 간접 의문문이란 의문문이 독립하지 않고, 문장에서 종속절이 되는 의문문이다. 즉 의문사 또는 if(whether)로 시작하는 명사절로 의문을 나타내는 문장 형식. (I ask ~, I don't know ~, I wonder ~, I doubt ~) + whether(if)절(=명사절).

③ μή(QT) - '부정형 수사의문문'에 사용한다.

예) 요 18:25. 직역: 그러므로 그들이 그에게 말하기를, 너 또한 그의 그 제자들 중에 있지 않느냐?(즉, 제자들 중에 있다는 의미다)

εἶπον οὖν αὐτῷ· Μὴ καὶ σὺ ἐκ τῶν μαθητῶν αὐτοῦ εἶ;

VIAAP3 JH NPDMS3 QT AD NPNS2 PG DGMP NGMP NPFMS3 VIPAS2

의문 불변사

⇨ 이 문장은 직접화법 형식문이다(전달부 + 피전달부). 대문자(Mη)는 피전달부의 " "와 같은 의미다.

④ μήποτέ(QT) - '거의 희박한 가능성'을 나타낼 때 사용.

예) 요 7:26. 직역: 그 권세자들이 그가 그 그리스도이신 것을 참으로 알았을까?

μήποτε ἀληθῶς ἔγνωσαν οἱ ἄρχοντες ὅτι οὗτός ἐστιν ὁ χριστός;

QT AD VIAAP3 DNMP NNMP JC APDNMS VIPAS3 DNMS NNMS

의문 불변사

⇨ 이 문장은 '거의 희박한 가능성'을 나타낼 때 사용되는 의문 불변사 μήποτε가 사용되었으므로, '그 권세자들은 예수가 그리스도이신 것을 전혀 몰랐다는 의미다. 접속사 ὅτι는 동사 ἔγνωσαν의 목적어로서 명사절을 나타낸다.

⑤ οὐ̃(QT) - '부정형 수사의문문'에 사용된다.

(이 불변사 ou[는 문장 불변사(QS)로 사용되기도 하고, 의문 불변사(QT)로 사용되기도 함.)

예) 마 15:17. 직역: 그 입 속으로 들어가는 것마다 그 배 속으로 들어가고 그리고 변소(- 인간이 버린 배설물이 쌓이는 곳) 속으로 내던지지게 되는 것인 줄을 너는 알지 않느냐? - 안다는 의미.

οὐ νοεῖτε ὅτι πᾶν τὸ εἰσπορευόμενον εἰς τὸ στόμα εἰς τὴν

QT VIPAP2 JC APNNS DNNS VPPNNNS PA DANS NANS PA DAFS

의문 불변사 분사

κοιλίαν χωρεῖ καὶ εἰς ἀφεδρῶνα ἐκβάλλεται;

NAFS VIPAS3 JC PA NAMS VIPPS3

⇨ 분사 εἰσπορευόμενον는 관사 τὸ를 취하므로 ὅτι가 이끄는 절의 주어가 되는 명사적 용법을 나타낸다. 접속사 ὅτι가 이끄는 절은 주동사 νοεῖτε의 목적어로서 명사절을 나타낸다. 『πᾶν+단수분사』는 " ~마다"로 번역된다.

*** 형용사 πᾶς의 용법 ***

① 서술적 용법: 관사없이 서술적 위치.
『πᾶς(단수 · 복수형) + 관사 + 명사상당어구』 = "전(全)"(단수), "모든"(복수)

② 한정적 용법: 단수, 복수 모두 단일성의 전체를 의미한다.
『관사 + πᾶς(단수 · 복수형) + 명사상당어구』 = "그 모든(단수), ~의 총인원(복수) "

③ 관사를 취한 분사와 함께 사용.
『πᾶς(단수 · 복수형 + 관사 + 분사(단수 · 복수형)』 = " ~마다"(단수형),
" ~누구든지"(복수형), " ~ 한 것은 모두"(중성)

④ 관사없이 명사와 함께 사용.
『πᾶς(단수 · 복수형) + 명사』 = " ~ 마다, 각각의, 매(每)"(단수); " 모든"(복수)

(3) 동사 불변사(QV)

동사 불변사는 일부 동사적 형태들이 실질적으로 불변사가 된 경우다.

① ἐὰν - ἄν에 해당되므로 불확정성을 나타내는 경우에 사용된다.

예) 마 8:19. 직역: 선생님이여! 당신이 어디를 가든지 내가 당신을 따를 것입니다.

διδάσκαλε, ἀκολουθήσω σοι ὅπου ἐὰν ἀπέρχῃ.

NVMS VIFAS1 NPDS2 JS QV VSPNS2

동사 불변사

⇨ 동사 ἀκολουθήσω는 '교제의 여격'을 지배하는 동사이므로, 여격 σοι를 목적어로 취한다. 이때 σοι는 '교제의 여격'을 표현한다. 동사 불변사 ἐὰν을 통해 '가는 장소'가 확정되어 있지 않았음을 알 수 있다.

예) 고후 3:16. 직역: 그러나 그것 〔그들의 마음들(or 생각들)〕이 주님을 향하여 돌아갈 때는 언제든지 그 덮게는 모두 제거된다.

ἡνίκα δὲ ἐὰν ἐπιστρέψῃ πρὸς κύριον, περιαιρεῖται τὸ κάλυμμα.

JS JC QV VSAAS3 PA NAMS VIPPS3 DNNS NNNS

동사불변사

⇨ 동사 불변사 ἐὰν을 통해 '주께로 돌아가는 것'이 확정되지 못하였음을 알 수 있다. 동사 ἐπιστρέψῃ의 '내적 주어'는 3인칭 단수(그것이)이므로 14절의 τὰ νοήματα αὐτῶν(그들의 생각들)가 될 것이다. 이 τὰ νοήματα αὐτῶν(외적 주어)는 중성복수이므로 단수동사 ἐπιστρέψῃ가 오게 된 것이다. 일치법상 주어가 중성복수이면 단수 동사가 온다.

(4) 불변사의 어의적(語意的) 분류(문맥상 문법 분해)[3]

ἄρα

JH : 추론하여 결론을 내릴 경우에 사용된다.

예)"만일 의롭게 되는 것이 율법으로 말미암**으면** 그리스도께서 헛되이 죽으셨느니라"(For if righteousness come through law then Christ died uselessly, 갈 2:21).

QT : 가능성이 거의 없음을 나타내는 의문문에서 사용된다.

---

3) 이병철 편, 『헬·한·영 대조 신약성경』(서울: 브니엘출판사, 1986), 1277. '목록7' 참조.

예)“주께 기도하라 혹 사하여주시리라”(Ask the Lord if perhaps he will forgive …, 행 8:22).

ἐὰν

JS : 조건문에서 사용. εἰ에 해당된다.

예) “만일 나라가 스스로 분쟁하면 그 나라가 설 수 없고”(Any if a Kingdom is divided against itself, that Kingdom cannot stand, 막 3:24).

QV : 불확정성을 나타낼 경우에 사용. ἄν에 해당된다.

예) “그러나 언제든지 주께로 돌아가면 그 수건이 벗어지리라”(But whenever anyone turns to the Lord, the veil is taken away, 고후 3:16).

εἰ

ADR : JC에 해당되나 특별히 선행사와 함께 사용된다.

예) “너희가 범사에 순종하는지 그 증거를 알고자 하여 내가 이것을 너희에게 썼노라(I wrote in order to know your character, that you are obedient in everything, 고후 2:9) - 이것은 QT(~인지 아닌지)[whether]로 해석될 수도 있다.

JC : 문장을 이루는 명사절에 사용된다.

예) “당신들은 하나님이 죽은 사람 다시 살리심을 어찌하여 못 믿을 것으로 여기나이까”(Why is it judged incredible by you that God raised the dead?, 행 26:8).

JS : 규칙적인 조건문에 사용된다.

예) “만일 너희가 외모로 사람을 취하면 죄를 짓는 것이니” (If you show favoritism, you are sinning, 약 2:9).

QT : “ ~ 인지 아닌지”(whether가 이끄는 명사절), 직접·간접 의문문에 모두 사용된다.

예) “내가 당신에게 말할 수 있느뇨”(Is it all right for me to say something to you? 행 21:37).

ἴδε

QS : 주의를 더 집중시키는데 사용된다.

예) “보소서 내가 또 다섯 달란트를 남겼나이다”(Look! I earned five more talents, 마 25:20).

VMAAS2 : 다른 명령법과 항상 대등하다.

예) “빌립이 가로되 와 보라 하니라”(Philip said to him, Come and see!, 요

1:46).

μέν

JC : 한 항목과 대응되는 것(또는 한 항목과 그 짝)이 각각 동등한 관계에 있을 경우, 뒤에 나오는 그 상대되는 짝이 접속사(δέ 또는 다른 방법으로)로 공공연하게 표기될 필요는 없다.

예) "이제 지체는 많으나 몸은 하나이라"(Μέν. there are many members, δέ. one body, 고전 12:20).

JS : 하나의 항목이 그 대응되는 항목(혹은 짝)보다 열등한 관계에 있을 경우에 사용.

예) "제사장들이 항상 첫 장막에 들어가… 오직 둘째 장막은 대제사장이 홀로 일년 일차씩 들어가되"(The priest regularly enter the μέν first tabernacle, … the second δέ room only the high enters once a year, 히 9:6-7).

QS : 짝을 이루는 구조(δέ 또는 다른 방법으로)가 다음에 계속하여 나오지 않을 경우, 이것은 의도적으로 뜻을 강화하려는 것이거나 저자가 앞에 나온 것의 짝과 혼란을 일으켰을 때 발생할 수도 있다.

예) "만유를 회복하실 때까지는 하늘이 마땅히 그를 받아 두리라"(행 3:21)

μή

AB : " ~ 이 아니다"(not)의 의미로 사용된다.

예) "하나님을 모르는 이방인과 같이"(… just as the nations who do not know God, 살전 4:5).

JC : 문장을 이루는 명사절에 사용된다.

예) "내가 갈 때에 너희를 나의 원하는 것과 같이 보지 못하고 … 두려워하여" (I fear that somehow when I come I may not find you as I wish, 고후 12:20).

JS : '부정 목적'(~ 하지 않기 위하여, in order that not)을 나타내는 부사절에 사용.

예) "그런즉 너희 자유함이 약한 자들에게 거치는 것이 되지 않도록 조심하라"(Watch out that your freedom does not a stumbling block to the weak, 고전 8:9).

QT : 수사 의문 불변사로 사용된다.

예) "너도 그 제자 중 하나가 아니냐"("You are not one of his discples, are you? 요 18:25).

μήποτε

AD : 강한 부정어의 의미. " 결코 ~ 아니다"(never).

예) "유언은 그 사람이 죽은 후에야 견고한즉 유언한 자가 살았을 때에는 언제든지 효력이 **없느니라**"(A will is in force only when someone has died, for it never takes effect while the one who made it is living," 히 9:17).

JC : 문장을 이루는 명사절에 사용된다.

예) "우리는 두려워할지니 … 너희 중에 혹 미치지 못할 자가 있을까 함이라"(Let us be afraid that … any of you be found to have fallen short of it, 히 4;1).

JS : '부정 목적'을 나타내는 부사절을 이끈다.

예) "너희는 스스로 조심하라. **그렇지 않으면**… 마음이 둔하여지고… "(And watch yourselves in order that your hearts not be weighed down with …, 눅 21:34).

QT : '수사 의문 불변사'로 사용. 가능성이 거의 없음을 나타내는 곳에 사용된다.

예) "당국자들은 이 사람을 참으로 그리스도인 줄 알았**는가?**" 요 7:26)

οὐ와 οὐχί

AD : 부정부사 "~ 아니다 "(not)의 의미로 사용.

예) " …거짓말을 하고 진리를 행치 **아니함**이거니와"(we lie and are not doing the truth, 요일 1:6).

QS : *ναί*(Yes!)와 대조됨, 부정적으로 대답하는 불변사(No!)로 사용된다.

예) "대답하되 **아니라**"(And he answered, NO, 요 1:21).

QT : 부정형 '수사 의문 불변사'로 사용된다.

예) "입으로 들어가는 모든 것은 … 알지 **못하느냐**"(You understand, don't you, that everything the mouth…? 마 15:17).

οὐδέ

AD : 부정 부사. " ~ 까지 아니다, ~ 조차 않다"(not even)의 의미로 사용된다.

예) "이세상이라도 이 기록된 책을 두기에 **부족할 줄** 아노라"(I dot not think that even the world itself world itself would be able to hold the book that would be written, 요 21:25).

JC : 계합 부정어" ~ 도 아니하고 …도 역시 ~ 않다"(neither, nor)로 사용된다.

예) "내가 과연 너희를 버리지 **아니하고** 과연 너희를 떠나지 **아니하리라**"(I will never leave you nor forsake you, 히 13:5).

JC : 부정어. " ~ 조차 않다"(nor even)의 의미로 사용된다.

예) "여기서 발 붙일 만큼도 유업을 주지 <u>아니 하시고</u>"(He did not give him an inheritance in it, nor even a square foot of it, 행 7:5).

QT : 부정의 '수사 의문 불변사'로 사용된다.

예) "본성이 너희에게 가르치지 <u>아니하느냐</u>"(For even nature teaches, doesn't it, that …, 고전 11:14).

동 사

동사의 시상(시제), 태 법

헬라어 동사는 모두 시상(시제), 법, 태를 가지고 있다.

1) 시상(시제, Tense)

(1) 제1시상 - 미래적인 시상

① **미래**(Future, F) : 앞으로 일어날 것으로 기대되는 사건이나 진행, 또는 계속될 동작이 나 상태를 미리 말하는 시상.
『 ~ 일 것이다, ~ 할 것이다 』

② **현재**(Present, P) : 현재의 진행이나 계속적인 동작 또는 상태를 나타내는 선적인 시상.
『 ~ 이다(있다), ~ 한다, ~ 하고 있다 』

③ **현재완료**(Perfect, R) : 어떤 동작이 현재에 있어서 이미 완료되었고, 그 결과가 현재에 남아 있는 것을 표시.
『 ~ 이었다, ~ 했다, (지금도) ~ 하고 있다 』

④ **미래완료**(Future perfect) : 신약에는 거의 사용되지 않는다. 고전 헬라어에 사용.
『 ~ 하였을 것이다 』

(2) 제2시상 – 과거적인 시상

① **미완료**(Imperfect, I) : 동작이나 행위가 과거에 진행된 상태, 또는 그 상태가 계속되거나 반복된 것을 나타내는 시상. '반과거'라 하기도 한다. 특히 미완료는 과거에 완성되지 않은 행동을 설명하기 위해 사용된다.
『 ~ 있었다, ~ 하고 있었다, ~ 하곤 했다 』

② **부정과거**(Aorist, A) : 과거의 어떤 때에 어떤 일이 이루어졌거나, 또는 어떤 동작이 행해진 사실을 표시하는 시상. (부정과거의 어원은 ἀ(not) + ὁρίζω(define) = 정함(한계)이 없다.) 『 ~ 이었다, ~ 하였다 』 . '단순과거'라고도 한다.

> *** 부정과거와 미완료의 차이점 ***
> 부정과거 : 과거의 일회적인 단순한 시상을 나타냄.
> 미완료 : 과거의 어떤 동작이 계속, 반복 또는 진행된 상태를 나타냄.

③ **과거완료**(Past perfect, L) : 과거의 어떤 시점에서 그보다 더 먼 과거에 완료된 동작이 과거에 완료되거나 남은 결과, 상태 등을 말할 때 쓰이는 대(大)과거(Pluperfect)라고도 한다. (과거완료는 현재완료를 과거로 옮겨놓은 시상이며, 신약성서에 몇 번 나오지 않는다.
『 (이전에) ~ 이(었)었다, (이전에) ~ 했(었)었다 』

2) 태(Voice)

주어가 동사(행동)와 어떻게 연결되어 있는가를 나타내는 동사적 개념의 고유성을 태(態)라 한다. 다시 말해 '태'(voice)란 주어와 동사가 표현하는 행동의 관계를 지시하기 위하여 동사 변화의 한 독특한 계통(system)의 동사 형태를 말한다. 능동태, 중간태, 수동태가 있다.

(1) 능동태(Active voice, A)

주어가 행동을 하거나 동사적인 개념에 의해 표현된 상태를 나타내는 형태. 즉, 주어가 동사에 의하여 표현된 행동의 행위자(agent)나 행동자(doer)일 때의 동사를 말한다. 주어가 행동하는 경우이다.

예) 요 6:29. 직역: "이것이 하나님의 일이다"

τοῦτό	ἐστιν	τὸ	ἔργον	τοῦ	θεοῦ,
APDNNS	VIPAS3	DNNS	NNNS	DGMS	NGMS
주어	능동태동사		주격보어		

(2) 중간태(Middle voice, M)

능동태와 수동태의 중간 위치에 서며 주어가 행동의 결과에 참여하는 것을 나타내는 일종의 재귀적인(재귀 동사적인) 형태이다. 즉 동사가 나타내는 동작이 주체(주어) 자신에, 또는 자신을 위해 구심적(求心的)으로 적용되는 것을 말한다. 주어가 자기 자신에 행위를 미치는 경우를 말한다.

'자신을 위해'라고 해석. 형식은 수동이나 의미는 능동인 것. 영어의 재귀목적어를 사용한 것과 같은 의미. 예) He killed himself.

예) 막 7:4. 직역: "만일 그들은 (자신을 위해) 깨끗이 씻지 않는다면, 그들은 먹지 않는다"

ἐὰν	μὴ	βαπτίσωνται	οὐκ	ἐσθίουσιν,
JS	AD	VSAMP3	AD	VIPAP3
		중간태		능동태
ἐὰν + 가정법(종속절)			주절	

(3) 수동태(Passive voice, P)

주어가 동사의 행동에 대한 수령자로 나타나는 것. 즉 주어가 다른 것(행위자)에 의해 움직여지거나 영향을 받는 형태. 주어가 다른 행위자에 의해 동사의 행위를 받는 경우이다. 수동태 동사들은 통상적으로 자동사이다. 따라서 목적어를 필요로 하지 않는다.

① 직접적 행위자에 의한 수동태

> * 주어 + 수동태 동사 + ~ ὑπὸ(~ 에 의하여) + 직접 행위자(속격)
> (해석: 주어가 직접 행위자에 의하여 ~ 당하다)

예) 행 22:30. 직역: "그가 유대인들에 의하여 고소를 당했다 "

κατηγορεῖται ὑπὸ τῶν Ἰουδαίων,

VIPPS3 PG DGMP APGMP

(내적주어)수동태동사 ὑπο + 속격 행위자

② **매개적 행위자에 의한 수동태**

> * 주어 + 수동태 동사 + ~ δια(~ 말미암아) + 매개 행위자(속격)
> (해석: 주어가 매개 행위자로 말미암아 ~ 당하다)

예) 요 3:17. 직역: "그 세상이 그로 말미암아 구원받게 하기 위하여"

ἵνα σωθῇ ὁ κόσμος δι' αὐτοῦ.

JS VSAPS3 DNMS NNMS PG NPGMZS

수동태동사 주어 δια + 매개 행위자

③ **비인칭 행위자에 의한 수동태(수단이나 방편을 표시할 때)**

> * 주어 + 수동태 동사 + ~ ἐν(~ 의해) + 비인칭 행위자(여격)
> * 주어 + 수동태 동사 + ~ 무전치사 비인칭 행위자(여격, ~ 로)
> (해석: 주어가 비인칭 행위자에 의해 ~ 당하다)

예1) 행 3:25. 직역: "모든 족속들이 너의 씨에 의해 복을 받게 될 것이다."

ἐν τῷ σπέρματί σου (ἐν)ευλογηθήσονται πᾶσαι αἱ πατριαὶ

PD DDNS NDNS NPGS2 VIFPS3 ANFP DNFP NNFP

ἐν + 비인칭 행위자 수동동사 주어

예2) 엡 2:5. 직역: "너희들은 은혜로 (이미)구원함을 받았다."

χάριτί ἐστε σεσῳσμένοι

NDFS VIPAP2+ +VPRPNMP2

무전치사 행위자 εἰμί 수동태분사(분사의 우설적 현재완료)

> ⇨ 우설적 현재 완료(εἰμί의 현재 + 현재 완료 분사) 구문 형식은 대개 완료된 동작의 현재적 결과를 더욱 강조하는 역할을 한다.

(4) 중간태 · 수동태(Middle·Passive voice, E)

E로 표기된 동사는 현재, 미완료, 현재완료, 과거완료 시제에서만 그 형태가 중간태이거나 수동태일 수 있으며, 문맥상 의미를 통해서도 애매하여 중간태와 수동태 간의 분명한 선택을 허용하지 않는 경우이다. 이러한 형태는 신약 성경에서 단지 2~3회 나타난다(N 즉 '중간태·수동태 디포넌트 동사'는 거의 2000회).

* 동사 ἐγείρω(일어나다)는 모든 수동태형이 수동의 의미를 지닌 것이 아니므로, 문맥을 통해 중간태형인지 수동태형인지를 심사숙고 선택해야 하는 동사다.

예) 히 11:3. 직역: 우리들은 그 모든 세계가 하나님의 말씀으로 창조되었음을 믿음으로 안다. 그 결과 보여지는 것은 나타난 것들로부터 아닌 것으로 (이미) 된 것이다.

Πίστει	νοοῦμεν	κατηρτίσθαι	τοὺς	αἰῶνας	ῥήματι	θεοῦ,
NDFS	VIPAP1	VNRP	DAMP	NAMP	NDNS	NGMS
	주동사	부정사-1		부정사-1의·주	수단(도구)의 여격	

εἰς	τὸ	μὴ	ἐκ	φαινομένων	τὸ	βλεπόμενον	γεγονέναι.
PA	DANS	AD	PG	VPPEGNP	DANS	VPPPANS	VNRA
	부정사-2의 의미상 주격보어				부정사-2의 의·주		부정사-2

⇨ 분사 φαινομένων는 중·수동태(E)의 예를 보여준다. 하지만 우리 눈에 보여진 모든 나타난 것들은 하나님의 창조·섭리로 말미암아 나타나진 것들이므로 자기 스스로가 원인이 될 수가 없다(중간태). 따라서 수동태가 맞다(편저자 주장). 인식동사 νοοῦμεν는 부정사(κατηρτίσθαι)를 보어로 취하는 동사이며, 이 부정사의 의미상의 주어는 αἰῶνας이다. 결과 부정사인 γεγονέναι는 부정사구문의 연계사 기능을 하며 이 부정사의 의미상의 주어는 "τὸ βλεπόμενον"이며, 의미상의 주격보어는 "τὸ μὴ ἐκ φαινομένων"이다.

(5) 디포넌트 동사(Deponent Verb) : 불규칙적인 태

코이네 헬라어 타동사는 능동태, 중간태, 수동태 등 3가지 형태를 다 취한다. 하지만 능동태의 형태를 취하지 않는 동사가 있는데, 이러한 동사를 디포넌트 동사(Deponent Verb)라 한다. 디포넌트 동사의 형태는 중간태나 수동태이지만 그 의미는 능동태이다. 따라서 모두 능동태로 번역한다.

영어 Deponent라는 말은 라틴어 Deponentia에서 차용되었는데, 이 말은 라틴어 deponere(버리다)에서 유래하였다. 즉 중간·수동적인 의미를 버리고 능동적인 의미를 가진다는 뜻이다. 그리고 디포넌트 동사는 일반적으로 중간태형의 부정과거와 미래 시제를 취한다.

① **중간태 디포넌트 동사**(D) : 부정과거(or 미래) 중간태형을 취하는 디포넌트 동사.

예) χαριζομαι(기뻐하다) ⇨ ἐχαρισαμην(부정과거 중간태)을 취한다.

② **수동태 디포넌트 동사**(O) : 부정과거(or 미래) 수동태형을 취하는 디포넌트 동사.

예) ἐνθυμεομαι(숙고하다) ⇨ ἐνεθυμηθην(부정과거 수동태)을 취한다.

③ **중간태·수동태 디포넌트 동사**(N) : 한 동사의 부정과거가 중간태형과 수동태형을 취하기 때문에(부정과거 수동형은 진정한 수동태가 아님) 중간태 겸 수동태 디포넌트 동사라 함.

예) γινομαι(되다, 발생하다)
⇨ ἐγενομην(부정과거 중간태형)과 ἐγενηθην(부정과거 수동태형)을 모두 취함.

④ **능동태형와 중간태형의 의미가 전혀 다른 동사.**

예) ἄρχω(능동태 – '지배하다') ⇔ ἄρχομαι(중간태 – '시작하다')

3) 동사의 법(話法, Mood)

헬라어 동사의 법에는 직설법, 가정법(접속법), 희구법, 명령법 네 종류가 있다. 이 네 법들은 인칭이 어미에 따라 정해지기 때문에 **한정형**(finite, 限定形)이라 부른다. 이들과 달리 부정사와 분사는 **부정형**(Infinite, 不定形)에 속한다. 그리고 부정사는 가끔 법으로 취급되며, 엄밀한 의미에서 '동사적 명사'(verbal noun, 명사의 특성을 지닌 동사형)로서 본래 여격의 형태이다.

(1) 직설법(VI, Indicative)

단순히 사실이나 사물에 대하여 진술 또는 질문을 나타낸다.

① **서술 직설법** – 사실을 그대로 진술 또는 묘사.

예) 요 1:1. 직역: "태초에 그 말씀이 존재하고 있었다."

Ἐν ἀρχῇ ἦν ὁ λόγος,

PD NDFS VIIAS3 DNMS NNMS

직설법

② **의문 직설법** - 사실을 단순히 질문하는 것.

예) 요 1:38. 직역: "너희들은 무엇을 찾느냐? "

Τι ζητειτε;

APTANS VIPAP2

③ **명령** (미래 직설법) - 미래 직설법은 때때로 명령을 나타낸다.

예) 약 2:8. 직역: "너는 너의 이웃을 너 자신처럼 사랑할 것이다(or 사랑하라)"

Ἀγαπήσει ς τὸν πλησίον σου ὡς σεαυτ όν.

VIFAS2 ㅁ VMPA—YS DAMS APAMS NPGS2 JS NPAMS2

재귀대명사

⇨ ㅁ 기호는 " ~ 로 사용되다, 기능하다" 라는 뜻이므로, 문맥상 VMPAS2으로도 기능할 수 있다는 것이다. 따라서 직설법이 명령형으로 기능한다는 뜻이다.

④ **조건 직설법(εἰ+직설법)** - 현재와 과거적인 조건이나 사실과 반대되는 조건을 나타낸다.

* 현재와 과거적인 조건

εἰ + 직설법 현재 : 현재적 조건

εἰ + 직설법 과거 : 과거적 조건

(ἐάν + 가정법 : 미래적 조건)

* 사실과 반대되는 조건

εἰ + 직설법 미완료 : 계속적인 행동 표시

εἰ + 직설법 과거완료 : 완료된 행동표시

예1) 약 2:9. 직역: "그리고 만일 너희들이 (현재) 차별하여 대우한다면, 너희들은 죄를 범한(행한) 것이다."

εἰ δὲ προσωποληµπτεῖτε, ἁµαρτίαν ἐργάζεσθε,

JS JC VIPAP2 NAFS VIPNP2

⇨ 『εἰ + 직설법 현재 』는 현재적 조건을 나타낸다.

예2) 행 11:17. 직역: "만일 하나님이 역시 우리에게처럼 그들에게 그 동일한 선물을 주셨다면 ~ , 내가 누구이기에 그 하나님을 능히 막을 수가 있었겠느냐? "

εἰ τὴν ἴσην δωρεὰν ἔδωκεν αὐτοῖς ὁ θεὸς ὡς καὶ

JS DAFS AAFS NAFS VIAAS3 NPDMP3 DNMS NNMS ADR JC

ἡμῖν ~ , ἐγὼ τίς ἤμην δυνατὸς κωλῦσαι τὸν θεόν;

APTNMS1 NPNS1 APTNMS1 VIIMS1 ANMS VNAA DAMS NAMS

⇨ 『εἰ + 직설법 과거』는 과거적 조건을 나타낸다.

예3) 요 11: 21. 직역: "만일 당신이(주께서) 여기 계셨더라면 나의 형제가 죽지 않았을 것입니다."

εἰ ἦς ὧδε οὐκ ἂν ἀπέθανεν ὁ ἀδελφός μου·

JS VIIAS2 AD AD QV VIAAS3 DNMS NNMS NPGS1

⇨ 『εἰ + 직설법 미완료』는 '계속적인 행동'을 표시한다. ἂν이 동사 앞에서 QV(동사 접두사)로 분해될 때는 '불확정성'을 나타낸다. 즉 나사로의 죽음이 확정적이지 않다는 의미다.

예4) 행 26:32. 직역: "만일 이 사람이 가이사에게 호소하지 않았었더라면, "

ὁ ἄνθρωπος οὗτος εἰ μὴ ἐπεκέκλητο Καίσαρα.

DNMS NNMS ADNMS JS AD VILMS NAMS

⇨ 『εἰ + 직설법 과거완료』는 '완료된 행동'을 표시한다.

⑤ **역사적 현재 직설법** - 과거의 사실을 현재처럼 생생하게 묘사하는 것.

예) 막 14:17. 직역: "저녁이 되었을 때에, 그는(예수) 열둘과 함께 왔다."

Καὶ ὀψίας γενομένης ἔρχεται μετὰ τῶν δώδεκα.

JC AGFS VPADGFS VIPNZS PG DGMP APCGMP

속격명사 독립속격분사 역사적 현재

⇨ 독립속격분사구문이란, 분사의 의미상의 주어와 주동사 ἔρχεται의 주어(예수)와 일치하지 않는 경우, 분사의 의미상의 주어를 따로 독립적으로 내세우는데, 속격(명사, 대명사)으로 나타내며 분사 역시 속격 형태로 나타난다. 따라서 속격분사 γενομένης의 의미상의 주어는 ὀψίας다. 동시에 이 속격분사구문은 '시간'을 나타내는 관계분사구문이다(~ 때에). 동사 ἔρχεται의 현재는 과거의 사실을 현재처럼 생생하게 묘사하므로 '역사적 현재'라고 표현한다.

(2) 가정법(VS, Subjunctive)

비실재적인 일, 혹은 추측하는 개연성(Probability)이나 가능성(possibility)을 가상하는 법이다. 가정법의 시상은 가상하는 것이기 때문에 시간 개념은 없고 동작의 개념만 가지고 있다.

> * **현재 가정법** - 동작의 계속이나 반복을 나타냄(선(線)적인 동작).
> * **부정과거 가정법** - 단순히 일회적 동작의 발생을 나타냄(점(點)적인 동작).

① 권고적 가정법

어떤 행동이나 상태에 함께 참여하도록 권유하는 것. 1인칭 복수 주어가 사용된다. 간혹 1인칭 단수가 사용될 때도 있다. 해석은 『우리가 ~ 함께 ~ 합시다』 이다.

예) 요일 4:7. 직역: "사랑하는 자들이여! 우리는 서로 함께 사랑합시다."

Ἀγαπητοί,	ἀγαπῶμεν	ἀλλήλους,
APVMP	VSPAP1	NPAMP1
	가정법	상호대명사

> ⇨ 동사 ἀγαπῶμεν(1인칭 복수)는 '권고적(hortatory) 가정법'을 나타낸다. 이는 화자의 주변에 있는 다른 사람으로 하여금 어떤 행동이나 상태에 함께 참여하도록 권유할 때 쓰이는 표현법이다.

② 금지 가정법

금지나 부정적 간구, 소원을 나타내는 것. 이 때 부정어는 μὴ가 사용되며, 단순과거 시상과 2인칭이 사용되어 '금지'를 나타내는 '명령'으로 사용된다. 그리고 아직 동작을 취하지 않았는데 사전에 주의를 주는 경우나 동작을 시작할 때 어떤 일을 금지시키는 경우에 사용된다. 해석은 『너는 ~ 하지 말라』

예) 마 6:13. 직역: "그리고 당신은 우리를 시험 속으로 들어가지 못하게 하소서"

καὶ	μὴ	εἰσενέγκῃς	ἡμᾶς	εἰς	πειρασμόν,
JC	AD	VSAAS2	NPAP1	PA	NAMS
		가정법			

> ⇨ 『μὴ + 부정과거 가정법(2인칭단수)』 는 '금지(prohibition) 가정법'을 나타낸다.

③ 강한 부정 가정법

미래적인 강한 부정의 뜻을 나타내며, 부정과거 시상을 취하여 미래적인 강한 부정을 나타낸다. 신약에 90회 사용.

* οὐ μὴ + 부정과거 가정법 : 『결코 ~ 하지 못할 것이다.』
(οὐ μὴ + 미래 직설법 : 『결코 ~ 하지 못할 것이다.』)

예1) 마 5:20. 직역: "너희들은 결코 천국(하늘들의 나라)에 들어가지 못할 것이다."

οὐ μὴ εἰσέλθητε εἰς τὴν βασιλείαν τῶν οὐρανῶν.

AD AD VSAAP2 PA DAFS NAFS DGMP NGMP

부정과거 가정법

⇨ 『οὐ μη + 부정과거 가정법』는 '강한 부정(emphatic negation)의 가정법'을 나타낸다. 이는 미래의 강한 부정의 뜻을 나타낸다.

예2) 마 26:35. 직역: "나는 결코 당신을 부인하지 않을 것입니다."

οὐ μή σε ἀπαρνήσομαι.

AD AD NPAS2 VIFDS1

미래 직설법

⇨ 『οὐ μή + 미래 직설법』 역시 미래의 강한 부정을 나타낸다.

④ 협의의 가정법

자기 자신이나 다른 사람에게 해야 할 것을 협의하는 것처럼 물어볼 때 사용하는 가정법이다.

예) 고전 11:22. 직역: "내가 너희에게 무엇을 말하겠느냐? "

τί εἴπω ὑμῖν;

APTANS VSAAS1 NPDP2

가정법

⇨ 동사 εἴπω는 '협의적(deliberative) 가정법'을 나타낸다. 이는 명령적인 질문을 기대하는 질문에 사용된다.

⑤ 숙고의 가정법

자기 자신이나 다른 사람에게 해야 할 것을 숙고하는 것처럼 물어볼 때 사용하는 가정법이다.

예) 행 4:16. 직역: “우리가 이 사람들에게 무엇을 행할 것인가?”

τί ποιήσωμεν τοῖς ἀνθρώποις τούτοις;

APTANS VSAAP1 DDMP NDMP ADDMP

가정법 지시대명사

⑥ **조건 가정법**

미래적 실현의 가능성이 강한 가정을 나타낸다. 미래적 조건 가정법은 미래적인 조건을 나타내기 때문에 시상(시제)에는 간섭을 받지 않는다.

* ἐὰν + 가정법: 『만일 ~ (장차) ~ 한다면』 (ἐὰν은 εἰ + ἄν의 결합 형태)
* ἐὰν μὴ + 가정법: 『만일 ~ (장차) ~ 하지 않는다면』

예1) 마 17:20. 직역: “만일 너희들이 (장차) 겨자씨 같은 믿음을 소유한다면,”

ἐὰν ἔχητε πίστιν ὡς κόκκον σινάπεως,

JS VSPAP2 NAFS JS NAMS NGNS

(ἐὰν + 가정법)

예2) 딤후 2:5. 직역: “만일 어떤 사람이 (장차) 법에 따라 경기하지 않는다면 왕관이 씌워지지 않게 된다.”

οὐ στεφανοῦται ἐὰν μὴ νομίμως ἀθλήσῃ.

AD VIPPS3 JS AD AD VSAAS3

(ἐὰν μὴ + 가정법)

* **ἐὰν + 가정법** : 미래적인 조건.
* **εἰ + 직설법** : 현재나 과거의 조건, 사실과 반대되는 조건.

⑦ **목적 가정법**

목적이나 의도를 나타낸다.

* **ἵνα + 가정법** : 『 ~ 하기 위하여, ~ 하려고』,
* **ὅπως + 가정법** : 『 ~ 하기를, ~ 하려고』

예1) 요 1:7. 직역: "이것(이사람)은 그 빛에 대하여 증거하기 위하여 증거하러 왔다."

οὗτος ἦλθεν εἰς μαρτυρίαν ἵνα μαρτυρήσῃ περὶ τοῦ φωτός,

APDNMS VIAAS3 PA NAFS JS VSAAS3 PG DGNS NGNS

(ἵνα + 가정법)

예2) 마 2:8. 직역: "나도 가서 그를 경배하도록 너희들은 나에게 소식을 전하라,"

ἀπαγγείλατέ μοι, ὅπως κἀγὼ ἐλθὼν προσκυνήσω αὐτῷ.

VMAAP2 NPDS1 JS AB&NPNS1 VPAANMS1 VSAAS1 NPDMS3

명령법 분사구문

⇨ 분사 ἐλθὼν는 동작이 주동사 προσκυνήσω보다 논리적으로 선행하는 '부대상황'을 나타내는 분사구문이다. 『 ὅπως + 가정법 』은 '목적이나 의도'을 나타내는 부사절을 이끈다.

⑧ **ἕως 가정법** (~까지)

* **ἕως + ἀν + 가정법** : 아직 일어나지 않은 미래의 가상적 동작을 말할 경우.
(**ἕως + οὗ + 직설법** : '과거의 실제적인 동작이 일어나는 시간까지'를 나타냄)

예) 마 5:18. 직역: "그 하늘과 그 땅이 지나가기(or 소멸되기) 까지 ~"

ἕως ἂν παρέλθῃ ὁ οὐρανὸς καὶ ἡ γῆ,

JS QV VSAAS3 DNMS NNMS JC DNFS NNFS

(ἕως + ἀν + 가정법)

(3) 희구법 또는 소원법(VO, Optative)

어떤 기대나 소원을 나타내거나 or 어떤 사건의 가능성을 나타낼 때 사용하는 법이다. 희구법은 미래에 이루어질 가능한 동작을 취급하는 법이다. 또한 희구법과 가정법은 아주 밀접한 관계에 있다.

희구법	가정법
약화된 가정법 주관적으로 가능한 동작 가정법보다 현실에서 한 단계 더 멀리 떨어짐 가정법보다 훨씬 더 회의적인 확신 소원의 정도가 감소됨	개연성의 법 가능성이 있는 희구법 객관적으로 가능한 동작

① **소원적**(or 기도) **희구법**(『~을 원하다, ~을 바라다, ~을 기대하다』).

예) 벧전 1:2. 직역: "은혜와 평강이 너희에게 풍성해 지길 원한다."

Χάρις	ὑμῖν	καὶ	εἰρήνη	πληθυνθείη.
NNFS	NPDP2	JC	NNFS	VOAPS3

② **가능적**(or 가정) **희구법**

ἂν(QV)과 함께 사용되어, 가정법보다 더 희박한 가능성을 나타냄. 불확정성을 의미하는 ἂν은 해석하지 않거나 '아마', '대체'로 해석.

예) 행 17:18. 직역: "대체 이 수다쟁이가 무엇을 말하려고 하는가? "

τί	ἂν	θέλοι	ὁ	σπερμολόγος	οὗτος	λέγειν;
APTANS	QV	VOPAS3	DNMS	APNMS	ADNMS	VNPA

③ **의사 타진적 희구법**

간접적인 수사 의문문을 나타낼 때, 곧 마음에 의심을 품었을 때 사용. 직접 의문문은 직설법이나 가정법 문장이 사용된다.

예) 행 17:11. 직역: "이것이 이와 같은 지를 날마다 성경을 자세히 조사하여 ~"

καθ'	ἡμέραν	ἀνακρίνοντες	τὰς	γραφὰς	εἰ	ἔχοι	ταῦτα	οὕτως.
PA	NAFS	VPPANMP	DAFP	NAFP	QT	VOPAS3	APDNNP	AD

⇨ εἰ가 QT로 분해될 때는 접속사 "whether"(~ 인지 아닌지)가 이끄는 명사절을 나타낸다. 직접/간접의문문에 모두 사용됨.

(4) 명령법(VM, Imperative)

명령이나 간구를 나타내는 의지(Volition)의 법이다. 즉 의지적으로 가능한 어떤 존재의 동작이나 상태를, 다시 말해, 그 의지의 결과가 이루어질 동작이나 상태를 표현한다. 또 명령법은 다른 사람의 의지에다 자기의 강요적 의지를 발하는 시도라고 할 수 있으므로, 현실성과 가장 거리가 멀다고 할 수 있다. 이 외에도 권고, 허락, 조건, 양보 등을 나타내기도 한다.

신약성경은 주로 2인칭과 3인칭의 현재와 단순과거 명령법이 나타난다.

① **명령법의 시상**

명령법은 개연성이나 가능성을 말하는 것이 아니라 일방적인 의지를 나타내는 것이므로 시상의 구별이 없고 단지 동작의 차이만 있다.

a. **현재명령법** : 계속이나 반복되는 동작을 명령하는 경우.

예) 요 14:1. 직역: "(너는) 하나님을 (계속적으로) 믿으라."

πιστεύετε εἰς τον θέον

VMPAP2 PA DAMS NAMS

b. **부정과거 명령법** : 일시적인 동작을 명령하는 경우.

예) 요 20:22. 직역: "(너는) 성령을 (단번에) 받아라."

Λάβετ ε πνεῦμα ἅγιον·

VMAAP2 NANS AANS

c. **현재완료 명령법** : 일시적인 동작에서 결과의 계속을 명령하는 경우.

예) 막 4:39. 직역: "(너는) 잠잠하라."- 잠잠한 후에 그 결과가 현재 계속 남아있는 동작.

πεφίμωσο

VMRPS2

② 직접 명령

타인에게 직접 명령(~ 하라).

예) 마 5:44. 직역: "(너희들은) 너희들의 원수들을 사랑하라"

ἀγαπᾶτε τοὺς ἐχθροὺς ὑμῶν

VMPAP2 DAMP APAMP NPGMP

③ 금지 명령

μὴ 와 이미 진행 중인 동작을 멈추게 하기 위하여 사용. 그리고 금지 명령일 경우, '부정과거 가정법'과 '미래 직설법'이 명령의 의미로 사용되는 일이 많다.

예) 고전 6:9. 직역: "(너는) 미혹받지(or 빗나가게 인도함을 받지) 말라."

μὴ πλανᾶσθε·

AD VMPPP2

⇨ 이 문장은 이미 미혹을 받고 있는 상태이므로(진행 중인 동작) 미혹받지 말도록 금지 명령을 내리고 있다.

a. 『 μὴ + 부정과거 가정법 』 - 금지 명령(동작의 시작을 금지)

예) 마 6:13. 직역: "당신은 우리를 시험 속으로 들어가지 못하게 하소서(하라)"

μὴ εἰσενέγκῃς ἡμᾶς εἰς πειρασμόν,

AD VSAAS2 NPAP1 PA NAMS

(『μὴ + 부정과거 가정법』)

b. 『 οὐ + 미래 직설법 』 - 금지 명령

예) 마 19:18-19. 직역; "살인하지 말라, 감음하지 말라, 도둑질하지 말라, 거짓증거하지 말라."

οὐ φονεύσεις, οὐ μοιχεύσεις, οὐ κλέψεις, οὐ ψευδομαρτυρήσεις,

AD VIFAS2 AD VIFAS2 AD VIFAS2 AD VIFAS2

(「 οὐ + 미래 직설법」) (「 οὐ + 미래 직설법」) (「 οὐ + 미래 직설법」) (「 οὐ + 미래 직설법」)

④ **간구나 요청의 명령**

간절한 소원. 즉 명령의 강도가 요청의 정도로 약화될 때 사용. 이것을 번역할 때, 『제발, 좀』 (please!)을 사용하면 의미가 살아난다.

예) 눅 17:5. 직역: "(제발), (당신은) 우리에게 믿음을 더하여 주소서(더하라)."

πρόσθες ἡμῖν πίστιν.

VMAAS2 NPDP1 NAFS

⑤ **허락의 명령**

다른 사람의 요구나 간청에 대한 승낙을 주기 위하여 사용.

예) 고전 7:15. 직역: "그리고 만일 믿지 아니하는 자가 분리된다면, 분리되게 하라."

εἰ δὲ ὁ ἄπιστος χωρίζεται, χωριζέσθω·

JS JC DNMS APNMS VIPPS3 VMPPS3

⑥ **양보의 명령**

신약 성경에서 2가지 가능한 예(엡 4:26; 요 7:52)를 들 수 있다. 이들 양보를 나타내는 명령은 και로 연결되어 있다. 『비록 ~ 할지라도 ~ (너는) ~ 하라』

예) 엡 4:26. 직역: "너가 (비록) 분노할지라도, 너는 죄를 범하지 말라."

ὀργίζεσθε καὶ μὴ ἁμαρτάνετε·

VMPNP2 JC AD VMPAP

⑦ **3인칭 명령**

명령하는 자가 동작의 주체가 된다.

『~ 되게 하라, ~ 하게 하라, ~ 하여야 한다(당위)』 로 해석된다.

예) 마 6:9. 직역: "당신의 이름이 거룩히 여김을 받게 하옵소서(or 하여야 합니다)."

ἁγιασθήτω τo ὄνομά σου·

VMAPS3 DNNS NNNS NPGS2

(5) 부정사(VN, Infinite) : 동사적 명사(Verbal nouns)

동사가 명사처럼 쓰이는 일종의 법(法)이며, 따라서 두 품사의 성질을 함께 가진다. 다시 말해서 부정사가 동사로 쓰일 때는 의미상 주어(대격) 또는 부사, 또는 목적어(대격, 여격, 속격-각 동사에 따라서)를 가지고, 명사로 쓰일 때는 주어, 목적어, 보어로 쓰인다. 또는 관사+부정사도 명사적이다.

부정사의 용법은 문장론(Syntax)에서 다루기로 한다.

(6) 분사(VP, Participle) : 동사적 형용사(Verbal Adjective)

동사와 형용사의 특징을 함께 지니고 있는 법(法)이며, 역시 두 품사의 성질을 함께 가진다. 다시 말해서, 형용사적으로 쓰일 때는 명사를 수식하거나(이때, 반드시 수식하는 명사와 성, 수, 격이 일치), 관사를 취하기도 한다(영어에서 the + 형용사는 복수보통명사). 또한 분사가 동사적으로 쓰일 때는 목적어, 주어(독립속격분사구문일 때는 주어는(대)명사의 속격), 부사적 수식어를 가지기도 한다. 분사의 특별 용법으로 독립속격분사구문은 주문 장과는 하등의 관계없이 독립적으로 사용되는 문장을 말한다.

분사의 용법은 문장론(Syntax)에서 다루기로 한다.

복합 연결 부호

복합 연결 부호(Link Code)

1) 네모 부호(□, Square Code) 또는 별표(*, Asterisk Code)

이 부호는 " ~ 로 사용되다", 혹은 " ~로 기능하다" 라는 의미이다.

예1) 행 26:11. 직역: 내가(사울) 그들에게 대단히 격노하였기 때문에 그 <u>성읍 밖에</u>(□ - 외 부의 성읍)까지 가서도 (계속해서- 미완료) 핍박하였다(박해하였다).

περισσῶς ἐμμαινόμενος αὐτοῖς ἐδίωκον ἕως καὶ εἰς τὰς ἔξω πόλεις

AD <u>VPPNNMS1</u> NPDMP3 VIIAS1 PG AD PA DAFP <u>AD□AAFP</u> NAFP

분사 네모 부호(□)

⇨ 분사는 주동사를 수식하는 '이유(원인)'을 나타내는 관계분사구문이다. 부사 ἔξω는 형용사(AAFP)로 기능하면 형용사 '밖의'(outer), '바깥쪽의, 외부의'(outside)의 뜻을 가진다. 즉 "외부의 성읍- 예루살렘 성 밖의 다른 성읍들"

예2) 요 14:15. 직역: 만일 너희들이 나를 사랑한다면, 너희들은 나의 그 계명을 지킬 것이다(□ - **너희들은 (계속해서) 지켜라**).

Ἐὰν ἀγαπᾶτέ με, τὰς ἐντολὰς τὰς ἐμὰς τηρήσετε·

JS VSPAP2 NPAS1 DAFP <u>NAFP</u> DAFP <u>AAFP1</u> <u>VIFAP2□VMPAP2</u>

네모 부호(□)

⇨ 『ἐὰν + 가정법』는 '미래적인 조건'을 나타내며(만일 ~ (장차) ~한다면), '현재명령법'(VMPAP2)는 계속이나 반복되는 동작을 명령하는 경우. 관사를 취한 소유형용사 ἐμὰς는 관사를 취한 명사 ἐντολὰς를 수식하는 한정적 용법을 나타냄.

2) 앰퍼샌드 부호(& , Ampersand Code)

이 부호는 두 개의 단일한 약어표들을 필요로 하는 경우, 즉 모음융합(Crasis)과 그에 유사한 예문의 경우에 단일 약어표로 연결시켜주는 부호이다.

예) 요 11:25. 직역: 나를 믿고 있는 자는 **만일** 죽어**도** 그는 살 것이다.

ὁ πιστεύων εἰς ἐμὲ κἂν ἀποθάνῃ ζήσεται,

DNMS VPPANMS PA NPAS1 AD&JS VSAAS3 VIFMS3

분사 앰퍼샌드 부호(&)

⇨ κἂν은 " καί(AD) + ἐάν(JS) "의 '모음융합'의 경우이므로, " ~도 만일 ~이라면".

예) 요 15:9. 직역: 아버지께서 나를 사랑하셨던 것 같이, 나도 너희들을 사랑했다.

Καθὼς ἠγάπησέν με ὁ πατήρ, κἀγὼ ὑμᾶς ἠγάπησα·

JS VIAAS3 NPAS1 DNMS NNMS AD&NPNS1 NPAP2 VIAAS1

앰퍼샌드 부호(&)

⇨ κἀγὼ(AD&NPNS1)는 κἀγὼ『καί(AD) + ἐγώ(NPNS1)』의 '모음융합'이므로, "나도"로 해석되며, 또한 눅 2:48에서는 κἀγὼ(JC&NPNS1)가 καί(JC) + ἐγώ(NPNS1)의 모음 융합이므로, "그리고 나는" 으로 해석됨.

* 앰퍼샌드(&, 앤드 기호)의 역사 *

앰퍼샌드는 ' ~와(과)'를 의미하는 기호이다. 영어의 "and"에 해당하는 라틴어의 'et'의 합자로, 'etc.'를 '&c.'로 쓰기도 했다. Z 다음에 해당하는 27번째 라틴 문자 알파벳으로 여겨졌던 시기도 있었다.

3) 슬래쉬 부호(/ , Slash Code)

이 부호는 "혹은"(or)을 의미한다. 특히 이 부호는 다음의 2가지 경우에 사용된다.

① 이 부호는 해석자 스스로 견해에 따라 양자택일의 경우에 사용된다.

예) 요 15:20. 직역: 내가 너희들에게 말했던 바 그 말씀을 너희들은 기억하고 있다(VIPAP2) or 너희들은 기억하라(VMPAP2).

μνημονεύετε τοῦ λόγου οὗ ἐγὼ εἶπον ὑμῖν·
VIPAP2/VMPAP2 DGMS NGMS APRGMS□APRAMS NPNS1 VIAAS1 NPDP2
슬래쉬 부호(/) 네모 부호(□)

⇨ 동사 μνημονεύετε는 해석자의 견해에 따라 '현재 직설법' 또는 '현재 명령법'으로 양자택일을 해야만 한다. 즉 현재 직설법(능동태 2인칭 복수)과 현재 명령법(능동태 2인칭 복수)는 문법이 동일하게 분해되기 때문이다. 관계대명사 οὗ가 '속격·남성·단수'(APRGMS)로 분해된 것은 문법적으로 선행사가 '속격·남성·단수 명사(NGMS)'이기 때문이며, 하지만 '(APRAMS)로 기능한다' 라고 하는 것은 문맥상으로 볼 때, 관계대명사가 '대격·남성·단수 관계대명사이어야 하는 것이다. 따라서 '속격·남성·단수'(APRGMS)로 분해된 것은 관계대명사가 선행사의 격에 끌리는 '직접견인'(Directive Attraction)의 현상 때문이다. 또 선행사가 대격이 아니고 속격명사가 위치하게 된 것은 동사 μνημονεύετε가 '속격지배동사'로서 속격명사를 목적어로 취했기 때문이다.

② 이 부호는 한 단어 안에 편집상의 괄호가 있는 경우에 사용된다.

예) 계 16:6. 직역: 그들이 성도와 선지자들의 피를 흘렸고 너희가 그들에게 피를 마실 것을 부여했기 때문에, 그것은 합당하다.

ὅτι αἷμα ἁγίων καὶ προφητῶν ἐξέχεαν καὶ αἷμα αὐτοῖς (δ)έδωκας
JS NANS APGMP JC NGMP VIAAP3 JC NANS NPDMP3 VIRAS2/VIAAS2
종속접속사 슬래쉬 부호(/)

πιεῖν, ἄξιοί εἰσιν.
VNAA ANMP VIPAP3
주절

⇨ 동사 (δ)έδωκας는 원형 δίδωμι가 편집상으로 'VIRAS2'분해형(parsing)이 δέδωκας, 'VIAAS2'분해형이 έδωκας이라는 것을 보여준다. 『ὅτι+직설법』 은 '이유'를 나타내는 부사절을 이끈다. 부정사 πιεῖν는 무관사로 동사의 목적어로 사용된 '명사적 용법'을 나타낸다. 이 문장은 주절 한 개에 종속절이 2개인 복문이다.

4) 칼 부호(†, Dagger Code) 또는 역슬래쉬 부호(\, Backslash Code)

이 부호는 "혹은"(or)을 의미하며, 극소수의 경우에만 사용된다. 즉 사본상의 차이가 있는 경우에 사용된다.

예) 마 26:45. 직역: 그 때에 그가(예수) 그의 제자들을 향해 오셨서, 그리고 그들에게 "너희들은 계속해서 더 잠자고 쉬고 있으냐?(or 너희들은 계속해서 더 자고 쉬어라.)"라고 말씀하셨다.

τότε ἔρχεται πρὸς τοὺς μαθητὰς καὶ λέγει αὐτοῖς·

AD VIPNS3 PA DAMP NAMP JC VIPAS3 NPDMP3

Καθεύδετε (τὸ) λοιπὸν καὶ ἀναπαύεσθε;

VIPAP2†VMPAP2 DANS APANS JC VIPMP2†VMPMP2

칼 부호(†) 칼 부호(†)

⇨ 이 문장은 직접화법 형식의 문이다. 즉 "전달부+피전달부(인용문)"의 형식문이다. 피전달부는 대문자로 시작되는 문이다. 이는 영어의 " " (인용부호)와 상당하다. 각 동사의 시제(시상)가 '역사적 현재형'을 나타내므로 과거의 사실을 현재처럼 생생하게 묘사하고 있는 장면이다. (τὸ) λοιπὸν는 관용어로서 부사적 대격을 나타낸다(더 계속해서).

칼 부호(†)로 인해, 한글 개역 성경과 KJV는 본문을 명령문으로 번역하였다 (KJV, Sleep on now, and take your rest). 반면 NIV(Are you still sleeping and resting?)와 RSV(Are you still sleeping and taking your rest?)는 이를 의문문으로 번역하였다. 공동번역도 '아직도 자고 있느냐?'로 번역하여 후자의 입장을 취하고 있다. 이와 같은 차이는 UBS3판의 본문이 의문 부호 (;)를 사용한 반면, 표준 원문 (Textus Receptus)은 콜론 부호(·)를 사용한 것에서 비롯된다. 문맥적으로 볼 때, 예수님의 탄식의 의미가 내포된 의문문이 더 적합할 듯하다. 그러나 명령문으로 본다고 하더라도 이제 깨어 있더라도 별 소용이 없을 정도로 상황이 급박해 졌다는 사실을 역설적으로 보여 주는 명령으로 이해할 수 있으므로 큰 무리는 없다.

*** 칼표(dagger)의 역사 ***

칼표(dagger)는 타이포그래피 기호이다. 유니코드상 U+2020 †, HTML상 † 또는 † 로 표현된다. 고대 그리스 철학자들이 필사본에 사용한 ÷ 기호에서 유래되었다.

5) 플러스 부호(+ , Plus Code)

이 부호는 문장 안에 있는 단어들 사이의 밀접한 관계를 나타낼 때 사용된다. 특히

① 분사나 부정사의 우설적 용법인 경우, 서로 양쪽에 표기된다.

예) 요 10:40. 직역: 요한이 처음으로 세례를 주고 있었던 곳(요단강 건너, 그 지점으로 다시 가셨다 - 생략).

ὅπου ἦν Ἰωάννης τὸ πρῶτον βαπτίζων

ABR VIIAS3+ NNMS DANS APOANS +VPPANMS

플러스 부호(+) 플러스 부호(+)

⇨ 미완료 동사 ἦν와 현재분사 βαπτίζων가 **플러스 부호(+)**로 연결되어 있으므로, 이 문장은 『εἰμί의 미완료 + 현재 분사』 구조의 분사 βαπτίζων의 '우설적 미완료' 용법이다. 즉 미완료 자체가 진행적인 의미를 갖고 있지만, 저자가 에둘러서 표현하고자 할 때 사용하는 구문 형식이다.
ὅπου는 장소를 나타내는 관계부사이므로 선행사는 본 절 전반부의 τόπον이다. τὸ πρῶτον는 관용구로서 부사적 대격이다(처음으로).

② 이 부호는 관계대명사에 포함된 선행사의 비정상적 위치(후치- 즉 후행사)를 나타낼 때 사용된다.

예) 눅 1:4. 직역: 당신이(데오빌로) 귀에 들린(배우게 된) 바 말씀에 관하여 그 확실함을 완전히 알게 하기 위함입니다.

ἵνα ἐπιγνῷς περὶ ὧν κατηχήθης λόγων τὴν ἀσφάλειαν.

JS VSAAS2 PG APRGMP+□APRAMP VIPAS2 NGMP DAFS NAFS

주동사 플러스 부호(+) 후행사

⇨ ἵνα(JS)가 이끄는 절은 '목적'을 나타내는 부사절(종속절)을 나타낸다. 관계대명사 ὧν의 선행사 λόγων가의 위치가 관계대명사 선행하지 않고 후치되어 있으므로 " + "부호가 사용되었다. 그리고 이 선행사가 문맥적으로 대격이어야 함에도 속격이 된 것은 속격관사(περι)의 지배를 받기 때문이다. 따라서 관계대명사역시 대격이어야 함에도 속격이 오게 된 것이다. 이처럼 관계대명사의 격(대격)이 선행사(속격)에 이끌리어 속격이 된 것을 '직접견인' (Directive Attraction)이라 한다. 그리고 관계대명사에 '네모부호'(□)를 표기하여 관계대명사가 문맥적으로 APRAMP로 기능한다는 것을 나타내고 있다.

③ 이 부호는 인접어들이 각각 분리된 단어들로 간주될 수 있기도 하고(QS와 JC), 단일 단어(QS)로 분해된 것으로 간주될 수도 있을 때 사용된다.

예) 롬 11:13. 직역:

ἐφ' ὅσον μὲν οὖν εἰμι ἐγὼ ἐθνῶν ἀπόστολος,

PA APRANS□APDANS QS†QS+ JC†+QS VIPAS1 NPNS1 NGNP NNMS

τὴν διακονίαν μου δοξάζω,

DAFS NAFS NPGS1 VIPAS1

⇨ 문장불변사 μὲν(QS)와 인접어인 종속접속사 οὖν(JC)는 각각 분리된 단어들로 간주된다. 또한 이 두 인접어에 **플러스 부호(+)**를 표기함으로써 두 단어가 한 단어 μὲνοῦν(QS)로 연결되어 분해된 것으로써 볼 수 있다.

일치법

일 치 법

1) 주어와 서술어(연계사 or 보어)와의 일치

(1) 주어(주격)의 일치

헬라어에서는 명사 혹은 명사로 사용되는 말이 주어가 되며, 항상 주격이 와야 한다.

예) 요 1:5. 직역: 그리고 그 빛이 그 어두움 속에 비췬다.

καὶ τὸ φῶς ἐν τῇ σκοτίᾳ φαίνει,

JC DNNS NNNS PD DDFS NDFS VIPAS3

(2) 연계동사의 일치

연결(계합)동사(연계사, Kopula; …이다)와 결합되는 주어(주격)와 보어(주격)와는 그 격에 있어서 일치한다.

* 연결(계합)동사(Kopula or link verb):

헬라어에서 연결동사란 불완전 자동사로 εἰμί, γίνομαι, 그리고 ὑπάρχω 동사가 상당한다. 이들은 주어와 보어 사이를 연결하여 준다(영어의 2형식). 어떤 문법가들은 καλέω도 연결동사로 보는데 이는 '호칭의 주격'이라고 보아야 한다.

예) 엡 2:14. 직역: 왜냐하면 그는 우리들의 그 평화이시다.

Αὐτὸς γάρ ἐστιν ἡ εἰρήνη ἡμῶν,

NPNMS3 JS VIPAS3 DNFS NNFS NPGP1

주어(주격) 연계사 주격보어

예) 요 1:14. 직역: 그리고 그 말씀이 육체가 되어 그리고 우리들 안에 거주하셨다(천막을 치셨다).

Καὶ ὁ λόγος σὰρξ ἐγένετο καὶ ἐσκήνωσεν ἐν ἡμῖν,

JC DNMS NNMS NNFS VIADS3 JC VIAAS3 PD NPDP1

주어(주격) 주격보어 연계사 완전자동사

예) 눅 8:41. 직역: 그리고 보라! 이름이 야이로라 하는 바 한 사람이 왔다. 그리고 그 사람이 그 회당의 우두머리이었다.

καὶ ἰδοὺ ἦλθεν ἀνὴρ ᾧ ὄνομα Ἰάϊρος καὶ οὗτος ἄρχων

JC QS VIAAS3 NNMS APRDMS NNNS NNMS JC APDNMS NNMS

완전자동사 선행사 관계대명사 주어(주격) 주격보어

τῆς συναγωγῆς ὑπῆρχεν,

DGFS NGFS VIIAS3

연계사

(3) 보어의 일치

보어(補語, complement)는 불완전동사의 기능을 보충하고 그 뜻을 완전하게 하는 역할을 한다.

① 보어에는 불완전 자동사(2형식)와 불완전 타동사(5형식)의 의미를 보충하는 보어들인 '주격 보어'와 '목적격 보어'가 있다.

예) 요일 4:16. 직역: 하나님은 사랑이시다. 그리고 그 사랑 안에 거하고 있는 자는 그 하나님 안에 거한다. 그리고 그 하나님은 그 사람 안에 거한다.

Ὁ θεὸς ἀγάπη ἐστίν, καὶ ὁ μένων ἐν τῇ ἀγάπῃ ἐν τῷ θεῷ

DNMS NNMS NNFS VIPAS3 JC DNMS VPPANMS PD DDFS NDFS PD DDMS NDMS

주어(주격) 주격보어 연계사 분사(주어)

μένει, καὶ ὁ θεὸς ἐν αὐτῷ μένει.

VIPAS3 JC DNMS NNMS PD NPDMS3 VIPAS3

완전자동사 주어(주격) 완전자동사

⇨ 이 문장은 3개의 문으로 구성되어 있다. 불완전자동사문(2형식) + 완전자동사문(1형식) + 완전자동사문(1형식). 분사 μένων는 관사 ὁ를 취하여 문의 주어 기능을 하는 명사적 용법을 나타낸다.

② 보어는 반드시 관사 앞과 뒤에 놓이며, 결코 관사와 명사 중간에는 놓일 수 없다.

예) 요 1:1. 직역: 그 말씀은 그 하나님과 함께 계셨다. 그리고 그 말씀은 하나님이셨다.

ὁ	λόγος	ἦν	πρὸς	τὸν	θεόν,	καὶ	θεὸς	ἦν	ὁ	λόγος.
DNMS	NNMS	VIIAS3	PA	DAMS	NAMS	JC	NNMS	VIIAS3	DNMS	NNMS
	주어(주격)	완전자동사					주격보어	불완전자동사		주어(주격)

⇨ 이 문장은 2 개의 문(sentence)으로 구성되어 있다. 즉 완전자동사문(1형식)과 불완전자동사문(2형식)이다. 동사들의 시제가 '미완료'이므로, 주어의 동작이나 상태가 쭉(영원히) 계속되고 있음을 알 수 있다. 특히 주격보어로 쓰인 θεὸς는 '한정적 서술명사'인데, 한정적 서술명사(서술주격)는 연계동사 앞에 위치할 경우에는 관사 ὁ가 생략되며, 동사 뒤에 위치할 경우에는 관사 ὁ가 수반된다. 따라서 주격보어로 쓰인 θεὸς는 ὁ를 가진 한정적 서술명사이다.

③ 보어에는 원칙으로 관사를 붙이지 않는다. 그러나 보어가 저명한 사람이나 물건일 경우, 또는 주어와 동일물일 때 관사를 붙인다.

예) 마 16:16. 직역: 당신은 살아계시는 하나님의 아들이신 그리스도입니다.

σὺ	εἶ	ὁ	χριστὸς	ὁ	υἱὸς	τοῦ	θεοῦ	τοῦ	ζῶντος.
NPNS2	VIPAS2	DNMS	NNMS	DNMS	NNMS	DGMS	NGMS	DGMS	VPPAGMS
주어(주격)	불완전자동사		주격보어		부가명사				분사

⇨ 이 문장은 불완전자동사(2형식)문이다. ὁ χριστὸς와 ὁ υἱὸς는 동격어로 표현되었으며, 분사 ζῶντος는 관사 τοῦ를 취하고 θεοῦ를 수식하고 있는 '명사적 용법'을 나타내고 있다.

④ 명사를 진술하기 위하여 이것에 부가된 명사는 전자와 동일물이고 또한 동격인 경우 '동격명사'라 한다.

예) 요일 1: 3. 직역: 그의 아들, 예수, 그리스도와 함께.

μετὰ	τοῦ	υἱοῦ	αὐτοῦ	Ἰησοῦ	Χριστοῦ.
PG	DGMS	NGMS	NPGMS3	NGMS	NGMS
		명사		부가명사	부가명사

⇨ 이 구문은 '전치사구'의 구조로 되어 있다. '아들'과 '예수'와 '그리스도'는 모두 동격명사이다.

⑤ **동격명사는 관계하는 명사의 격과 수에 일치한다.**

예) 롬 1:1. 직역: 예수 그리스도의 종 바울은 사도로 부름 받았고, 나는 하나님의 복음을 위하여 (이미) 분리되었다.

Παῦλος	δοῦλος	Χριστοῦ	Ἰησοῦ,	κλητὸς	ἀπόστολος	ἀφωρισμένος
NNMS	NNMS	NGMS	NGMS	ANMS	NNMS	VPRPNMS1
주격명사	주격부가명사	속격명사	속격부가명사	형용사		분사

εἰς	εὐαγγέλιον	θεοῦ,
PA	NANS	NGMS

⇨ 이 문장은 형용사 κλητὸς(주격남성단수)가 '서술어'기능을 하는 명사문장이다. Χριστοῦ와 Ἰησοῦ는 동격어이며(속격·남성·단수 일치), Παῦλος과 δοῦλος역시 동격어이다(주격·남성·단수 일치). 분사 ἀφωρισμένος역시 서술어(동사) 기능을 하고 있다(내적주어는 1인칭).

Note) 자동사와 타동사

- 동사(Verb)에는 자동사(自動詞, Intransitive Verb)와 타동사(他動詞, Transitive Verb)가 있다. 그것이 각각 둘로 갈라져서 자동사에도 완전자동사(1형식)와 불완전자동사(2형식)가 있고, 타동사에도 완전타동사(3형식)와 불완전 타동사(5형식)가 있는데, 완전타동사에는 목적어 한 개를 취하는 것(3형식)과 두 개를 취하는 것(4형식)이 있다.

- 자동사와 타동사의 근본적 차이점은 그 동사의 동작의 영향이 그 동작을 일으킨 행위자(行爲者)를 떠나서 남에게 옮아가느냐 아니 가느냐 하는 점에 있다. 즉 자동사는 동작의 영향력이 남에게 옮아갈 지배력이 없는 것이고, 타동사는 그 반대이다.

- 타동사(Transitive Verb)의 transitive의 어원은 라틴어(Latin)인 'transire'(to pass over의 의미)에서 파생된 말이다. 즉 '동작의 지배력이 남에게 옮아간다'는 뜻이다. 자동사는 동작의 지배력이 남에게 옮아가지 않고 행위자 자체에 국한된다는 뜻이다.

(4) 주어의 생략

① **동사가 그 자체 안에 이미 주어(내적 주어)를 포함하고 있는 경우.**

(참고로, 동사 외부에 있는 주어를 '외적주어'(external subject)라 하며, 동사자체 내부에 내포되어

있는 주어를 '내적주어'(internal subject)라 한다.)

예1) λέγει

VIPAS3

⇨ 내적 주어(3인칭) 포함. 즉 "그가 말한다".

예2) ὁ Πιλατος λέγει

DNMS NNMS VIPAS3

외적주어

⇨ 외적주어(3인칭 단수)는 ὁ Πιλατος다. "빌라도가 말한다". 외적주어와 내적주어는 인칭·수가 일치해야한다. 단, 외적주어가 중성복수일 경우에는 동사의 내적주어는 3인칭 단수가 된다.

② **주어가 인칭대명사이면 보통 생략되며, 단순히 뜻을 강하게 할 경우에만 명시된다. 즉 인칭대명사의 주격은 강조할 때만 사용된다.**

예) 요 14:6. 직역: 나는 그 길, 그 진리, 그 생명이다.

ἐγώ εἰμι ἡ ὁδὸς καὶ ἡ ἀλήθεια καὶ ἡ ζωή·

NPNS1 VIPAS1 DNFS NNFS JC DNFS NNFS JC DNFS NNFS

외적주어(강조)

③ **비인칭동사 (δει, ἐγένετο, ἔξεστιν, συμφέρει, δοκει)는 주어를 가지지 않으며, 대신 부정사를 '의미상의 주어'로 취한다.** 이 용법은 영어 『to 부정사』 용법 중에서, 『It is … to + 부정사 ~ 』 구문과 동일한 형식이다. 즉 형식주어 'It' 를 문장의 첫 머리에 내세우고, 사실주어인 'to 부정사' 를 뒤로 내는 형식이다. 이때, 헬라어 '부정사' 가 영어의 '사실주어' 에 해당한다.

a. 『**δεῖ + 부정사**(VN–)』 : "~ 하는 것이 필요하다, 마땅히 ~ 해야 한다"(it is necessary to)

예) 고후 11:30. 직역: 만일 마땅히 자랑을 해야 한다면(or 자랑하는 것이 필요하다면), 나는 나의 그 약함의 것들을 자랑할 것이다.

Εἰ καυχᾶσθαι δεῖ, τὰ τῆς ἀσθενείας μου καυχήσομαι.

JS VNPN VIPAS3 DANP DGFS NGFS NPGS1 VIFDS1

부정사(의·주) δεῖ

⇨ δεῖ동사는 비인칭주어(가주어)를 가지는 비인칭동사이므로 부정사 καυχᾶσθαι를 '의미상의 주어'로 취하며, δεῖ동사 자신이 가지고 있는 내적주어는 가주어로 사용된다. 부정사의 시제가 계속(반복) 동작을 나타내는 '현재'이므로 '자랑을 계속(반복)한다는 의미다.

b. **「ἐγένετο + 부정사(VN-)」** : " ~이 일어났다"(it came to pass, that ~)

예) 행 4:5. 직역: 그리고 그 다음날에 예루살렘 안에 그들의 우두머리들과 장로들과 서기관들을 소집하는 일이 일어났다.

Ἐγένετο δὲ ἐπὶ τὴν αὔριον συναχθῆναι αὐτῶν τοὺς ἄρχοντας καὶ
VIADS3 JC PA DAFS AD VNAP NPGMP3 DAMP NAMP JC
ἐγένετο 부정사(의·주)

τοὺς πρεσβυτέρους καὶ τοὺς γραμματεῖς ἐν Ἰερουσαλήμ,
DAMP APAMP JC DAMP NAMP PD NDFS

⇨ 부정사 συναχθῆναι의 시제가 일회적 동작의 발생을 나타내는 '단순과거'이므로 소집하는 일이 단순히 일회성에 그쳤다.

c. **「ἔξεστιν + 부정사(VN-)」** : "~하는 것이 허락되었다, 합당하다"(it is proper to, it is lawful to)

예) 막 3:4. 직역: 그리고 그가 그들에게 말했다. 그 안식일에 선을 행하는 것이 허락되었는냐? 혹은 악을 행하는 것이 허락되었느냐? 목숨(영혼)을 구하는 것이 허락되었느냐? 혹은 죽이는 것이 허락되었느냐?

καὶ λέγει αὐτοῖς· ἔξεστιν τοῖς σάββασιν ἀγαθὸν ποιῆσαι ἢ
JC VIPAS3 NPDMP3 VIPAS3 DDNP NDNP APANS VNAA JC
ἔξεστιν 부정사(의·주)

κακοποιῆσαι, ψυχὴν σῶσαι ἢ ἀποκτεῖναι;
VNAA NAFS VNAA JC VNAA
부정사(의·주) 부정사(의·주) 부정사(의·주)

⇨ 이접(선택) 접속사 ἤ는 "혹은". 'τοῖς σάββασιν' 은 '시간의 여격'이므로 '그 안식일에'로 번역한다. 본문의 4개 부정사들의 시제가 모두 단순과거이므로 그 동작들이 단순 일회성 동작을 나타낸다.

d. **「συμφέρει + 부정사(VN-)」** : " ~ 하는 것이 유익하다"(it is profitable + to)

예) 마 19:10. 직역: 만일 그 여자와 함께 (한) 그 사람의 그 원인(이유)이 이와 같이있다면, 그가(그 사람이) 결혼하는 것은 유익하지 않습니다.

εἰ οὕτως ἐστὶν ἡ αἰτία τοῦ ἀνθρώπου μετὰ τῆς γυναικός,

JS AD VIPAS3 DNFS NNFS DGMS NGMS PG DGFS NGFS

οὐ συμφέρει γαμῆσαι.

AD VIPAS3 VNAA

부정사(의·주)

e. 『δοκει + 부정사(VN-)』 : " ~ 처럼 보이다(or 생각하다)."(it seems to)

예) 행 12:9. 직역: 그러나 그는(베드로) 환상을 보는 것처럼 생각하고 었다.

ἐδόκει δὲ ὅραμα βλέπειν.

VIIAS3 JH NANS VNPA

부정사

④ 부정대명사 "사람들(즉 일반적 사람들)"이라는 주어는 동사의 3인칭 복수형을 사용하여 나타낸다.

예) 마 7:16. 직역: 사람들이 가시(나무)로부터 포도(송이)를 혹은 엉겅퀴로부터 무화과를 거두겠느냐? 즉 거두지 못한다는 것.

μήτι συλλέγουσιν ἀπὸ ἀκανθῶν σταφυλὰς ἢ ἀπὸ τριβόλων σῦκα;

QT VIPAP3 PG NGFP NAFP JC PG NGMP NAMP

의문불변사 내적주어

⇨ 의문 불변사 μήτι는 부정적 대답을 기대하는 질문에 사용되는 '부정적 불변사'로서 '부정형 수사의문문' 형식을 취한다. 주동사 συλλέγουσιν의 내적주어는 "일반적 사람들"을 나타내는 부정대명사 기능을 하고 있다.

2) 주어와 동사와의 일치

- 수(number)와 인칭(person)에 있어서 일치한다.

(1) 주어가 무생물 중성복수일 때 단수동사가 오며, 주어가 생물 중성복수일 때 복수 동사가 온다.

예) 눅 18:27. 직역: 사람에게 있어 할 수 없는 것들은 하나님께 있어 하실 수 있다.

τὰ ἀδύνατα παρὰ ἀνθρώποις δυνατὰ παρὰ τῷ θεῷ ἐστιν.

DNNP APNNP PD NDMP ANNP PD DDMS NDMS VIPAS3

주어(중성복수-무생물) 주격보어 연계사(단수)

예) 요 10:27. 직역: 나의 그 양들은 나의 그 음성을 듣는다.

τὰ πρόβατα τὰ ἐμὰ τῆς φωνῆς μου ἀκούουσιν,

DNNP NNNP DNNP ANNP1 DGFS NGFS NPGS1 VIPAP3

주어(중성복수-생물) 속격목적어 타동사(복수)

⇨ 복수동사 ἀκούουσιν는 속격지배동사이므로 속격 φωνῆς을 목적어로 삼고 있다. 그러나 표준본문(TR)은 단수동사 ἀκούει(VIPAS3)를 사용하고 있다. 본문은 USB[4]을 사용하고 있으므로, 사본상의 차이점이 나타남.

(2) 주어가 단수집합명사일 때 복수동사 또는 단수동사가 온다. 즉 주어가 '군집명사'일 경우에 복수동사가 오며, 주어가 집합명사일 경우에는 단수동사가 온다.

예) 마 21:8. 직역: 그 많은 무리 각자가 그들 자신의 겉옷들을 그 길에 폈다.

ὁ πλεῖστος ὄχλος ἔστρωσαν ἑαυτῶν τὰ ἱμάτια ἐν τῇ ὁδῷ,

DNMS ASNMS NNMS VIAAP3 NPGMP3 DANP NANP PD DDFS NDFS

군집명사 복수동사 재귀대명사

예) 요 6:2. 직역: 많은 무리 전체가 그를 따르고 있었다.

ἠκολούθει αὐτῷ ὄχλος πολύς,

VIIAS3 NPDMS3 NNMS ANMS

단수동사 집합명사

⇨ 동사 ἠκολούθει는 여격지배동사로서 여격대명사 αὐτῷ를 목적어로 취한다. 특히 이 여격은 '교제의 여격'으로서 교제나 협력에 대한 우호적 혹은 적대적인 관계를 표현할 때 사용된다. 따라서 본문에서 예수님을 따르는 많은 무리들은 예수님과 우호적인 관계인 것으로 일단은 보여진다.

> * **집합명사**(Collective Noun) : 그 집합체의 구성원 무시, '전체'를 하나로 본 개념(단수동사)
> **군집명사**(Noun of Multitude) : 그 집합체의 구성원 '각각'을 중시한 개념(복수동사)

(3) 접속사(καὶ, ἢ)에 의해서 결합되는 2개 이상의 주어가 있을 경우, 일치는 다음과 같다.

① καὶ로 연결된 주어가 여러 개일 때 동사는 일반적으로 복수가 온다.

예) 행 3:1. 직역: 베드로와 요한이 그 성전으로 올라가고 있었다.

Πέτρος καὶ Ἰωάννης ἀνέβαινον εἰς τὸ ἱερὸν

NNMS JC NNMS VIIAP3 PA DANS APANS

2개의 주어 복수동사(미완료-계속적 동작)

② καὶ로 연결된 주어가 하나의 개념일 때 단수동사가 온다.

예) 고전 15:50. 직역: 육과 피(혈육)는 하나님의 나라를 상속받을 수 없다.

σὰρξ καὶ αἷμα βασιλείαν θεοῦ κληρονομῆσαι οὐ δύναται

NNFS JC NNNS NAFS NGMS VNAA AD VIPNS3

2개의 주어(하나의 개념) 단수동사

> ⇨ δύναται는 부정사 κληρονομῆσαι를 보어로 취하는 동사다.

③ καὶ로 연결된 2개의 주어 사이에 동사가 놓이면 이 동사는 첫째 주어와 일치한다.

예) 요 4:36. 직역: 씨를 뿌리고 있는 자와 추수하고 있는 자가 같이 즐거워 하기 위하여.

ἵνα ὁ σπείρων ὁμοῦ χαίρῃ καὶ ὁ θερίζων.

JS DNMS VPPANMS AD VSPAS3 JC DNMS VPPANMS

분사(주어-1) 단수동사 분사(주어-2)

> ⇨ 분사 둘 다 관사를 취하여 문의 주어로서 명사적 용법을 나타낸다.

④ καὶ로 연결된 2개의 주어 가운데 1개가 1인칭이면 동사는 1인칭복수.

예) 요 10:30. 직역: 나와 아버지는 (즉 우리는) 하나이시다.

ἐγὼ καὶ ὁ πατὴρ ἕν ἐσμεν.

NPNS1 JC DNMS NNMS APCNNS VIPAP1

1인칭주어 외 1개주어 1인칭복수동사

note) I and (you, he, she, they, · · ·) → We (1인칭 복수)
You and (he, she, they, · · ·) → You (2인칭 복수)
She, He and (She, they, · · ·) → They (3인칭 복수)

⑤ 2개의 단수주어가 이합접속사 ἤ로 분리 접속되어 있으면 단수동사가 온다.

예) 마 18:8. 직역: 만일 너의 그 손 혹은 그 발이 너를 실족하게 한다면,

Εἰ ἡ χείρ σου ἢ ὁ πούς σου σκανδαλίζει σε,

JS DNFS NNFS NPGS2 JC DNMS NNMS NPGS2 VIPAS3 NPAS2

주어-1 이합접속사 주어-2 단수동사

(4) 술어동사 ἐστίν(VIPAS3)이 자주 생략되는 경우는 다음과 같다. 즉 명사문장인 경우.

① 속담에서 생략

예) 마 10:10. 직역: 왜냐하면 그 일군은 그의 음식에 합당하다.

ἄξιος (ἐστίν 생략) ὁ ἐργάτης τῆς τροφῆς αὐτοῦ.

ANMS DNMS NNMS DGFS NGFS NPGMS3

주격보어 주어

② 의문문에서 생략

예) 마 8:29. 직역: 우리들과 당신에게 무슨 관계가 있습니까? 하나님의 아들이여!

τί (ἐστίν 생략) ἡμῖν καὶ σοί, υἱὲ τοῦ θεοῦ;

APTNNS NPDP1 JC NPDS2 NVMS DGMS NGMS

의문대명사 여격 여격

③ 일반적인 명사문장에서 (주어의 인칭에 따라 εἰμί, εἶ, ἐσμέν의 생략)

예) 약 1:12. 직역: 시험을 견디는 바 그 사람은 행복하다(복되다).

Μακάριος (ἐστίν 생략) ἀνὴρ ὃς ὑπομένει πειρασμόν,

ANMS NNMS APRNMS VIPAS3 NAMS

서술형용사 주어(선행사) 관·대 목적어

④ 사람의 이름을 표현하는 문장에서 생략

예) 요 1:6. 직역: 그의 이름은 요한이다.

ὄνομα αὐτῷ (ἐστίν 생략) Ἰωάννης·

NNNS NPDMS3 NNMS

⑤ 편지(서신)의 인사말에서 εἴη(VOPAS3 - εἰμί의 '소원'의 희구법)가 생략

예) 갈 1:3. 직역: 너희들에게 은혜와 평화가 (있기를 소원한다 - 생략).

χάρις (εἴη 생략) ὑμῖν καὶ εἰρήνη ~

NNFS NPDP2 JC NNFS

주어1 주어2

예) 갈 6:18. 직역: 우리들의 주 예수 그리스도의 그 은혜가 너희들의 영과 함께 (있기를 소원한다. - 생략)

Ἡ χάρις τοῦ κυρίου ἡμῶν Ἰησοῦ Χριστοῦ (εἴη 생략) μετὰ τοῦ

DNFS NNFS DGMS NGMS NPGP1 NGMS NGMS PG DGNS

명사 부가명사 부가명사

πνεύματος ὑμῶν

NGNS NPGP2

⑥ 희구법에서 기원의 어투로 쓰일 때 εἴη(VOPAS3)가 생략

예) 눅 1:28. 직역: 주께서 너와 함께 (있기를 소원한다. - 생략)

ὁ κύριος (εἴη 생략) μετὰ σοῦ.

DNMS NNMS PG NPGS2

⑦ 명령문 ἔστε(εἰμί의 명령형 복수 2인칭, VIMAS2)의 생략

예) 고전 15:57. 직역: 우리들에게 승리를 주시는 그 분 하나님께 너희들은 감사하라.

τῷ θεῷ (ἔστε 생략) χάρις τῷ διδόντι ἡμῖν τὸ νῖκος

DDMS NDMS NNFS DDMS VPPADMS NPDP1 DANS NANS

3) 형용사, 대명사, 분사와 그것과 관계된 명사의 일치.

① 주어로 쓰인 대명사는 술어 명사의 성, 수, 격에 일치한다.

예) 마 22:38. 직역: 이것이 크고 첫 번 째의 명령이다.

αὕτη ἐστὶν ἡ μεγάλη καὶ πρώτη ἐντολή.

APDNFS DNFS DNFS ANFS JC AONFS NNFS

주어 술어명사

② 주어가 중성인칭대명사일 경우 일치되지 않는 경우도 있다(성 불일치).

예) 벧전 2:20. 직역: 이 일은 하나님께 은혜로운 일이다.

τοῦτο χάρις παρὰ θεῷ.

APDNNS NNFS PD NDMS

주어(중성) 술어명사(여성)

⇨ 이 문장 역시 명사문장이므로 ἐστίν이 생략된 것이다.

③ 주어의 성에 관계없이 술어(보어)가 중성을 취하는 경우.

예) 고전 7:19. 직역: 그 할례도 아무것도 아니요 그리고 그 무할례도 아무것도 아닙니다. (→ 동사문장)

ἡ περιτομὴ οὐδέν ἐστιν καὶ ἡ ἀκροβυστία οὐδέν ἐστιν,

DNFS NNFS APCNNS VIPAS3 JC DNFS NNFS APCNNS VIPAS3

주어(여성) 주격보어(중성) 주어(여성) 주격보어(중성)

예) 마 6:34. 직역: 그의(-그 날의) 그 악함은 그 날에 충분하다. (→ 명사 문장)

ἀρκετὸν τῇ ἡμέρᾳ ἡ κακία αὐτῆς.

ANNS DDFS NDFS DDFS NNFS NPGFS3

주격보어(중성) 주어(여성)

⇨ "τῇ ἡμέρᾳ"의 여격은 '시간의 여격'이므로 부사구로 번역('그 날에'). 3인칭대명사 αὐτῆς는 지시대 명사의 기능을 하므로 앞의 "τῇ ἡμέρᾳ"를 지시한다.

④ **한정적용법의 형용사 또는 분사는 수식하는 명사와 성, 수, 격이 일치.** (요 1:9)
⇨ 형용사와 분사의 용법 참조.

⑤ **서술적 용법의 형용사 또는 분사는 주어와 성, 수, 격이 일치.** (요 15:3)
⇨ 형용사와 분사의 용법 참조.

헬라어 문장

1 βιβλος γενεσεως ιησου χριστου υιου δαυιδ υιου αβρααμ 2 αβρααμ εγεννησεν τον ισαακ ισαακ δε εγεννησεν τον ιακωβ
ακωβ δε εγεννησεν τον ιουδαν και τους αδελφους αυτου 3 ιουδας δε εγεννησεν τον φαρες και τον ζαρα εκ της θαμαρ φαρες δε
εγεννησεν τον εσρωμ εσρωμ δε εγεννησεν τον αραμ 4 αραμ δε εγεννησεν τον αμιναδαβ αμιναδαβ δε εγεννησεν τον ναασσων
ναασσων δε εγεννησεν τον σαλμων 5 σαλμων δε εγεννησεν τον βοες εκ της ραχαβ βοες δε εγεννησεν τον ιωβηδ εκ της ρουθ
ιωβηδ δε εγεννησεν τον ιεσσαι 6 ιεσσαι δε εγεννησεν τον δαυιδ τον βασιλεα δαυιδ δε εγεννησεν τον σολομωνα εκ της του
ουριου 7 σολομων δε εγεννησεν τον ροβοαμ ροβοαμ δε εγεννησεν τον αβια αβια δε εγεννησεν τον ασαφ 8 ασαφ δε εγεννησεν
τον ιωσαφατ ιωσαφατ δε εγεννησεν τον ιωραμ ιωραμ δε εγεννησεν τον οζιαν 9 οζιας δε εγεννησεν τον ιωαθαμ ιωαθαμ δε
εγεννησεν τον αχας αχας δε εγεννησεν τον εζεκιαν 10 εζεκιας δε εγεννησεν τον μανασση μανασσης δε εγεννησεν τον αμως
αμως δε εγεννησεν τον ιωσιαν 11 ιωσιας δε εγεννησεν τον ιεχονιαν και τους αδελφους αυτου επι της μετοικεσιας βαβυλωνος
12 μετα δε την μετοικεσιαν βαβυλωνος ιεχονιας εγεννησεν τον σαλαθιηλ σαλαθιηλ δε εγεννησεν τον ζοροβαβελ 13 ζοροβαβελ δε
εγεννησεν τον αβιουδ αβιουδ δε εγεννησεν τον ελιακιμ ελιακιμ δε εγεννησεν τον αζωρ 14 αζωρ δε εγεννησεν τον σαδωκ σαδωκ
δε εγεννησεν τον αχιμ αχιμ δε εγεννησεν τον ελιουδ 15 ελιουδ δε εγεννησεν τον ελεαζαρ ελεαζαρ δε εγεννησεν τον ματθαν
ματθαν δε εγεννησεν τον ιακωβ 16 ιακωβ δε εγεννησεν τον ιωσηφ τον ανδρα μαριας εξ ης εγεννηθη ιησους ο λεγομενος χριστος
17 πασαι ουν αι γενεαι απο αβρααμ εως δαυιδ γενεαι δεκατεσσαρες και απο δαυιδ εως της μετοικεσιας βαβυλωνος γενεαι
δεκατεσσαρες και απο της μετοικεσιας βαβυλωνος εως του χριστου γενεαι δεκατεσσαρες 18 του δε [ιησου] χριστου η γενεσις
ουτως ην μνηστευθεισης της μητρος αυτου μαριας τω ιωσηφ πριν η συνελθειν αυτους ευρεθη εν γαστρι εχουσα εκ πνευματος
αγιου 19 ιωσηφ δε ο ανηρ αυτης δικαιος ων και μη θελων αυτην δειγματισαι εβουληθη λαθρα απολυσαι αυτην 20 ταυτα δε αυτου
ενθυμηθεντος ιδου αγγελος κυριου κατ οναρ εφανη αυτω λεγων ιωσηφ υιος δαυιδ μη φοβηθης παραλαβειν μαριαν την γυναικα
σου το γαρ εν αυτη γεννηθεν εκ πνευματος εστιν αγιου 21 τεξεται δε υιον και καλεσεις το ονομα αυτου ιησουν αυτος γαρ σωσει

헬라어 문장(Greek Sentence)

1) 문장의 어순(Word Order)

(1) 헬라어 문장의 어순은 영어의 어순과 상당히 다르다. 즉 영어에서 어순의 차이는 의미 차이를 가져오지만, 헬라어 문장은 어떻게 말하면 어순이 없다고도 말할 수가 있으며, 헬라어는 어순이 바뀌어도 그 뜻은 변하지 않고 단어의 위치에 따라 강조의 차이만 있다.

예) The man ate a large fish: 그 사람은 큰 고기를 먹었다.
주어 동사 목적어
A large fish ate the man: 큰 고기가 그 사람을 삼켰다.

οὕτως ἠγάπησεν ὁ θεὸς τὸν κόσμον: 이와 같이 하나님이 그 세상을 사랑하셨다.
접속사 동사 주어 목적어
οὕτως τὸν κόσμον ἠγάπησεν ὁ θεὸς: 이와 같이 그 세상을 하나님이 사랑하셨다.

(2) 헬라어 문장에 있어서 어세(語勢)는 주로 말의 배열에 의해 표시된다. 원칙적으로 가장 중요한 말이 문장의 맨 처음에 위치하게 되며 그 다음이 문장 맨 나중에, 그 다음이 문장의 양 끝에서 중앙으로 가까워짐에 따라 어세는 점점 약해진다.

예) 갈 2:20. 직역: 그러므로 내가 더 이상 산 것이 아니다. 그러나 내 안에 (계신) 그리스도께서 사신 것이다.

ζῶ	δὲ	οὐκέτι	ἐγώ,	ζῇ	δὲ	ἐν	ἐμοὶ	Χριστός·
VIPAS1	JC	AD	NPNS1	VIPAS3	JC	PD	NPDS1	NNMS
완전자동사			주어	완전자동사				주어

⇨ 본문은 2개의 문장으로 이루어져 있다. 중요 어세(語勢)별 순서를 나타내면, 전반절에서 제1어세는 ζῶ, 제2어세는 ἐγω에 있다. 후반절에서 제1어세는 ζῇ이며, 제2어세는 Χριστός이다. 하지만 이 본문 전체에서 볼 때, 제1어세는 ζῶ이며, 제2어세는 Χριστός이다. 따라서 사도 바울은 위 문장에서 제1강조점을 즉 "살아있다는 것"을, 그다음 강조점을 즉 그것이(살아 있다는 것)이 "내가(ἐγω)"아니라 바로 "그리스도(Χριστός)"라는 것을 강조하는 것이다. 즉 지금 내가 살고 있는 것은 내가 아니고 내 안에 그리스도께서 사신 것이므로, 바로 그 살아 계신 그리스도께서 나를 살리시고 또 그 분으로 인하여 내가 살게 되는 것이다.

헬라어 문장의 일반적인 어순은 다음과 같으나 많은 예외가 있다.

① 주어(인칭대명사) + 술어동사 + 목적어 (주어로 인칭대명사가 올 때)

② 술어동사 + 주어 + 목적어 (술어 동사가 일반 동사일 때)

③ 부사적 어구 + 술어동사 + 주어 (부사적 수식어가 있을 때)

④ 주어 + 연결동사 + 주격보어 (동사가 εἰμί, γίνομαι등 연결 동사일 때)

⑤ 부정어 οὐ, μή는 문장 전체를 부정할 경우, 문장의 맨 앞에 위치하기도 하고 주동사 앞에 위치하기도 한다. 그러나 접속사가 이끄는 부문장(종속절)에서는 접속사 뒤에 위치한다.

⑥ 특히 강조하려는 말은 문장 맨 앞이나, 맨 뒤에 위치한다.

(3) 일반적 주어는 동사 뒤에 오며(인칭대명사 주어는 대개 동사 앞 위치, 주어가 없는 경우는 동사자체 내적 주어 취함), 보어는 동사 앞에 오고, 소유격(G)은 대개 자신이 수식하는 품사 뒤에 온다.

2) 문장(Sentence)의 4요소(Four Elements)

문장을 구성하는 요소에는 주요소(principle elemets)와 종요소(subordinate elements)가 있다. 주요소는 문장의 핵심 요소, 즉 주어, 술어동사, 목적어, 그리고 보어로서 문장

(sentence)의 뼈대를 이루는 4 요소들이고, 종요소는 주요소에 부속되어 그것을 꾸미는(수식하는) 요소인데, 연결의 일을 하는 수식어 또는 연결어귀(전치사와 접속사)가 종요소에 속한다.

(1) 주어(Subject : 주격)

주부의 중심 단어로서 주어에 속하는 품사는 명사, 대명사, 명사 상당어귀가 있다. 해석은 주격(N) 단어에 "~은, ~는, ~이, ~가"를 붙이면 된다.

예) 요 1:1. 직역: "그 말씀이 태초에(아르케 안에서) (계속) 존재하고 계신다"

Ἐν	ἀρχῃ	ἦν	ὁ	λόγος.
PD	NDFS	VIIAS3	DNMS	NNMS
에	태초	계시니라	그	말씀이
전치사구(수식어)		술어동사		주어

⇨ 주동사 ἦν의 시제가 미완료이므로, 즉 과거에 일어나 사건의 계속적 동작을 나타내고 있다.

> **※ 명사 상당 어구란?**
> 관사 + 부정사, 관사 + 분사, 부정사, 명령 분사, 의문사
> 형식상 주어(비인칭주어), 명사절, 관사 + 형용사
> 분사의 명사적 용법(관사 없이 명사 역할)
> 형용사의 명사적 용법(무관사일 때)

(2) 술어(or 술어 동사, Predicative)

동사(Verb)라고도 하며 술부의 중심이 되는 말이다. 술어는 동사 문장에서 동사(V) 자신이 술어 역할을 한다. 또한 명사문장에서는 명사, 형용사가 술어동사 역할을 하며 또 부정사, 분사 등도 술어동사 역할을 한다. 해석은 술어에 " ~ 이다, ~ 다"를 붙이면 된다.

> 한 문장은 주부와 술부로 구성되는데, **주부(subject)**에서 중요한 말은 **주어**(subject-word or subject)라고 하고, **술부(predicate)**안의 풀이하는 동사를 **술어동사**(predicate verb)라고 한다.

① **동사문장**: 한 문장에서 한정동사가 있어 술어 역할을 하는 문이다.

예) 요 1:1. 직역: “그 말씀이 태초에(아르케 안에서) (계속) 존재하고 계신다”

Ἐν	ἀρχη	ἦν	ὁ	λόγος.
PD	NDFS	VIIAS3	DNMS	NNMS
에	태초	계시니라	그	말씀이
전치사구(수식어)		술어(동사)		주어

② **명사문장**: 한 문장에서 한정 동사가 생략되어 명사나 형용사, 부정사나 분사가 술어 역할을 하는 문이다.

예) 롬 7:12. 직역: “그리고 그 계명은 거룩하며 의로우며 선하다

καὶ	ἡ	ἐντολὴ	ἁρία	καὶ	δικαία	καὶ	ἀγαθή.
JC	DNFS	NNFS	ANFS	JC	ANFS	JC	ANFS
		주어	술어		술어		술어

⇨ 형용사가 술어 역할을 하는 문장이다.

(3) 목적어(Object)

목적어에는 동사(즉 타동사)의 목적어와 전치사의 목적어가 있는데, 동사의 목적어는 동사(타동사) 자신이 완전한 뜻을 표현하지 못하고 다른 낱말을 요구하게 되는데 이때의 요구되는 낱말이 동사의 목적어가 된다.

> * **목적어** 〔目(눈 목), 的(과녁 적), 語(말씀 어); Object; 대상, 물건, 목표〕 란 주어가 어떤 행위를 할 때 행위의 대상이 되는 것(목표물)이며, 목적어에는 보통 ‘~을, ~를, ~에게’의 조사가 붙는다. 한자 뜻 그대로 풀이하면 ‘목적어’란 주어가 움직여서 눈으로 보고 겨눈 과녁, 목표물을 말한다. 목적어에는 직접 목적어와 간접목적어가 있다.
>
> **직접목적어(대격)**란 주어의 1차적 동작이 어떤 것을 거치지 않고 바로 와 닿는 대상(과녁, 목표물)을 말하며, 대개 사물이다. **간접목적어(여격)**란 주어가 하는 행위의 1차적 과녁(목표물)에 곧장 연결되지 않고 중간에 어떤 것 〔2차적 과녁(목표물, 대상)〕 이 끼어서 이어지는 것’을 뜻한다. 바로 2차적 과녁(대상)이 간접목적어다. 우리말로는 ‘~에게’가 붙는다. 간접목적어는 주로 사람이나, 동물이 해당된다.

① 타동사의 목적어

예) 마 7:22. 직역: "우리들이 당신의 이름으로 귀신들을 내쫓았습니다"

τῷ σῷ ὀνόματι δαιμόνια ἐξεβάλομεν,

DDNS	ADNS2	NDNS	NANP	VIAAP1
			목적어	타동사

⇨ τῷ σῷ ὀνόματι(당신의 이름으로)의 여격은 '수단, 방법'을 나타내는 여격이다.

② 전치사의 목적어

예) 요 16:13. 직역: "그가 너희들을 모든 진리 안으로 인도하실 것이다."

ὁδηγήσει ὑμᾶς ἐν τῇ ἀληθείᾳ πάσῃ·

VIFAS3	NPAP2	PD	DDFS	NDFS	ADFS
그가 인도하시리라	너희들을	안으로		진리	모든
(내적 주어 + 동사)	목적어	전치사		전치사의 목적어	

※ 전치사구란?

전치사 + 명사(명사상당어귀 - 전치사의 목적어) 형태로서 문장을 확대해 나가는 방법 중의 하나로 전치사구라 하며, 전치사구에는 형용사 역할을 하는 형용사구와 부사 역할을 하는 부사 구가 있다.

* 전치사의 목적어:

전치사 바로 뒤에서 전치사와 결합하여 수식 또는 기술하는 구를 이루는 낱말이다.

* 타동사의 목적어:

동사의 성질에 따라 목적어의 격이 달라지고 전치사의 목적어도 전치사의 격에 따라 목적어의 격이 달라진다. 이 말은 보통 동사의 목적어는 목적격(A로 표기)이 되나, 동사의 성질에 따라 여격(D로 표기), 또는 속격(G로 표기)이 되기도 한다. 이런 동사를 '격 지배 동사'라 한다. 또 전치사의 목적어는 전치사의 성격에 따라 속격(G), 여격(D), 대격(A) 중에서 정해진다. 예를 들면, ἐν (PD)은 여격전치사로, 즉 여격을 지배하는 전치사라는 말로서, ἐν 전치사 뒤에는 여격의 목적어가 온다.

(4) 보어(Complement)

어원적 의미로는 「보충하는 것」, 「완전히 하는 것」이란 뜻이며, 문법상으로는 동사의 뜻을 보충하여 완성시키는 말을 의미한다. 주격보어와 목적격보어가 있다.

① 주격보어(Subjective Complement)

불완전자동사가 있는 문장(즉 목적어가 없는 문장)에서 주어의 성질이나 상태를 보충 설명해 주어 완전한 문장을 만드는 역할을 하는 어구이다(즉 불완전 자동사는 꼭 주격보어를 필요로 한다).

예) 요 6:55. 직역: "왜냐하면 나의 살(육체)은 진리의(참된) 음식(먹는 것)이요 그리고 나의 피는 진리의(참된) 음료(마시는 것)로다."

ἡ	γὰρ	σάρξ	μου	ἀληθής	ἐστιν	βρῶσις,
DNFS	JS	NNFS	NPGS1	ANFS	VIPAS3	NNFS
		주어			불완전자동사	주격보어

καὶ	τὸ	αἷμά	μου	ἀληθής	ἐστιν	πόσις.
JC	DNNS	NNNS	NPGS1	ANFS	VIPAS3	NNFS
		주어			불완전자동사	주격보어

② 목적격보어(Objective Complement)

불완전타동사가 있는 문장에서 목적어의 성질이나 상태를 보충 설명해 주어 완전한 문장을 만드는 역할을 하는 어구이다(즉 불완전타동사는 꼭 목적격 보어를 필요로 한다.)

예) 요 1:47. 직역: 예수님은 나다나엘이 그에게로 오고 있는 것을 보셨다.

Εἶδεν	ὁ	Ἰησοῦς	τὸν	Ναθαναὴλ	ἐρχόμενον	πρὸς	αὐτὸν
VIAAS3	DNMS	NNMS	DAMS	NAMS	VPPNAMS	PA	NPAMZS
동사		주어		목적어	목적보어		

⇨ 이 문장은 5형식(불완전타동사)문이다. 분사 ἐρχόμενον는 목적어를 수식하는 서술적 용법을 나타낸다. 특히 '감각과 인식'을 나타내는 동사인 Εἶδεν(보다)은 분사를 목적보어(보충어)로 취한다.

(5) 독립요소(Absolute Elements)

독립요소는 문의 주요소에도 종요소에도 들지 아니하고 구문상으로 독립되어 있는 요소다. 그러나 의미상으로 문의 다른 부분과 관계가 전혀 없는 것은 아니다. 품사로는 감탄사,

즉 문장 접두사(QS)로 분해되는 말과 이름을 부르는 데 쓰이는 호격어(V, 명사 or 대명사)가 독립요소이다.

예) 계 22: 20. 직역: 진실로 내가 신속히 올 것이다. 아멘! 오소서! 주 예수여!

Ναί, ἔρχομαι ταχύ. Ἀμήν, ἔρχου κύριε Ἰησοῦ.

Ναί,	ἔρχομαι	ταχύ.	Ἀμήν,	ἔρχου	κύριε	Ἰησοῦ.
QS	VIPNS1	APANS	QS	VMPNS2	NVMS	NVMS
독립요소			독립요소		독립요소(호격어)	

* 참고로, ἔρχομαι(VIPN–XS)는 '미래적 현재'를 나타낸다. 즉 현재 아직 일어나지 않았으나 일어날 것으로 기대되는 사건을 나타낸다.

예) 행 26:19. 직역: "그러므로 아그립바 왕이여! 나는 하늘의 환상을 거스르지 않았습니다."

Ὅθεν,	βασιλεῦ	Ἀγρίππα,	οὐκ	ἐγενόμην	ἀπειθὴς	τῇ	οὐρανίῳ	ὀπτασίᾳ
JH	NVMS	NVMS	AB	VIADS1	ANMS	DDFS	ADFS	NDFS
	독립요소(호격어)				여격지배형용사			

3) 문장(Sentence)의 구조 및 종류

(1) 구(Phrase)의 종류

2개 혹은 그 이상의 단어가 결합되어 하나의 품사와 같은 자격을 가지는(한 개의 품사, 즉 한 개의 명사나 형용사나 부사 노릇을 하는) 어군(語群)으로서, 『주어 + 동사 ~ 』의 형식이 없는 형태를 말한다. 구(Phrase)에는 명사구, 형용사구, 부사구(전치사구 포함) 등이 있다.

① **명사구**(Noun Phrase): 둘 이상의 단어가 모여서 한 개의 명사 노릇하는 구인데, 문의 주어, 목적어, 보어가 되기도 한다. 부정사의 명사적 용법과 분사의 명사적 용법이 해당된다.

② **형용사구**(Adjective Phrase): 둘 이상의 단어가 모여서 한 개의 형용사 노릇을 하는 구인데, 명사를 수식하기도 하고, 문의 보어(주격보어, 목적격보어)가 되기도 한다.

③ **부사구**(Aderb Phrase): 둘 이상의 단어가 모여서 한 개의 부사 노릇을 하는 구인데,

동사, 형용사, 부사 등을 수식한다. 부정사의 부사적 용법과 분사의 부사적 용법이 해당된다.

(2) 절(Clause)의 종류

2개 혹은 그 이상의 단어가 결합되어 하나의 품사와 같은 자격을 가지는(한 개의 품사, 즉 한 개의 명사나 형용사나 부사 노릇을 하는) 어군(語群)으로서, 『주어 + 동사 ~ 』의 형식이 들어 있는 형태를 말한다. 그리고 1개 이상의 절(Clause)들이 모여져서 **문장**(Sentence)을 이룬다. 절(Clause)에는 주절, 종속절, 대등절로 분류할 수 있다. 종속절에는 명사절, 형용사절, 부사절이 있다.

① **대등절**(對等節, Coordinate Clause)

두 개의 절이 접속사를 사이에 두고 독립적으로 대등한 관계에 있는 절이다. 이때 접속사는 '대등(등위) 접속사'(JC)를 쓴다.

> *** 대등절(등위절)을 이끄는 대표적인 접속사**
> καί(JC, 그리고, 역시), δέ(JC, 그러나, 그리고), τέ(JC, 그리고), ἀλλά(JC, 그러나), γαρ(JC, 왜냐하면), ἤ(JC, 혹은), οὐδέ(JC, ~ 도 ~ 도 아니, 그리고 아니), οὔτε(JC, ~도 ~ 도 아니, 그리고 아니)

② **주절**(主節, Main Clause)과 **종속절**(從屬節, Subordinate Clause)

두 개의 절이 대등적이 아닐 때는 한쪽은 주절이 되고 다른 절은 종속절이 된다. 종속절은 접속어(接續語)가 이끌며 주절에 접속시키는 절이다, 나머지 접속어가 없는 절이 주절이 된다. 종속절에는 명사절, 형용사절, 부사절이 있다.

③ **명사절**(Noun Clause)

종속 접속사가 이끄는 절이 한 문장(sentence)에서 주어, 목적어, 보어 및 명사의 동격이 되기도 하고, 전치사의 목적어가 되기도 한다. 의문사가 이끄는 절 역시 명사절이 된다.

> *** 명사절을 이끄는 대표적인 접속사**
> ὅτι(JC, ~ 하는 것), ἵνα(JC, ~ 하는 것), εἰ(QT, ~ 인지 아닌지, whether / JC, 혹시 ~ 하는 것), μή(JC, ~ 하지 않도록, lest ~ (should)), "καὶ ἐγένετο ~ καὶ(JH) ~ " 의 구문상 2번째 καὶ(JH) (It happened that ~), πῶς(JC, 어떻게 ~ 한 것 을)

④ **형용사절**(Adjective Clause)

종속 접속사가 이끄는 절이 한 개의 형용사 노릇을 하며 명사, 대명사를 수식하는 절이다. 형용사절을 인도해서 본문의 주절에 접속시키는 연결어에는 관계 대명사와 관계 분사가 있다.

⑤ **부사절**(Adverb Clause)

종속 접속사가 이끄는 절이 한 개의 부사 노릇을 하며 동사, 형용사, 다른 부사 등을 수식하는 절이다. 이 절이 사용될 때에 드러내는 부사적인 의미에 따라서 다음과 같은 8가지의 구별이 있다.

a. 시간을 나타내는 부사절
b. 원인, 이유를 나타내는 부사절
c. 목적을 나타내는 부사절
d. 조건을 나타내는 부사절
e. 양보를 나타내는 부사절
f. 장소를 나타내는 부사절
g. 결과를 나타내는 부사절
h. 비교를 나타내는 부사절

*** 부사절을 이끄는 대표적인 접속사**

시간 ὅτε(JS, ~ 할 때), 장소 ὅπου(JS, ~ 곳에), 원인·이유 ὅτι(JS, ~ 왜냐하면, ~ 때문에), 목적 ἵνα(JS, ~ 하기 위하여), 결과 ὥστε(JH, ~ 따라서, 그 결과), 조건 ἐαν or ἐι(만일 ~ 하다면), 양보 ἐαν(JS, 비록 ~ 일지라도), 비교 ὡς(JS, ~ 처럼)

(3) 문(Sentence)의 종류

한 Sentence는 여러 개의 단어가 모여 구성된 글로서, 주어를 중심으로 하는(꾸며주는) 주부(subject, 主部)와 동사를 중심으로 하는(꾸며주는) 술부(predicate, 述部)를 갖추고 있는 글이다.

예)

	아버지께서	내	사랑하실 것이요	그를
ὁ	πατήρ	μου	ἀγαπήσει	αὐτον.
DNMS	NNMS	NPGS1	VIFAS3	NPAMZS
수식어	주어	수식어	동사(술어)	목적어
(주부)			(술부)	

* 문장(sentence)의 주제가 되는 부분을 주부라 하고 그것이 어떠어떠하다고 설명하는 부

분을 술부라 한다. 다시 말해, 주부는 이야기의 주체가 되는 부분이고, 술부는 그에 대한풀이를 하는 부분이다.

* 주부의 중심이 되는 말을 주어라 하고, 술부의 중심이 되는 말을 술어 동사(or 술어)라 한다. 다시 말해, 주부 안의 중요한 말을 주어(subject-word 또는 subject, 主語) 라고 하고, 술부 안의 풀이하는 동사를 술어 동사(predicate verb 또는 서술동사, 術語)라고 한다.

* 문장이 2개 이상의 「주부+술부」 형태가 모여 구성되어 있을 때, 전체의 「글」을 문장(Sentence)이라 하고, 이 속에 포함되어 있는 각각의 「주부+술부」 형태의 글을 절(Clause)이라고 한다.

* 한 문장 안에 포함되어 있는 둘 이상의 절(「주부+술부」 형태)은 주로 접속사(Conjunction)나 관계사(Relative)라는 연결요소로 서로 연결된다.

* 둘 이상의 절(「주부+술부」형태)을 포함하는 문장은 '복문'(Complex Sentence)과 '중문'(Compound Sentence)과 '혼합문'(Compound-Complex Sentence)으로 분류되고, 「주부+술부」형태가 한번 밖에 없는 문장은 가장 단순한 형태인 '단문'(Simple Sentence)이라 한다.

① **단문**(Simple Sentence) **: 주부 + 술부**

주어(또는 주부)와 동사(또는 술부)의 관계가 하나만 있는 단일한 글, 즉 이 속에 다른 절(clause)을 갖고 있지 않는 단 1개의 절(clause)로 구성되어 있는 문(Sentence).

형식: ~ + 주어(S) + ~ + 동사(V) + ~

주부 술부

단문

a. **제1형식 : 『주어**(S) **+ 동사**(V: 완전자동사)**』**

『 ~ 은 ~ 하다』로 해석.

예1) 롬 11:7. 직역: "그 남은 자들은 완악해졌다(돌같이 딱딱해졌다)."

οἱ λοιποὶ ἐπωρώθησαν

DNMP	APNMP	VIAPP3
수식어	주어	동사

예2) 주어 + 동사 ⇨ ἦν ὁ λόγος or Ἐγώ εἰμι

ἦν	ὁ	λόγος	or	Ἐγώ	εἰμι
VIIAS3	DNMS	NNMS		NPNMS1	VIPAS1
동사		주어		주어	동사

예3) 주어 + 동사 + 부사 ⇨ Ἐν ἀρχῆ ἦν ὁ λόγος

Ἐν	ἀρχῆ	ἦν	ὁ	λόγος
PD	NDFS	VIIAS3	DNMS	NNMS
부사구		동사		주어

b. **제2형식 : 『주어**(S) + **동사**(V: 불완전자동사) + **보어**(S.C., 주격보어)**』**

『 ~ 은 ~ 이다』 로 해석. 주어와 보어는 성, 수, 격이 일치해야 함. 보어는 명사, 형용사, 분사, 부정사가 온다.

예1) 요일 4:8. 직역: "하나님은 사랑이시다"(동사 문장)

ὁ	θεὸς	ἀγάπη	ἐστίν.
DNMS	NNMS	NNFS	VIPAS3
	주어	주격보어	동사

예2) 고후 1:18. 직역: "하나님은 신실하심이라"(명사 문장)

πιστὸς	ὁ	θεὸς
ANMS	DNMS	NNMS
주격보어		주어

* 2형식의 동사를 연계동사(link verb, copula; 계사 or 연계사)라 한다. 헬라어에서 연계동사기능을 하는 동사는 εἰμι, ὑπάρχω, γίνομαι 등이다.

*** 명사 문장의 예 ***

① 보어가 명사인 경우(요 1:1) - 그 말씀은 하나님이시다.

Θεὸς	ἦν	ὁ	λόγος
NNMS	VIIAS3	DNMS	NNMS
주격보어	동사		주어

② 보어가 형용사(롬 7:14) - 그 법은 영적이다(신령하다).

ὁ	νόμος	πνευματικός	ἐστιν
DNMS	NNMS	ANMS	VIPAS3
	주어	주격보어	동사

note) 주어와 보어는 성, 수, 격이 일치.

c. 제3형식 : **『주어**(S) + **동사**(V:완전타동사) + **목적어**(O)**』**

『 ~ 은 ~ 을 ~ 하다 』 로 해석.

예1) 요 1:14. 직역: "우리들이 그의 그 영광을 보았다"

ἐθεασάμεθα τὴν δόξαν αὐτου

VIADP1 DAFS NAFS NPGMZS

(내적주어)+타동사 목적어

예2) 요 8:11. 직역: "나도 결코 너를 정죄하지 않는다"

οὐδὲ ἐγώ σε κατακρίνω·

AB NPNS1 NPAS2 VIPAS1

주어(외적주어) 목적어 타동사

예3) 요 7:29. 직역: 나는 그를 (이미) 알았다.

ἐγὼ οἶδα αὐτόν.

NPNS1 VIRAS1 NPAMS3

주어 타동사 목적어

참고로, 대격(목적어) 대신에 여격, 소유격을 목적어로 취하는 동사들이 있다.

d. 제4형식 : **『주어**(S) + **동사**(V:수여동사) + **간접목적어**(I.O.) + **직접목적어**(D.O.)**』**

『 ~ 은 ~ (사람)에게(: 간접목적어) ~ (사물)을(: 직접목적어) ~하다』 로 해석.

예1) 요 17:6. 직역: " 내가 당신의 이름을 그 사람들에게 나타내었습니다."

Ἐφανέρωσά σου τὸ ὄνομα τοῖς ἀνθρώποις

VIAAS1 NPGS2 DANS NANS DDMP NDMP

(내적주어)+동사 직접 목적어 간접 목적어

예2) 요일 2:1. 직역: 나의 자녀들아! 내가 이것들을 너희들에게 쓰는 것은, 너희들이 죄를 짓지 못하도록 하기 위함이다(or 너희들이 죄를 짓지 못하도록 하기 위하여 내가 이것들을 기록한다.)

Τεκνία μου, ταῦτα γράφω ὑμῖν ἵνα μὴ ἁμάρτητε.

NVNP NPGS1 APDANP VIPAS1 NPDP2 JS AD VSAAP2

직접목적어 내적주어(수여동사) 간접목적어

⇨ 『 ἵνα + 가정법』 은 '목적'을 의미하는 부사절을 나타낸다(~하기 위하여).

> * **수여동사**란 2개의 목적어(직접 목적어와 간접 목적어)를 동반하는 동사로서, '수여'(주다, give)라는 의미를 가지고 있는 동사다. 즉 「 ~ 에게(간목) ~ 을(직·목) 주다」

e. **제5형식 : 『주어**(S) + **동사**(V:불완전타동사) + **목적어**(O) + **보어**(O.C., 목적격보어)**』**

『 ~ 은 ~ 을 ~ 으로 ~ 하다 』 로 해석. 목적어와 목적보어는 성, 수, 격이 일치해야 한다. 목적보어에는 명사, 형용사, 분사, 부정사 등이 올 수 있다.

예) 눅 20:44. 직역: "다윗이 그를 주님으로 불렀다."

Δαυὶδ	κύριον	αὐτὸν	καλεῖ,
NNMS	NAMS	NPAMS3	VIPAS3
주어	목적보어	목적어	불완전타동사

② **중문**(Compound Sentence) : **단문** + **단문**(or 대등절 + 대등절)

한 문장 안에 포함된 둘 이상의 절(clause)이 각각 다른 절(clause) 속의 명사, 형용사, 부사 역할을 하지 않고 동등한 자격으로 나열된 문장(Sentence)이다. 즉 동등한 자격의 두 개 이상의 단문으로 된 글을 말하고 이때의 단문들을 대등절(Coordinate Clause)이라고 부른다.

중문은 절(clause)이 2개 또는 2개 이상이 모여서 한 문장(Sentence)을 만드는데 각 절이 명사절, 형용사절, 부사절 같은 종속절이 아니고 독립절만 모여서 되는 문장이다. 즉 문장(Sentence) 중에 절(clause)이 같은 자격으로 나란히 있는 문장(Sentence)을 말하다. 이때 문장들을 나란히 연결시켜주는 접속사를 등위(or 대등)접속사(coordinate conjunction)라고 한다. 신약에서 흔히 나오는 등위접속사(JC)는 καὶ, δέ, τέ, ἤ, ἀλλά, οὔτε, οὐδέ 등이다.

형식: ~ + 주어(S) + ~ + 동사(V) + ~, 접속사(C) + 주어(S) + ~ + 동사(V) + ~

주부 술부 / 주부 술부

절(clause) : 단문 / 절(clause) : 단문

대등관계

중문(Compound Sentence)

예) ἀλλά (그러나, 강한 반의어)

요 16:20. 직역: 너희들이 슬퍼하게 될 것이다. 그러나 너희들의 그 슬픔이 기쁨으로 될 것이다.

ὑμεῖς λυπηθήσεσθε, ἀλλ' ἡ λύπη ὑμῶν εἰς χαρὰν γενήσεται.

ὑμεῖς	λυπηθήσεσθε,	ἀλλ'	ἡ	λύπη	ὑμῶν	εἰς	χαρὰν	γενήσεται.
NPNP2	VIFPP2	JC	DNFS	NNFS	NPGP2	PA	NAFS	VIFPS3
주어	동사	접속사	주어					동사
주부	술부		주부				술부	

절(clause) : 단문 　　　　 절(clause) : 단문

대등관계: 중문(Compound Sentence)

* 등위절을 이끄는 등위접속사 *

καὶ : "그리고, 역시"

τέ : "그리고", καὶ보다 약함.

δέ : "그러나, 그리고", 약한 반의어, 문두에서 2, 3째 위치.

ἀλλά : "그러나", 강한 반의어.

ἤ : "혹은"

οὐδέ : " ・・・도 ・・・도 아니, 그리고 아니"

οὔτε : " ・・・도 ・・・도 아니, 그리고 아니"

note) καὶ와 ἤ는 구와 구, 단어와 단어도 연결하므로 절과 절을 연결할 때를 잘 살펴봐야 한다. ἀλλά 다음에 모음으로 시작하는 단어가 오면 ἀλλ'가 된다.

③ 복문(Complex Sentence) : 주절 + 종속절

하나의 주절(Main Clause)과 하나 또는 그 이상의 종속절(Subordinate Clause)로 된 문장이다. 주절(主節 or 귀결절)이란 종속절을 제외한 나머지 절을 말한다. 종속절(從屬節)이란 어떤 절이 문장 안에서 한 개의 명사나 형용사 또는 부사와 같은 역할을 하는 절을 의미하며, 주절에게 종속되는 절을 말한다. 종속절이란 한 문장 안에서 말의 한 부분(명사, 형용사, 부사)으로서의 역할을 하는 주어와 술어를 가진 단어들의 집단이라고 할 수 있다. 즉 절이 문장 중에서 명사, 형용사, 및 부사의 구실을 하는 경우다.

* 종속절은 명사절(Noun Clause : 명사 역할), 형용사절(Adjective Clause : 형용사 역할), 부사절(Adverb Clause : 부사 역할)로 분류 된다. 복문에서 주절과 종속절을 연결시켜 주는 연결사는 주로 종속접속사(약어표에 JS로 표시됨), 관계대명사(APR로 표시), 관계부사(ABR로 표시) 따위이다.

형식 : ~ + 주어(S) + ~ + 동사(V) + ~ , 접속사(C) + ~ + 주어(S) + ~ + 동사(V) + ~

주부 술부 주부 술부

주절 종속절

종속관계

복문(Complex Sentence)

A. 명사절

종속절이 명사 역할 : 문의 주어, 목적어, 보어 및 명사의 동격어 역할.

a. 접속사로 접속되는 명사절

예1) 요 5:45. 직역: 너희는 내가 너희를 아버지께 고발할 것으로 생각지 말라.

Μὴ δοκεῖτε ὅτι ἐγὼ κατηγορήσω ὑμῶν πρὸς τὸν πατέρα·

AD VMPAP2 JC NPNS1 VIFAS1 NPGP2 PA DAMS NAMS

주절 종속절(목적절)

종속관계 - 복문(Complex Sentence)

⇨ 종속접속사 ὅτι가 JC로 분해될 때는 그 문장의 목적어(명사절)로 사용된다. " ~ 반대하다"의 의미를 나타내는 전치사 κατά와 결합된 합성동사 κατηγορήσω는 속격(대)명사 ὑμῶν를 목적어로 취한다. 이 문장은 주절 1개에 종속절이 1개인 복문(complex sentence)이다.

예2) 요일 2:27. 직역: 어떤 사람도 너희를 가르칠 필요(소용)를 너희는 가지고 있지 않다(즉 어떤 사람도 너희를 가르칠 필요가 없다).

οὐ χρείαν ἔχετε ἵνα τις διδάσκῃ ὑμᾶς,

AD NAFS VIPAP2 JC APINMS VSPAS3 NPAP2

주절 종속절(명사절 - 동격절)

종속관계 - 복문(Complex Sentence)

⇨ 종속접속사 ἵνα이하 절은 주절의 명사 χρείαν을 설명하는 동격절(명사절)이다. 이 문장은 주절 1개에 종속절이 1개인 복문(complex sentence)이다.

예3) 행 25:20. 직역: 내가 이 일들에 관하여 의심이 있기 때문에(or 당황하였기 때문에) 내가 말했다. 그가 예루살렘으로 올라가서 그리고 거기서 재판받기를 원할지 않을지를 (말했다).

ἀπορούμενος ἐγὼ τὴν περὶ τούτων ζήτησιν ἔλεγον εἰ βούλοιτο

VPPMNMS1 NPNS1 DAFS PG APDGNS NAFS VIIAS1 QT VOPNS3

분사 주동사

주절

πορεύεσθαι εἰς Ἱεροσόλυμα κἀκεῖ κρίνεσθαι περὶ τούτων.

VNPN PA NANP JC&AD VNPP PG APDGNP

종속절(주절에 종속관계)

⇨ 이 문장은 복문(Complex Sentence)이다. 종속접속사 εἰ가 QT로 분해되면 " ~ 인지 아닌지"(whether)를 의미하는 명사절(즉 주동사 ἔλεγον의 목적어)을 인도한다. 동사 βούλοιτο는 부정사를 보족어를 취하여 그 뜻을 완성하는 동사다. 이 문장은 '소원의 희구법'을 나타낸다. "**희구법**"이란 어떤 소원이나 미래에 대한 막연한 상상, 또는 어떤 사건의 가능성을 나타내는 법으로서, 가정법보다 더 비현실적인 뜻을 나타낸다.

예4) 요 4:34. 직역: 나의 음식은 나를 보내신 이의 그 뜻을 내가 행하는 것이다.

ἐμὸν βρῶμά ἐστιν ἵνα ποιήσω τὸ θέλημα τοῦ πέμψαντός με

ANNS1 NNNS VIPAS3 JC VSAAS1 DANS NANS DGMS VPAGMS NPAS1

주절 종속절(보어)

종속관계 - 복문(Complex Sentence)

⇨ 이 문장은 복문(Complex Sentence)이다. 즉 『주절+종속절』 형식문이다. 종속접속사 ἵνα가 JC로 분해되므로, ἵνα가 이끄는 절은 문의 '보어' 기능을 하는 명사절을 나타낸다. 분사 πέμψαντός는 관사를 취하여 관사 τοῦ를 취한 명사를 수식하므로 한정적 용법을 나타낸다. 동시에 분사가 목적어 με를 취하므로 동사적 기능도 나타낸다. 분사는 형용사와 동사적 기능을 가진 품사이다.

b. 의문사로 접속되는 명사절

예) 눅 24:41. 직역: 그가 그들에게 말했다. "너희들이 여기 무슨 먹을 수 있는 것을 가지고 있느냐?"

εἶπεν αὐτοῖς· Ἔχετέ τι βρώσιμον ἐνθάδε;

VIAAS3 NPDMP3 VIPAP2 AIANS APANS AD

주절 종속절(의문사절: 문의 목적어)

종속관계 - 복문(Complex Sentence)

⇨ 이 문장은 '직접화법'을 나타내는 복문(Complex Sentence)이다. 『전달부 + 피전달부』 형식. 대문자로 시작되므로 " "(인용부호)를 의미하는 피전달부를 나타낸다.

c. 인용문으로 접속되는 명사절(직접화법)

예) 요 11:7. 직역: 그 후에 그는 그 제자들에게 "우리는 다시 유대로 갑시다"라고 말했다.

ἔπειτα μετὰ τοῦτο λέγει τοῖς μαθηταῖς· Αγωμεν εἰς τὴν Ἰουδαίαν

AD PA APDANS VIPAS3 DDMP NDMP — 주절
VSAPP1 PA DAFS NAFS — 종속절(인용문)

종속관계 - 복문(Complex Sentence)

⇨ 이 문장은 직접화법을 나타내는 문이다. 즉 『전달부(주절) + 피전달부(인용문, 종속절)』 형식의 문장이다. 이 피전달부는 주절의 목적어로 기여한다. 피전달부의 대문자는 인용문의 " " 기능을 나타낸다. 또 피전달부는 주어로 1인칭 복수가 사용되었으므로, 이는 '권고적 가정법'을 의미한다. 즉 화자(주어)가 주변의 사람들로 하여금 자신의 동작(행동)에 함께 참여하도록 권유하는 것이다. 이 문장은 주절 1개에 종속절이 1개인 복문(complex sentence)이다.

*** 직접화법과 간접화법 ***

① 직접화법: 발언자(화자)의 말을 그대로 전달하는 화법. 즉 『전달부 + 피전달부』 형식을 갖춘다. 직접화법에서는 전달되는 말(피전달부)은 헬라어에서 대문자로 시작된다. 대문자는 영어에서의 인용부호(" ")와 같은 역할을 한다. 대문자를 사용하는 이유는 피전달부(인용문)가 독립된 문장이기 때문이다. 해석은 『A가 B에게 " ~ 인용문 ~ "라고 말하다.』.

② 간접화법: 직접화법의 문장에 있던 대문자는 없어지고, 피전달부는 명사절로서 전달부의 전달동사의 목적어가 된다. 헬라어에서 간접화법은 아래와 같이 나타낸다.

*** 간접화법을 나타내는 방법 ***

① 대격과 부정사를 가지고 나타낸다.

예) ἔλεγον οἱ ἄνθρωποι αὐτὸν εἶναι τὸν πρόφήτην.

VIIAP3 DNMP NNMP — 주동사, 주어 — 전달부
NPAMS3 VNPA DAMS NAMS — 대격(의·주), 부정사(연계사), 목적어 — 피전달부

⇨ 직역: 그 사람들은 그가 그 예언자이다 라고 말하고 있었다.

⇨ 부정사구가 '간접적 피전달문'을 나타낸다. 즉 대격 αὐτὸν이 부정사의 의미상의 주어가 되며, 부정사 εἶναι는 연결동사로, 대격 πρόφήτην는 부정사의 의미상 보어를 나타낸다.

② 『 ὅτι(JC) + 직설법 』의 형식이 나타낸다.

예) εἶπεν ὁ μαθητὴς ὅτι εἶδεν τὸν ἀπόστολον.

VIAAS3 DNMS NNMS — 전달부
JC VIAAS3 DAMS NAMS — 피전달부

> ⇨ 직역: 그 제자는 그가 그 사도를 보았다**라고** 말했다.
>
> ⇨ 『 ὅτι(JC) + 직설법 』의 형식은 문의 목적어(명사절)로 사용될 수 있다. 즉 "그 제자는 그가 그 예언자를 보았다는 것을 말했다."

d. 전치사의 목적어가 되는 명사절

예) 요 17:9. 직역: 내가 그들에 관하여 요청합니다. 내가 그 세상에 관하여 요청하는 것이 아니라 그러나 당신이(아버지) 내게 이미 주셨던 바 그 사람들에 관하여 (요청하는 것입니다 - 생략), 왜냐하면 그들은 당신에게 있기 때문입니다.

Ἐγὼ	περὶ	αὐτῶν	ἐρωτῶ,	οὐ	περὶ	τοῦ	κόσμου	ἐρωτῶ
NPNS1	PG	NPGP3	VIPAS1	AD	PG	DGMS	NGMS	VIPAS1
주절-1				주절-2				

ἀλλὰ	**περὶ**	**ὧν**	δέδωκάς	μοι,	ὅτι	σοι	εἰσιν,
JH	PG	APRGMP	VIRAS2	NPDS1	JS	NPDS2	VIPAP3
반의접속사	주절-3				종속접속사	종속절	

> ⇨ 이 문장은 주절 2개에, 종속절이 2개로 혼합되어 있는 혼합문(Compound-Complex Sentence)이다. 관 계대명사 ὧν는 자체 선행사를 가지며(~ 한 바 사람들) 동시에 속격전치사 περι의 지배를 받고 있으므로, 형용사절이 아니라 전치사의 목적어로서 명사절을 나타낸다.

B. 형용사절

종속절이 한 개의 형용사 노릇을 하며 명사 또는 대명사를 꾸미는 절이다. 형용사절을 인도해서 주절에 접속시키는 연결어에는 관계대명사와 관계부사가 있다.

a. 관계대명사(APR-)가 이끄는 절

관계대명사가 이끄는 절이 주절과 접속, 이때 관계대명사는 선행사인 명사 또는 대명사 또는 형용대명사를 수식한다.

예) 요 5:20. 직역: 그가(아버지) 그가(강조) 행하는 바 모든 것을 그에게(아들) 보여 주신다.

πάντα	δείκνυσιν	αὐτῷ	ἃ	αὐτὸς	ποιεῖ,
APANP	VIPAS3	NPDMS3	APRANP		
(선행사)			(관계대명사)		
주절			종속절(형용사절)		

주절 ← 종속절(형용사절)

종속관계 - 복문(Complex Sentence)

⇨ 이 문장은 "주절+종속절" 형식의 복문이다. 관계대명사 ἅ의 선행사는 πάντα이며, 대격, 중성, 복수가 일치한다. 또한 관계대명사가 선행하는 형용대명사를 수식하므로 형용사절을 나타낸다.

b. 관계부사(ADR)가 이끄는 절

관계부사가 이끄는 절이 주절과 접속. 관계부사 역시 선행사(명사, 대명사, 형용대명사)를 수식한다.

예) 막 4:15. 직역: 이 사람들은 그 말씀이 흩뿌려진 그 길옆에 있는 자들이다.

οὗτοι	εἰσιν	οἱ	παρὰ	τὴν	ὁδόν	ὅπου	σπείρεται	ὁ	λόγος
APDNMP	VIPAP3	DNMP	PA	DAFS	NAFS	ADR	VIPPS3	DNMS	NNMS
주어	주동사	주격보어			(선행사)	(관계부사)			

주절 ← 종속절(관계부사절)

종속관계 - 복문(Complex Sentence)

⇨ 이 문장은 "주절+종속절" 형식의 복문이다. 관계부사(장소) ὅπου는 선행사 ὁδόν를 취한다. 주격보어를 나타내는 『οἱ παρὰ τὴν ὁδόν』 구에서 관사 οἱ는 지시대명사 기능을 하고 있다(~ 그 사람들).

C. 부사절

종속절이 한 개의 품사인 부사와 같은 일을 하며, 동사, 형용사, 부사 등을 수식하는데 그것이 사용될 때에 드러내는 부사적인 의미에 따라서 다음과 같은 구별이 있다.

a. 시간의 부사절(JS: ὅτε, ἐπεί, ἐπειδή · ·) : " ~ 때에"

예) 계 1:17. 직역: 내가 그를 보았을 때에 나는 죽은 자인 것처럼 그의 그 발들을 향하여 엎드렸다.

ὅτε	εἶδον	αὐτόν,	ἔπεσα	πρὸς	τοὺς	πόδας	αὐτοῦ	ὡς	νεκρός,
JS	VIAAS1	NPAMS3	VIAAS1	PA	DAMP	NAMP	NPGMS3	JS	ANMS

종속절(시간부사절) ← 주절

종속관계 - 복문(Complex Sentence)

⇨ 주절 안에 위치한 '비교'를 나타내는 접속사 ὡς가 인도하는 절은 불완전한 문이므로, εἰμί(VIPAS1)가 생략된 것으로 봐야한다. 즉 "내가 죽은 자인 것처럼". 접속사 ὡς가 이끄는 절 역시 주절 안에 위치한 작은 종속절이다. 이 문장은 주절 1개에 종속절이 1개인 복문(complex sentence)이다.

b. 장소의 부사절(JS: ὅπου, · · ·) : " ~ 곳에"

예) 눅 9:57. 직역: 당신이 가는 곳이면 어디든지 내가 당신을 따르겠습니다.

ἀκολουθήσω σοι ὅπου ἐὰν ἀπέρχῃ.

VIFAS1 NPDS2 JS QV VSPNS2

주절 ← 종속절

종속관계 - 복문(Complex Sentence)

⇨ 이 문장은 주절 1개에 종속절이 1개인 복문(complex sentence)이다. 접속사 이 QV(동사불변사)로 분해될 때는 '불확정성'을 나타낸다(~ 든지).

c. 이유, 원인의 부사절(JS: ὅτι, γαρ, διότι…) : "왜냐하면 ~ 때문에, 인하여"

예) 요 19:20. 직역: 그러므로 유대인들 중에 많은 사람들이 이 패(제목)를 읽었다. 왜냐하면 예수께서 십자가에 못박히신 그 장소가 그 성(예루살렘성) 가까이 있었기 때문이다.

τοῦτον οὖν τὸν τίτλον πολλοὶ ἀνέγνωσαν τῶν Ἰουδαίων, ὅτι ἐγγὺς

ADAMS JH DAMS NAMS APNMP VIAAP3 DGMP APGMP JS PG

주절

ἦν ὁ τόπος τῆς πόλεως ὅπου ἐσταυρώθη ὁ Ἰησοῦς·

VIIAS3 DNMS NNMS DGFS NGFS ABR VIPAS3 DNMS NNMS

종속절-1 종속절-2

⇨ 이 문장은 주절 1개에 종속절이 2개인 복문(complex sentence)이다. 접속사 ὅτι이하절은 이유(원인)을 나타내는 부사절이며 주절에 종속된다. '장소'를 나타내는 관계부사 ὅπου는 접속사 ὅτι가 이끄는 절 안에서 하위의 종속절을 이룬다. 관계부사의 선행사는 τόπος(곳, 장소)이다. 또한 속격명사구인 τῆς πόλεως는 ὁ τόπος를 수식하는 것이 아니라 속격전치사 ἐγγὺς에 의해 지배를 받고 있다(전치 사구).

d. 목적의 부사절(JS: ἵνα, ὅπως, ὥστε, ὡς; μήποτε).

"~ 하기 위하여, ~하려고, ~할 목적으로"(긍정의 목적); " ~ 하지않도록"(부정의 목적)

예) 엡 2:10. 직역: 우리들은 그 일들 안에서 <u>행할 목적으로</u>, 하나님께서 미리 준비하신 선한 일들에 기인하여(위에) 예수 그리스도 안에서 창조되었다. (긍정목적)

κτισθέντες ἐν Χριστῷ Ἰησοῦ ἐπὶ ἔργοις ἀγαθοῖς οἷς προητοίμασεν

VPAPNMP1 (분사) PD NDMS NDMS PD NDNP (선행사) ADNP APRDNP (관계대명사) VIAAS3

주절 / 종속절-1

ὁ θεός, ἵνα ἐν αὐτοῖς περιπατήσωμεν.

DNMS NNMS JS (접속사) PD NPDNP3 VSAAP1

종속절-2

⇨ 이 문장은 주절 1개, 종속절이 2개인 복문(complex sentence)이다. 분사 κτισθέντες는 주절(αὐτοῦ ἐσμεν ποίημα)의 주동사의 내적주어(공성 2인칭, 우리들)를 수식하는 한정적 용법을 나타낸다. 관계대명사 οἷς의 선행사는 ἔργοις이다. 여기서 관계대명사는 문법상으로 ἅ(대격중성복수)가 와야 하는데, οἷς(여격중성복수)가 온 것은 선행사의 격(여격)에 끌렸기 때문이다. 이를 '직접견인'(direct attraction)이라 일컫는다. 또한 선행사가 여격이 된 것은 그 선행사를 지배하는 전치사가 여격전치사인 ἐπὶ이기 때문이다.

예) 마 4:6. 직역: 당신이 당신의 그 발을 돌에 부딪히지 **않도록 하기 위해**, 그들이(하나님의 천사들)이 당신을 손(능력) 위로(으로) 들어 올리실 것이다.(부정목적)

ἐπὶ χειρῶν ἀροῦσίν σε, μήποτε προσκόψῃς πρὸς λίθον τὸν πόδα σου.

PG NGFP VIFAP3 NPAS2 JS VSAAS2 PA NAMS DAMS NAMS NPGS2

주절 / 종속절(목적 부사절)

종속관계 - 복문(Complex Sentence)

e. **결과의 부사절**(JH; ὥστε, ὅπως · · ·) : "그 결과, 따라서"

예) 마 8:24. 직역: 보라!. 큰 소동(폭풍)이 그 바다에 일어났다. 그 결과 그 배는 그 물결(파도)에 의하여 덮여지게 되었다.

ἰδοὺ σεισμὸς μέγας ἐγένετο ἐν τῇ θαλάσσῃ, ὥστε τὸ πλοῖον

QS NNMS ANMS VIADS3 PD DDFS NDFS JH DANS NANS

주절

καλύπτεσθαι ὑπὸ τῶν κυμάτων,

VNPP PG DGNP NGNP

종속절(결과 부사절)

⇨ 이 문장은 이 문장은 주절 1개에 종속절이 1개인 복문(complex sentence)이다. 「ὥστε+ 부정사」는 동작의 '결과'를 나타낸다(그 결과, 따라서). 이 때 부정사가 문의 '정동사' 기능을 한다.

f. **조건의 부사절**(JH: ἐάν, εἰ…) : "만일 ~ 한다면, 만일 ~이면"

예) 막 3:24. 직역: 만일 한 나라가 그 자신에 대하여 분리된다면, 저 나라는 설 수가 없다.

ἐὰν βασιλεία ἐφ' ἑαυτὴν μερισθῇ, οὐ δύναται σταθῆναι

JS (조건접속사) NNFS PA NPAFS3 VSAPS3 AD VIPNS3 VNAP (부정사)

[ἐὰν … μερισθῇ: 조건 종속절] [οὐ δύναται σταθῆναι: 주절]

ἡ βασιλεία ἐκείνη·

DNFS NNFS ADNFS

⇨ 이 문장은 주절 1개에 종속절이 1개인 복문(complex sentence)이다. 동사 δύναται는 부정사를 보어를 취하여 그 뜻을 보충시킨다. "서게 할 수 있다"

g. **비교의 부사절**(JS: ἤ, ὡς, ὡσει, …) : " ~보다, ~처럼"

예) 마 22:39. 직역:

δευτέρα ὁμοία αὐτῇ· Ἀγαπήσεις τὸν πλησίον σου ὡς σεαυτόν.

APONFA ANFS NPDFS3 VIFAS2 DAMS AD▫APAMS NPFS2 JS NPAMS2

[δευτέρα ὁμοία αὐτῇ: 주절] [Ἀγαπήσεις τὸν πλησίον σου: 종속절-1] [ὡς σεαυτόν: 종속절-2]

⇨ 이 문장은 주절 1개에, 종속절이 2개인 복문(complex sentence)이다.

④ 혼합문(Compound-Complex Sentence)

단문과 복문, 복문과 복문이 대등접속사(JC로 표기)로 서로 연결된 것을 말한다. 즉 단문과 중문과 복문이 혼합되어 있는 문장이다. 다시 말해, 주절이 둘 혹은 그 이상이 있고 거기에 종속절이 하나 또는 둘 이상인 문이 연결되어 있으면 혼합문(Compound-Complex Sentence)이라 한다.

예) 요 3:10. 직역: 예수께서 대답하였다 그리고 그에게 "너는 이스라엘의 교사(율법선생)이다. 그리고 이 일들을 알지 못하느냐?"라고 말했다.

ἀπεκρίθη Ἰησοῦς καὶ εἶπεν αὐτῷ· Σὺ εἶ ὁ διδάσκαλος τοῦ

VIAOS3 NNMS JC VIAAS3 NPDMS3 NPNS2 VIPAS2 DNMS NNMS DGMS

주절-1 주절-2 종속절-1

Ἰσραὴλ καὶ ταῦτα οὐ γινώσκεις;

NGMS JC APDANP AD VIPAS2

종속절-2

⇨ 이 문장은 주절이 2개, 종속절이 2개인 혼합문(Compound-Complex Sentence)이다. 그리고 이 문장은 직접화법 형식을 하고 있다. 즉 『전달부+피전달부』 형식이다. 피전달부는 대문자로 시작되는 Σὺ부터이다. 대문자는 영어의 인용부호(" ") 역할을 한다.

부정사

[1]βιβλος γενεσεως ιησου χριστου υιου δαυιδ υιου αβρααμ [2]αβρααμ εγεννησεν τον ισαακ ισαακ δε εγεννησεν τον ιακωβ
ακωβ δε εγεννησεν τον ιουδαν και τους αδελφους αυτου [3]ιουδας δε εγεννησεν τον φαρες και τον ζαρα εκ της θαμαρ φαρες δε
εγεννησεν τον εσρωμ εσρωμ δε εγεννησεν τον αραμ [4]αραμ δε εγεννησεν τον αμιναδαβ αμιναδαβ δε εγεννησεν τον ναασσων
ναασσων δε εγεννησεν τον σαλμων [5]σαλμων δε εγεννησεν τον βοες εκ της ραχαβ βοες δε εγεννησεν τον ιωβηδ εκ της ρουθ
ιωβηδ δε εγεννησεν τον ιεσσαι [6]ιεσσαι δε εγεννησεν τον δαυιδ τον βασιλεα δαυιδ δε εγεννησεν τον σολομωνα εκ της του
ουριου [7]σολομων δε εγεννησεν τον ροβοαμ ροβοαμ δε εγεννησεν τον αβια αβια δε εγεννησεν τον ασαφ [8]ασαφ δε εγεννησεν
τον ιωσαφατ ιωσαφατ δε εγεννησεν τον ιωραμ ιωραμ δε εγεννησεν τον οζιαν [9]οζιας δε εγεννησεν τον ιωαθαμ ιωαθαμ δε
εγεννησεν τον αχας αχας δε εγεννησεν τον εζεκιαν [10]εζεκιας δε εγεννησεν τον μανασση μανασσης δε εγεννησεν τον αμως
αμως δε εγεννησεν τον ιωσιαν [11]ιωσιας δε εγεννησεν τον ιεχονιαν και τους αδελφους αυτου επι της μετοικεσιας βαβυλωνος
[12]μετα δε την μετοικεσιαν βαβυλωνος ιεχονιας εγεννησεν τον σαλαθιηλ σαλαθιηλ δε εγεννησεν τον ζοροβαβελ [13]ζοροβαβελ δε
εγεννησεν τον αβιουδ αβιουδ δε εγεννησεν τον ελιακιμ ελιακιμ δε εγεννησεν τον αζωρ [14]αζωρ δε εγεννησεν τον σαδωκ σαδωκ
δε εγεννησεν τον αχιμ αχιμ δε εγεννησεν τον ελιουδ [15]ελιουδ δε εγεννησεν τον ελεαζαρ ελεαζαρ δε εγεννησεν τον ματθαν
ματθαν δε εγεννησεν τον ιακωβ [16]ιακωβ δε εγεννησεν τον ιωσηφ τον ανδρα μαριας εξ ης εγεννηθη ιησους ο λεγομενος χριστος
[17]πασαι ουν αι γενεαι απο αβρααμ εως δαυιδ γενεαι δεκατεσσαρες και απο δαυιδ εως της μετοικεσιας βαβυλωνος γενεαι
δεκατεσσαρες και απο της μετοικεσιας βαβυλωνος εως του χριστου γενεαι δεκατεσσαρες [18]του δε [ιησου] χριστου η γενεσις
ουτως ην μνηστευθεισης της μητρος αυτου μαριας τω ιωσηφ πριν η συνελθειν αυτους ευρεθη εν γαστρι εχουσα εκ πνευματος
αγιου [19]ιωσηφ δε ο ανηρ αυτης δικαιος ων και μη θελων αυτην δειγματισαι εβουληθη λαθρα απολυσαι αυτην [20]ταυτα δε αυτου
ενθυμηθεντος ιδου αγγελος κυριου κατ οναρ εφανη αυτω λεγων ιωσηφ υιος δαυιδ μη φοβηθης παραλαβειν μαριαν την γυναικα
σου το γαρ εν αυτη γεννηθεν εκ πνευματος εστιν αγιου [21]τεξεται δε υιον και καλεσεις το ονομα αυτου ιησουν αυτος γαρ σωσει

부 정 사(VN—, Infinitive)

1) 정의 및 특성

부정사는 어떤 존재의 상태나 동작을 나타내나, 완전하게 문장을 구성할 수도 없고, 변화도 없기 때문에 한정동사(finite verb)와는 달리 법이나 인칭을 가지고 있지 못하다. 하지만 부정사는 동사적 명사이므로(verbal noun) 동사의 특성과 명사의 특성을 동시에 가지 고 있다.

(1) 동사의 특성

① 주어를 가진다. 즉 형식적 주어가 아닌 의미상의 주어(대격)를 가진다.

② 목적어(대격)를 가진다.

③ 부사적 수식어를 가진다.

④ 시제(과거, 현재, 현재완료, 미래)와 태(voice)를 가진다.

(2) 명사의 특성

① 다른 동사의 주어, 목적어, 주격보어, 목적보어가 된다.

② 전치사의 목적어가 된다.

③ 중성관사를 취한다.

④ 형용사에 의해 수식을 받는다.

⑤ 명사나 형용사 등의 내용을 규정 · 제한하는 수식어로 기능한다.

⑥ 동격으로서 사용된다.

⑦ 부정사의 부정어는 μή(not)이다.

2) 부정사의 시제

부정사의 시제(시간개념)는 시간적인 개념보다 동작의 상태를 나타낸다.

(1) 현재 : 진행적, 반복적, 습관적으로 계속되는 동작표현(~하는 것).

(2) 단순과거 : 점적(단순 발생적) 동작 표현(~한 것).

(3) 현재완료 : 과거의 동작결과가 현재까지 지속되는 동작 표현(~해 놓은 것).

(4) 미래 : 미래의 단순동작이나 진행적 동작 또는 종종 목적을 표현(~할 것).

3) 부정사의 용법

(1) 동사적 용법(The Verbal Infinitive)

부정사나 부정사구가 주동사에 첨부하여 설명을 더해 주거나(보어부정사), 주동사를 수식하거나 분명하게 하는 부사구로서의 역할을 한다. 이 부정사는 동사적 면모가 기본적이기 때문에 동사적 부정사라 한다.

① 목적의 부정사

주동사가 나타내는 동작이나 상태의 목적을 나타낸다(~하기 위하여, ~하도록, ~하려). 신약성경에 일반적으로 사용되는 용법이다.

A. 『운동을 나타내는 동사 + 부정사(VN-)』가 '목적'을 나타낸다.

> * 운동(행위)을 나타내는 동사: ἐρχομαι(오다), ὑπαγω(가다), ἀπερχομαι(떠나가다), κατέρχομαι(내려가다) 등등 ·

예) 마 5:17. 직역: 너희들은 내가 그 율법 혹은 그 예언자를 파괴하기 위하여 온 줄로 여기지(생각지) 말라.

Μὴ νομίσητε ὅτι ἦλθον καταλῦσαι τὸν νόμον ἢ τοὺς προφήτας·

AD VSAAP2 JC VIAAS1 VNAA DAMS NAMS JC DAMP NAMP

주동사 운동동사 + 부정사 부정사의 목적어

⇨ 이 문장은 『μὴ + 부정과거 가정법』 형식을 나타낸다. 즉 '금지 명령'(동작의 시작을 금지)을 의미한다. 접속사 ὅτι가 이끄는 절은 주동사 νομίσητε의 목적어를 나타낸다(명사절).

B. 『τοῦ + 부정사(VN-)』 구가 '목적'을 나타낸다.

예) 마 2:13. 직역: 헤롯이 그 아이를 죽이려고 그 아이를 찾으려고 한다.

μέλλει Ἡρῴδης ζητεῖν τὸ παιδίον τοῦ ἀπολέσαι αὐτό.

VIPAS3+ NNMS +VNPA DANS NANS DGNS VNAAG NPANS3

『τοῦ + 부정사』

⇨ 이 문장은 부정사의 우설적 용법을 나타낸다. 즉 『μελλω 현재 + 부정사』 미래직설법(기대되는 행위)과 유사표현으로, 하려고 의도하는 어떤 행위나 발생할 것이 확실시되거나 운명적으로 결정된 행위를 나타내는데 사용된다(~하려고 했다, 하려고 한다). 부정사의 목적어 αὐτό는 τὸ παιδίον을 지시한다.

C. 『ὥστε + 부정사(VN-)』 구가 '목적'(or 의도된 결과)을 나타낸다.

예) 눅 4:29. 직역: 그를 아래로 내던지기 위하여 그들이 그를 그들의 그 도시(성읍)가 건설된 그 산 위의 절벽의 가장자리까지 데려 갔다.

ἤγαγον αὐτὸν ἕως ὀφρύος τοῦ ὄρους ἐφ' οὗ ἡ πόλις

VIAAP3 NPAMS3 PG NGFS DGNS NGNS PG APRGNS DNFS NNFS

주동사 선행사 관계대명사

ᾠκοδόμητο αὐτῶν ὥστε κατακρημνίσαι αὐτόν·

VILPS3 NPGMP3 JS VNAA NPAMS3

『ὥστε + 부정사』

D. 『ὡς + 부정사(VN-)』 구가 '목적'을 나타낸다.

예) 행 2:24. 직역: 그러나 나의 노정(인생여정)을 완전케 하기 위하여 나는 그 생명(목숨)을 내 자신에게(스스로) 귀중한 것으로 하나도 여기지 않는다.

ἀλλ' οὐδενὸς λόγου ποιοῦμαι τὴν ψυχὴν τιμίαν ἐμαυτῷ

JC ACGMS NGMS VIPMS1 DAFS NAFS AAFS NPDMS1

"하나도 여기지 않다"(부사적 속격)

ὡς τελειῶσαι τὸν δρόμον μου

JS VNAA DAMS NAMS NPGS1

『ὡς + 부정사』

E. 『εἰς τό + 부정사(VN-)』 구가 '목적'을 나타낸다.

예) 롬 8:29. 직역: 그가(하나님) 미리 아셨던 자들을 그의 아들의 그 형상과 같은 모양으로 미리 결정하셨다. 그가(예수) 많은 형제들 안에서 초태생(먼저 난자)이기 위해서,

οὓς προέγνω, καὶ προώρισεν συμμόρφους τῆς εἰκόνος τοῦ υἱοῦ

APRAMP VIAAS3 AD VIAAS3 AAMP DGFS NGFS DGMS NGMS

관계대명사 속격지배형용사 속격명사

αὐτοῦ, εἰς τὸ εἶναι αὐτὸν πρωτότοκον ἐν πολλοῖς ἀδελφοῖς·

NPGMS3 PA DANS VNPAA NPAMS3 AAMS PD ADMP NDMP

「εἰς τό + 부정사」 의미상 주어 의미상주격보어

⇨ 관계대명사 οὓς는 선행사를 자체 가지고 있는 경우다(~한 바 그 사람들). συμμόρφους는 속격지배형용사이므로 뒤이어 속격명사가 왔다(그 형상과 같은 모양을 한). 부정사 구에서 의미상의 주어(대격)는 αὐτὸν, 의미상의 주격보어(대격)는 πρωτότοκον이다.

F. 「πρὸς τὸ + 부정사(VN-)」 구가 '목적'을 나타낸다.

예) 엡 6:11. 직역: 그 마귀의 간계에 반대하여 너희들이 능히 설 수 있도록, 너희들은 하나님의 완전무장(전신갑주)을 입어라.

ἐνδύσασθε τὴν πανοπλίαν τοῦ θεοῦ πρὸς τὸ δύνασθαι ὑμᾶς

VMAMP2 DAFS NAFS DGMS NGMS PA DANS VNPNA NPAP2

「πρὸς τὸ + 부정사」 의미상주어

στῆναι πρὸς τὰς μεθοδείας τοῦ διαβόλου·

VNAA PA DAFP NAFP DGMS NGMS

⇨ δύνασθαι는 부정사(στῆναι)를 보어로 취하는 부정사이며, ὑμᾶς를 의미상 주어로 가지고 있다.

② 결과의 부정사

주동사가 나타내는 동작의 결과를 나타낸다(그 결과, 그러므로, 따라서). 즉 실제의 또는 단순하게 의도한 결과를 나타낸다. 신약성경에 86회나 사용되었다.

A. 문맥상 '부정사 단독'으로 '결과'를 나타낸다.

예) 계 5:5. 직역: (너는) 울부짖지 말라. 보라! 유다 지파의(에게 속한) 그 사자, 곧 다윗의 그 뿌리가 정복했다(or 승리를 거두었다). 그 결과 (그가) 그의 그 책과 그 일곱 봉인들을 열었다.

Μὴ κλαῖε, ἰδοὺ ἐνίκησεν ὁ λέων ὁ ἐκ τῆς φυλῆς Ἰούδα, ἡ ῥίζα

AD VMPAS2 QS VIAAS3 DNMS NNMS DNMS PG DGFS NGFS NGMS DNFS NNFS

동격

Δαυίδ, ἀνοῖξαι τὸ βιβλίον καὶ τὰς ἑπτὰ σφραγῖδας αὐτοῦ.

NGMS VNAA DANS NANS JC DAFP ACAFP NAFP NPGNS3

결과부정사 부정사의 목적어 2개

B. 『τοῦ + 부정사(VN-)』 구가 '결과'를 나타낸다.

예) 롬 7:3. 직역: 그러나 만일 그 남자가 죽는다면, 그 여자는 그 법으로부터 자유로워진다. 그 결과 그 여자가 다른 남자에게 있게 된다 할지라도 그 여자는 간부가 아니게 된다.

ἐὰν δὲ ἀποθάνῃ ὁ ἀνήρ, ἐλευθέρα ἐστὶν ἀπὸ τοῦ νόμου,

JS JH VSAAS3 DNMS NNMS ANFS VIPAS3 PG DGMS NGMS

(미래조건가정법)

τοῦ μὴ εἶναι αὐτὴν μοιχαλίδα γενομένην ἀνδρὶ ἑτέρῳ.

DGNS AD VNPAG NPAFS3 APAFS VPADAFS NDMS ADMS

『τοῦ + 부정사』 부정사의주 분사(양보구문)

⇨ 『ἐὰν + 가정법』(만일 ~ (장차) ~ 한다면)을 '미래 조건 가정법'을 나타낸다. 미래적 조건 가정법은 미래적인 조건을 나타내기 때문에 시상(시제)에는 간섭을 받지 않는다. 결과 부정사 εἶναι의 의미상의 주어(대격)은 αὐτὴν, 의미상의 주격보어(대격)은 μοιχαλίδα이다. 또한 이 부정사구문에 종속되어 있는 분사 γενομένην는 '양보'를 나타내는 분사구문이다(비록 ~ 할지라도).

C. 『ὥστε + 부정사(VN-)』 가 '결과'를 나타낸다.

a. 실제적인 결과

예) 막 9:26. 직역: 그가(아이) 죽은 자 같이 되었다. 그 결과 그 많은 사람들이 그는(아이) 죽었다라고 말했다.

ἐγένετο ὡσεὶ νεκρός, ὥστε τοὺς πολλοὺς λέγειν ὅτι ἀπέθανεν.

VIADS3 JS ANMS JH DAMP APAMP VNPA JC VIAAS3

비교접속사 결과접속사 부정사의주 부정사 간접화법(명사절)

⇨ 비교접속사 ὡσεὶ는 "~ 과 같이(like), ~ 처럼(as)", 이 비교접속사절은 불완전 구문이므로 ἐστίν이 생략되었다고 봐야 한다. 결과 부정사 λέγειν의 의미상의 주어는 πολλοὺς이며, 『ὅτι(JC)+직설법』은 '간접화법'의 피전달부(명사절)를 나타낸다.

b. 실제 결과로 실현된 것을 암시.

예) 눅 12:1. 직역: 그 무리의 일만 사람들(or 무수한 사람들)이 함께 모여졌고, 실제 그 결과 (그들) 서로가 내리 밟혔던 동안에, 그가 그 제자들을 향하여 말하기 시작했다.

Ἐν οἷς ἐπισυναχθεισῶν τῶν μυριάδων τοῦ ὄχλου,

PD APRDNP VPAPGFP DGFP NGFP DGMS NGMS

전치사구 속격분사(수동태) 분사의 의·주

ὥστε καταπατεῖν ἀλλήλους, ἤρξατο λέγειν πρὸς τοὺς μαθητὰς ~

JH VNPA NPAMP3 VIAMS3 VNPA PA DAMP NAMP

『ὥστε + 부정사』 부정사의·주 주동사 보어부정사

⇨ '독립속격분사구문'이란 분사의 의미상의 주어와 주동사의 주어(명사, 대명사)와 일치하지 않는 경우, 분사의 의미상의 주어를 따로 독립적으로 내세우는데, 속격(명사, 대명사)으로 나타내며 분사 역시 속격 형태로 나타난다. 따라서 속격분사 ἐπισυναχθεισῶν의 의미상의 주어(μυριάδων)와 주동사 ἤρξατο의 주어(3인칭남성단수, 예수)가 일치하지 않는다. 주동사 ἤρξατο는 부정사(λέγειν)를 보어로 취하는 동사다. 그리고 관계대명사는 『전치사(P-) + 지시대명사(APD-)』가 동화되어 일종의 접속사처럼 사용된다. 즉 『ἐν οἷς』(= ἐν τούτοις ὅτι ~)가 접속사처럼 사용된 경우다(~에서, 하는 동안에).

c. 예상으로 그치는 경향이나 결과

예) 고전 13:2. 직역: 그리고 만일 (장차) 내가 모든 믿음을 소유한다면, 그 결과 산을 멀리 옮길 것이다.

καὶ ἐὰν ἔχω πᾶσαν τὴν πίστιν ὥστε ὄρη μεθιστάναι,

JC JS VSPAS1 AAFS DAFS NAFS JS NANP VNPA

『ἐὰν + 가정법』 결과접속사 부정사

⇨ 『ἐὰν + 가정법』(만일 ~ (장차) ~ 한다면)을 '미래 조건 가정법'을 나타낸다. ὄρη(산)는 부정사의 목적어이다.

D. 『εἰς τὸ + 부정사(VN-)』 가 '결과'(즉 예상된 결과나 실제적인 결과)를 나타낸다.

예) 히 11:3. 직역: 우리들은 그 모든 세계가 하나님의 말씀으로 창조되었음을 믿음으로 안다. 그 결과 보여지는 것은 나타난 것들로부터 아닌 것으로 (이미) 된 것이다.

Πίστει νοοῦμεν κατηρτίσθαι τοὺς αἰῶνας ῥήματι θεοῦ,

NDFS VIPAP1 VNRP DAMP NAMP NDNS NGMS

주동사 부정사-1 부정사-1의·주 수단(도구)의 여격

εἰς τὸ μὴ ἐκ φαινομένων τὸ βλεπόμενον γεγονέναι.

PA DANS AD PG VPPEGNP DANS VPPPANS VNRA

부정사-2의 의미상 주격보어 부정사-2의 의·주 부정사-2

⇨ 인식동사 νοοῦμεν는 부정사(κατηρτίσθαι)를 보어로 취하는 동사이며, 이 부정사의 의미상의 주어는 αἰῶνας이다. 결과 부정사인 γεγονέναι는 부정사구문의 연계사 기능을 하며 이 부정사의 의미상의 주어는 "τὸ βλεπόμενον"이며, 의미상의 주격보어는 "τὸ μὴ ἐκ φαινομένων"이다.

③ 시간의 부정사

주동사가 나타낸 동작에 관련된 '시간'을 나타낸다. 이것은 시상적인 절의 상당어구로 사용된다.

A. 선행적(antecedent) 시간(~전에)

a. 「πρὸ τοῦ + 부정사(VN-)」

예) 요 1:48. 직역: 빌립이 너를 부르기 전에 나는 그 무화과나무 아래에 있는 너를 보았다.

Πρὸ τοῦ σε Φίλιππον φωνῆσαι ὄντα ὑπὸ τὴν συκῆν εἶδόν σε.

PG DGNS NPAS2 NAMS VNAAG VPPAAMS2 PA DAFS NAFS VIAAS1 NPAS2

목-1 의주 부정사 분사(목적보어) 주동사 목-2

(수식: 분사 ὄντα → 목-2)

⇨ 이 문장은 사실 앞선 문장에서 보면, 직접화법의 피전달부에 해당한다(대문자로 시작). 부정사구에서 부정사 φωνῆσαι의 의미상의 주어는 Φίλιππον이며, 부정사의 목적어는 σε(목-1)이다. 분사 ὄντα는 목적어 σε(목-2)에 대한 목적보어라고 볼 수 있다. 그런데 거의 모든 한글성경은 이 분사를 '시간'을 나타내는 분사구문(~ 할 때)으로 번역하고 있다. 분사구문일 경우에는 분사와 주동사의 주어(나다나엘, 주님)가 일치해야 하는데, 그렇지 못하고 오히려 분사의 격·수·인칭이 목적어-2와 같으므로 분사의 '서술적용법'인 목적어를 서술하고 있는 목적보어로서 기능하고 있다.

b. 「πρὶν + 부정사(VN-)」

예) 마 26:34. 직역: 예수께서 그에게 "내가 진실로 너에게, 너는 수탉이 울기 전 이밤에 너는 나를 세 번 부인할 것이라고 말한다."라고 말씀하셨다.

ἔφη αὐτῷ ὁ Ἰησοῦς· Ἀμὴν λέγω σοι ὅτι ἐν ταύτῃ τῇ νυκτὶ

VIAAS3 NPDMS3 DNMS NNMS QS VIPAS1 NPDS2 JS PD ADDFS DDFS NDFS

주동사(부정과거) 문장불변사 ὅτι

πρὶν ἀλέκτορα φωνῆσαι τρὶς ἀπαρνήσῃ με.

AD NAMS VNAA AD VIFDS2 NPAS1

πρὶν 부정사의주 부정사 직설법

⇨ 이 문장은 직접화법 형식의 문이다. 즉 『전달부+피전달부(인용문)』 으로 구성되어 있다. 피전달부는 대문자로 시작되는 부분이다(᾽Αμὴν~). 이 QS로 분해되므로 피전달부 전체에 영향을 주는 문장부사의 기능을 한다. 『ὅτι+직설법』 형식은 피전달부 내에서 간접화법 형식을 나타내고 있다(~ 라고 ~하다).

c. **『πρὶν ἤ + 부정사(VN-)』**

예) 막 14:30. 직역: 그리고 예수께서 그에게 "진실로 내가 너에게 오늘 이 밤에 수탉이 두 번 울기 전에, 너는 나를 세 번 부인할 것이라고 말한다."라고 말한다.

καὶ λέγει αὐτῷ ὁ Ἰησοῦς· Ἀμὴν λέγω σοι ὅτι σὺ σήμερον ταύτῃ

JC VIPAS3 NPDMS3 DNMS NNMS QS VIPAS1 NPDS2 JC NPNS2 AD ADDFS

주동사(현재) ὅτι

τῇ νυκτὶ πρὶν ἢ δὶς ἀλέκτορα φωνῆσαι τρίς με ἀπαρνήσῃ.

DDFS NDFS AD JS AD NAMS VNAA AD NPAS1 VIFDS2

πρὶν ἢ 부정사 의주 부정사 직설법

⇨ 위의 b 예와 병행 구절이다. 즉 직접화법 형식의 문이다.

B. 동시적(contemporaneous)인 시간: 『ἐν τῷ + 부정사(VN-)』 (…할 동안에)

예) 마 13:4. 직역: 그리고 그가 씨를 뿌리는 동안에 한편은 그것은 그 길 옆에 떨어졌다.

καὶ ἐν τῷ σπείρειν αὐτὸν ἃ μὲν ἔπεσεν παρὰ τὴν ὁδόν,

JC PD DDNS VNPAD NPAMS3 APRNNP JC VIAAS3 PA DAFS NAFS

『ἐν τῷ + 부정사(VN-)』

⇨ 『관계대명사 + μέν ~ , 관계대명사 + δέ ~ 』의 형식과 다소 변형된 형태의 문장이다. 본 4절과 연결된 5절에서는 " ~ 관계대명사 + δέ ~ " 대신에 ἄλλα δέ로 연결되어 있다. 관계대명사 ἃ가 양자택일의 인칭대명사 역할을 한다. 즉 "한편은(ἃ μὲν)~ , 다른 한편은(4절, ἄλλα δέ)~" 뜻이다. 이것은 지시대명사의 기능을 가진다.

C. 후행적(subsequent)인 시간 : 『μετὰ τὸ + 부정사(VN-)』 (…한 후에)

예) 마 26:32. 직역: 그러나 내가 살아 난 후에 내가 갈리리로 너희들보다 앞서 나아갈 것이다.

μετὰ δὲ τὸ ἐγερθῆναί με προάξω ὑμᾶς εἰς τὴν Γαλιλαίαν.
PA JH DANS VNAPA NPAS1 VIFAS1 NPAP2 PA DAFS NAFS
『μετὰ τὸ + 부정사(VN-)』 의주

⇨ 인칭대명사 με는 부정사 ἐγερθῆναι의 의미상의 주어이다.

D. **미래적**(future)**인 시간** : 『ἕως τοῦ + 부정사(VN-)』 (…할 때까지)

예) 행 8:40. 직역: 그러나 빌립은 아소도에 발견되었다 그리고 그가 가이사랴에 이르기까지 모든 성읍을 통과하면서 복음을 자신을 위해 계속적으로 전했다.

Φίλιππος δὲ εὑρέθη εἰς Ἄζωτον· καὶ διερχόμενος εὐηγγελίζετο
NNMS JC VIAPS3 PA NAFS JC VPPNNMS VIIMS3
수동태 현재분사 미완료

τὰς πόλεις πάσας ἕως τοῦ ἐλθεῖν αὐτὸν εἰς Καισάρειαν.
DAFP NAFP AAFP PG DGNS VNAAG NPAMS3 PA NAFS
『ἕως τοῦ + 부정사(VN-)』

⇨ 이 문장은 주절이 2개, 종속절이 1개인 혼합문이다. 현재분사 διερχόμενος의 동작은 주동사 εὐηγγελίζετο의 동작과 동시간 때이면서, '시간'을 의미하는 분사구문(부사절) 형식이다(~할 때에, ~하면서). 동사 εὐηγγελίζετο는 미완료 중간태형이므로 자신을 위한 계속적인 동작을 나타낸다. 인칭대명사 αὐτὸν는 부정사 ἐλθεῖν의 의미상의 주어로 사용되었다.

④ **원인의 부정사** (왜냐하면, 때문에, …으로 인하여)

A. **『δία τό + 부정사(VN-)』** : 『ὅτι or διότι + 직설법』 구문과 거의 같지만 부정사는 그 자체가 동작의 시제를 갖지 않는 점이 다르다.

예) 약 4:2. 직역: 너희들이 구하지 아니했기 때문에, 너희들이 소유하지 못한다.

οὐκ ἔχετε διὰ τὸ μὴ αἰτεῖσθαι ὑμᾶς.
AD VIPAP2 PA DANS AD VNPMA NPAP2
『δία τό + 부정사(VN-)』 의주

⇨ ὑμᾶς는 부정사의 의미상의 주어다.

예) 약 4:3. 직역: 너희들이 구하고 그리고 취하지 못한다. 왜냐하면 너희들은 너의 그 육욕적 쾌락 안에서 다 써버리기 위한 목적에서 너희들이 악하게 구하기 때문이다.

αἰτεῖτε καὶ οὐ λαμβάνετε, διότι κακῶς αἰτεῖσθε,

VIPAP2 JC AD VIPAP2 JS AD VIPMP2

「διότι + 직설법」

ἵνα ἐν ταῖς ἡδοναῖς ὑμῶν δαπανήσητε.

JS PD DDFP NDFP NPGP2 VSAAP2

⇨ 「ἵνα + 가정법」은 목적이나 의도를 나타낸다. 즉 악하게 구한 목적과 의도를 나타낸다.

B. **「τῷ + 부정사(VN-)」** : 구약 칠십인역(LXX)에는 원인, 방법, 수단; 신약에서는 원인.

예) 고후 2:13. 직역: 내가 나의 형제 디도를 만나지 못하였기 때문에 나는 나의 영에 편안함을 소유치 못하였다(즉 자유함이 없다).

οὐκ ἔσχηκα ἄνεσιν τῷ πνεύματί μου τῷ μὴ εὑρεῖν με Τίτον

AD VIRAS1 NAFS DDNS NDNS NPGS1 DDNS AD VNAAD NPAS1 NAMS

「τῷ + 부정사(VN-)」 의주 의목

τὸν ἀδελφόν μου,

DAMS NAMS NPGS1

⇨ 부정사 εὑρεῖν의 의미상의 주어(대격)는 με이며, 부정사의 목적어는 Τίτον이다. 그리고 Τίτον와 τὸν ἀδελφόν μου는 동격어이다.

C. **「ἕνεκεν τοῦ + 부정사(VN-)」**

예) 고후 7:12. 직역: 우리들을 위한 너희들의 그 신속함(열심)이 하나님의 면전에서 너희들을 향하여 명백하게 나타나 지기 때문(에 내가)

ἀλλ' ἕνεκεν τοῦ φανερωθῆναι τὴν σπουδὴν ὑμῶν τὴν ὑπὲρ ἡμῶν

JH PG DGNS VNAPG DAFS NAFS NPGP2 DAFS PG NPGP1

「ἕνεκεν τοῦ + 부정사(VN-)」 의주 ← 수식

πρὸς ὑμᾶς ἐνώπιον τοῦ θεοῦ.

PA NPAP1 PG DGMS NGMS

⇨ 본 문은 12절의 전반절. 즉 '내가(바울) 너희들에게(고린도 교인들) 편지를 쓴'이유를 말하는 것이다. 전치사구(ὑπὲρ ἡμῶν)는 관사를 취한 상태에서 관사를 가진 부정사의 의미상의 주어(대격) σπουδὴν를 수식하는 한정적 용법으로 쓰인 경우다. 따라서 전치사구는 형용사구로 사용되었다.

⑤ 명령의 부정사

무관사 부정사는 '명령'이나 '권고'를 나타낼 때가 있다. 이 경우 부정사 구문에서 주어는 생략된다(명령을 받는 사람이 주어로 간주된다). 이 무관사 부정사는 문장의 주동사로 사용되거나 또는 명령법 2인칭 대신 사용될 수 있다. 이러한 부정사는 산문보다 운문에서 더 일반적으로 사용된다.

예1) 롬 12:15. 직역: 기뻐하고 있는 자들과 함께 기뻐하라, 울부짖는 자들과 함께 울부짖어라

χαίρειν μετὰ χαιρόντων, κλαίειν μετὰ κλαιόντων.

VNPA	PG	VPPAGMP	VNPA	PG	VPPAGMP
명령부정사		분사			분사

⇨ 분사(χαιρόντων, κλαιόντων)는 전치사의 지배를 받는 전치사의 목적어로 기능하기 때문에 분사는 명사로서 독립적(명사적)인 용법을 나타낸다. 따라서 " ~ 하는 자들"로 해석된다.

예2) 눅 9:3. 직역:

μήτε (ἀνὰ) δύο χιτῶνας ἔχειν.

JC	AD	ACAMP	NAMP	VNPA

⇨ 계합접속사를 οὔτε가 아닌 μήτε를 사용한 것은 부정 명령문이기 때문이다. 즉 " ~ 말라"는 사실을 강조하기 위한 것이다. οὔτε는 직설법에 사용된다. "따로 따로, 각각"을 뜻하는 부사 ἀνὰ가 수사 앞에 위치하여 여행자들이 자신이 입고 있는 두벌 옷 이외의 다른 여분의 두벌 옷을 함께 나타낸다. 그 당시 여행자들은 보통 두 벌씩 옷을 끼어 입었기 때문에 따로 두 벌 옷을 준비해야만 했다.

⑥ 절대부정사

- 편지의 인사에 쓰이는 부정사다(χαίρειν).
- 이 부정사는 문장과 아무 상관없이 홀로 존재한다.
- 표현되지 않은 어떤 '기원'의 뜻을 가진 동사의 목적어로 간주할 수 있다.

예1) 행 23:26. 직역: 글라우디오 루시아는 가장 강한(or 가장 존경하는) 벨릭스 총독에게 문안드립니다(or 기쁨이 있기를 바랍니다).

Κλαύδιος Λυσίας τῷ κρατίστῳ ἡγεμόνι Φήλικι χαίρειν.

NNMS	NNMS	DDMS	ASDMS	NDMS	NDMS	VNPA□QS
발신인			최상급			절대부정사
			수신인			

⇨ 부정사 χαίρειν은 서신의 서두에서 인사말로 사용되는데, "…문안을 [드리다]"([…says] greetings!). 이 경우에는 동사 λέγει가 보충되어야 한다. 즉 "λέγει χαίρειν"는 "문안을 드리다"(says greeting). 고대 편지글의 서두는 먼저 발신인의 이름을 밝히고(클라우디오 루시아는), 이어서 수신인의 이름을 밝힌 후에(총독 벨릭스에게) 문안하는(문안드립니다) 순서로 쓰는 것이 일반적이었다. 이는 히브리서와 요한일서를 제외하고는 신약 성경의 모든 서신에서도 공통적으로 나타나는 형식이다.

예2) 약 1:1. 직역:

Ἰάκωβος θεοῦ καὶ κυρίου Ἰησοῦ Χριστοῦ δοῦλος ταῖς δώδεκα φυλαῖς

NNMS NGMS JC NGMS NGMS NGMS NNMS DDFP ACDFP NDFP

발신인 수신인

ταῖς ἐν τῇ διασπορᾷ χαίρειν.

DDFP PD DDFS NDFS VNPA□QS

절대부정사

⇨ 위의 예와 동일한 형식. 즉 편지글의 서두의 인사말. 전치사구(ἐν τῇ διασπορᾷ)는 관사를 취한 상태에서 관사를 가진 명사 δώδεκα φυλαις(12지파)를 수식하는 한정적 용법으로 쓰인 경우다. 따라서 전치사구는 형용사구로 사용되었다. Ἰησου와 Χριστοῦ는 동격어이다. Ἰησου와는 개인적인 성격을 띤 이름이며, Χριστοῦ는 사역의 의미가 더 강한 공적인 이름이라 할 수 있다.

⑦ **보어부정사**(Complementary infinitive)

부정사는 어떤 특별한 동사들 뒤에서 그 의미를 보충하는 역할을 한다. 이러한 동사들은 부정사 없이는 문장이 구성되지 않는다. 다음과 같은 동사들이 보어(보충적) 부정사를 필요로 한다.

A. 바라다, 얻으려 하다

θέλω, βούλομαι, ἐπιθυμέω, ζηλόω, ζητέω, σπουδάζω

B. 시작하다

ἀρχομαι

C. 조심하다, 부끄러워하다, 두려워하다

φυλάσσω, αἰσχύνω, ζητέω, σπουδάζω, φοβέομαι

D. 간청하다, 요구하다

δέομαι, ἐρωτάω, αἰτέω, ἀξιόω, εὔχομαι

E. 권고하다, 고무하다, 명령하다

κελεύω, τάσσω, ἐντέλλομαι, κηρύσσω, ἐπιτιμάω

F. 야기하다, 작용하다, 행하다

πείθω, ποιέω

G. 허락하다

ἐάω, ἐπιτρέπω

H. 할 수 있다, 이해하다, 가르치다, 보여주다, 해야 한다

δύναμαι, εἶδω, διδάσκω, δείκνυμαι, ὀφείλω, μελλω, οἶδα

I. 지각하다, 알다, 듣다

ἀκούω, γινώσκω, μανθάνω, οἶδα

J. 믿다, 간주하다

δοκέω, ἔχω, κρίνω, πιστεύω

K. 말하다

φημι, λαλέω, λέγω, ἔπω, ἐρέω, ῥεω

L. 알리다

δηλόω, ἐπιδείκνυμι

예1) 막 4:33. 직역: 그들이 들을 수 있는 대로(이와 같은 많은 비유로 들을 수 있을만큼 예수께서 그들에게 그 말씀을 하셨다.)

καθὼς ἠδύναντο ἀκούειν·

καθὼς	ἠδύναντο	ἀκούειν·
JS	VIINP3	VNPA
비교접속사	δύναμαι	보어부정사

예2) 요삼 2. 직역: 사랑하는 자여! 모든 일에 관하여 너의 영혼(목숨)이 잘 되는 것같이 너가 잘 되고 그리고 강건하기를 내가 간구한다.

Ἀγαπητέ, περὶ πάντων εὔχομαί σε εὐοδοῦσθαι καὶ ὑγιαίνειν,

APVMS PG APGMP VIPNS1 (εὔχομαι) NPAS2 (의주) VNPP (부정사-1) JC VNPA (부정사-2)

καθὼς εὐοδοῦταί σου ἡ ψυχή.

JS VIPPS3 NPGS2 DNFS NNFS

⑧ 부정사의 동사적 특성

A. 주어(의미상의 주어- 대격)를 가질 수 있다.

예) 막 10:14. 직역: 너희들은 어린아이들이 나를 향해 오는 것을 허락하라. 그들을 금하지 말라.

ἄφετε τὰ παιδία ἔρχεσθαι πρός με, μὴ κωλύετε αὐτά,

VMAAP2 (주동사) DANP NANP (의주) VNPN (부정사) PA NPAS1 AD VMPAP2 NPANP3

⇨ 이 문장에서 부정사 ἔρχεσθαι는 주동사 ἄφετε의 목적어로 사용되어 명사적 용법을 나타낸다.

B. 목적어(대격)를 가질 수 있다.

예) 막 8:36. 직역: 왜냐하면 사람이 온 세상을 얻고 그리고 그의 영혼(목숨)이 손상을 입는 것은 무엇이 유익할 것인가?

τί γὰρ ὠφελεῖ ἄνθρωπον κερδῆσαι τὸν κόσμον ὅλον καὶ

APTNNS JS VIFAS3 (ὀφείλω동사) NAMS (부정사의주) VNAA (보어부정사-1) DAMS NAMS (부정사목적어) AAMS JC

ζημιωθῆναι τὴν ψυχὴν αὐτοῦ;

VNAP (보어부정사-2) DAFS NAFS (부정사목적어) NPGMS3

⇨ 주동사 ὠφελεῖ는 부정사를 보(족)어로 취하는 동사이다. 부정사-1의 주어는 ἄνθρωπον이며, 목적어는 κόσμον이다. 부정사-2의 의미상주어는 ψυχὴν이다.

C. 부사적 수식어를 가질 수 있다.

예) 막 10:25. 직역: 부유한 사람이 하나님의 그 나라 속으로 들어가는 것보다

(than) 낙타가 바늘의 그 구멍을 통해 통과하는 것이 더 쉽다.

εὐκοπώτερόν ἐστιν κάμηλον διὰ (τῆς) τρυμαλιᾶς (τῆς) ῥαφίδος

AMNNS VIPAS3 NAFS PG DGFS NGFS DGFS NGFS
형용사(비교급) 연계사 의주 부사구(부정사-1 수식)

διελθεῖν ἢ πλούσιον εἰς τὴν βασιλείαν τοῦ θεοῦ εἰσελθεῖν.

VNAA JS APAMS PA DAFS NAFS DGMS NGMS VNAA
부정사-1 than 의주 부사구(부정사-2 수식) 부정사-2

⇨ 이 문장은 비교급 형식이다. 즉 『형용사(AM-) + ~ + ἢ(than) + 주격 or 대격(명사 or 대명사)』의 형식이다. 본문은 2형식 문인데, 부정사가 문의 '주어' 기능을 하는 명사적 용법을 나타낸다. 따라서 비교 대상이 '명사'가 아니라 부정사구(1)와 부정사구(2)를 비교하는 비교급 형식의 문장이다. 그리고 각 부정사구(1, 2)에서 전치사구(부사구)가 부정사를 수식하고 있다.

⑨ 부정사의 간접화법

대격(목적격)과 부정사를 가지고 간접화법을 나타낼 때가 많다. 이때 부정사는 εἶναι 가 거의 사용된다. 해석은 " ~ 이라고, ~ 이라는"으로 표현한다.

A. 부정사의 주어(대격)가 주동사의 주어와 일치할 경우 부정사의 주어는 대개 생략되며(주격), 이때 부정사와 결합한 술어는 주격으로 나타난다.

예1) 히 11:4. 직역: 그는 믿음을 통해 의롭다라는 증거를 얻었다.

δι' ἧς ἐμαρτυρήθη εἶναι δίκαιος,

PG APRGFS VIAPS3 VNPA ANMS
관계대명사 주동사 부정사 부정사 주격보어

⇨ 부정사 εἶναι의 의미상의 주어가 주동사의 내적주어(3인칭단수-아벨)와 일치하므로 생략되었고, 부정사 εἶναι는 주어와 주격보어 δίκαιος를 연결시켜주는 연결동사(연계사)로 쓰였으며, 동시에 간접화법(~ 이라고, ~ 이라는)을 나타내고 있다.

예2) 롬 1:22. 직역: 그들이 지혜롭다라고 주장하기 때문에 어리석음을 입증받았다.

φάσκοντες εἶναι σοφοὶ ἐμωράνθησαν

VPPANMP VNPA ANMP VIAPP3
분사 부정사 부정사의주격보어 주동사

⇨ 분사는 부정사구(εἶναι σοφοὶ)를 목적어로 취하는 동사적 기능을 하는 동시에 주동사를 수식하는 부사적 용법을 나타낸다(이유 부사절). σοφοὶ는 부정사와 결합된 서술어(주격보어) 역할을 하며, 부정사의 의미상의 주어는 생략되었지만 주동사의 내적주어와 동일 인물이므로(3인칭 복수: 그들) 주격보어로서 기능을 하고 있는 경우다. 또한 부정사 εἶναι는 연계사로서 '간접화법'을 나타낸다.

B. 부정사의 주어와 주동사의 주어가 일치하지만, 부정사의 주어를 나타내고자 할 때는 언제나 재귀대명사 대격이 오며, 이때 부정사와 결합한 술어도 대격으로 나타난다.

예) 롬 2:19. 직역: 너는 너 자신이 소경들의 인도자로, 곧 어둠 안에 있는 자들의 빛이다<u>라고</u> 이미 확신했다.

πέποιθάς τε σεαυτὸν ὁδηγὸν εἶναι τυφλῶν, φῶς τῶν ἐν σκότει,

<u>VIRAS2</u> JC <u>NPAMS2</u> <u>NAMS</u> <u>VNPA</u> APGMP NAMS DGMP PD NDNS

주동사 의·주 의·보 연계사

⇨ 부정사 εἶναι의 의미상의 주어(대격)는 σεαυτὸν이며, 의미상의 주격보어(서술어) ὁδηγὸν이다. 따라서 부정사 εἶναι는 2형식문의 연계사처럼 기능하고 있다. φῶς는 ὁδηγὸν의 동격어로 서술되고 있다.

C. 부정사의 주어와 주동사의 주어가 일치되지 않을 경우에, 부정사의 주어(대격)를 당연히 나타내나, 생략될 경우도 있다.

예) 행 12:15. 직역: 그러나 그들은 그녀에게(어린소녀) "너가 미쳤구나"라고 말했다. 그러나 그녀는 (그것은) 사실이다<u>라고</u> 이와 같이 강력히(확실히) 말했다.

οἱ δὲ πρὸς αὐτὴν εἶπαν· Μαίνῃ. ἡ δὲ διϊσχυρίζετο οὕτως ἔχειν.

DNMP JH PA NPAFS3 <u>VIAAP3</u> VIPAS2 DNFS JH <u>VIINS3</u> AD <u>VNPA</u>

주동사(미완료) 부정사

⇨ 이 문장은 직접화법 형식의 문이다. 『전달부+피전달부(인용문)』의 구조다. 피전달부 역시 대문자(Μαίνῃ)로 시 작된다. 대문자는 영어의 인용문 표식인 " "와 같은 역할을 한다. 관사(οἱ, ἡ) 둘 다 인칭대명사 기능을 하고 있다. 즉 οἱ는 αὐτοί(그들), ἡ는 αὐτή(그녀)이다. ἔχειν부정사가 피전달문 안에서 간접화법을 나타내고 있다(~ 라고). 이 부정사의 의미상의 주어는 '그녀(로데)', 주동사의 주어는 '그것(중성단수대격, αὐτο)'이므로 불일치한다. '그것'이란 '베드로가 문밖에 와 있는 사실을 말한'것을 지칭한다. 따라서 부정사가 당연히 의미상의 주어(대격)를 나타내어야 하나, 이 문장에서는 생략된 경우다. ἔχειν부정사의 원형인 'ἔχω' 동사는 원래 '가지다', '소유하다'라는 뜻이지만 본문에서는 '자신을 유지하다' 또는 '자신이 어떠어떠함을 알다'라는 뜻으로 사용되어, 어린소녀 로데가 베드로가 지금 밖에 와 있다는 사실에 대한 자신의 확신에 찬 주장을 계속해서(미완료-계속되는 행동) 유지하고자 했음을 나타내고 있다.

⑩ 부정사의 우설적 용법

A. 『의지동사 μέλλω 현재형 + 부정사』 : '미래의 의도나 기대'

미래직설법(기대되는 행위)과 유사표현이다. 즉 하려고 의도하는 어떤 행위나 발생할 것이 확실시되거나 운명적으로 결정된 행위를 나타내는 데 사용된다. 해석은 "~ 할 작정이다, (장차) ~ 하려고 하다, 가능하면 ~ 생각하다".

예) 눅 9:44. 직역: 사람의 아들(인자)는 사람들의 손에 (장차) 넘겨주게 되려고 한다(넘겨줌을 당할 것이다).

ὁ υἱὸς τοῦ ἀνθρώπου μέλλει παραδίδοσθαι εἰς χεῖρας ἀνθρώπων.

DNMS NNMS DGMS NGMS VIPAS3+ +VNPP PA NAFP NGMP

『μέλλω 현재 + 부정사』

B. 『μέλλω 미완료과거형 + 부정사』 : (= 부정과거 직설법 + ἄν)

과거의 어느 시점에서 어떤 행위가 곧 일어나려고 했으나, 또는 일어나기로 의도되었거나 결정되었었다는 것을 나타낸다. 즉 실현되지 않은 과거의 의도를 의미한다. 해석은 " ~ 하려고 했었다."

예) 요 7:39. 직역: 그는 그를 믿고 있는 자들이 받기(영접하기)로 의도되었던 바 그 성령에 관하여 이것을 말했다.

τοῦτο δὲ εἶπεν περὶ τοῦ πνεύματος ὃ ἔμελλον λαμβάνειν

APDANS JS VIAAS3 PG DGNS NGNS APRANS VIIAP3+ +VNPA

선행사 관계대명사 『μέλλω 미완료과거 + 부정사』

οἱ πιστεύσαντες εἰς αὐτόν·

DNMP VPPANMP PA NPAMS3

현재분사

⇨ 관계대명사 ὃ(대격중성단수)의 선행사는 (속격중성단수) πνεύματος이다. 이 문장은 관계대명사와 선행사간에 격이 일치하지 않는다. 하지만 선행사와 관계대명사 사이의 '격'은 반드시 일치하지 않는다. 분사 πιστεύσαντες는 관사 οἱ를 취하여 문의 주어로 사용된 '명사적용법'을 나타낸다.

C. (비교) 『μέλλω 현재분사형 + 부정사』 :

미래분사와 유사한 표현이다. 이 표현은 의도된 동작을 다른 동작의 목적으로 표시하지 않은 채 그저 의도를 표현하기 위하여 사용된다. 해석은 " ~ 하려고 하다".

예) 요 12:4. 직역: 그러나 그의 제자들 중의 하나인 가룟인 유다, 그가 그를(예수) 넘겨주려고 할 것이다.

Λέγει δὲ Ἰούδας ὁ Ἰσκαριώτης εἷς (ἐκ) τῶν μαθητῶν αὐτοῦ,
VIPAS3 JH NNMS DNMS NNMS APCNMS PG DGMP NGMP NPGMS3

ὁ μέλλων αὐτὸν παραδιδόναι·
DNMS VPPANNMS+ NPAMS3 +VNPA
『μέλλω 현재분사 + 부정사』

⇨ 고유명사에 관사(Ἰούδας ὁ Ἰσκαριώτης)가 붙으면 실제적인 인물임을 나타낸다. 기수 εἷς가 문의 주어 Ἰούδας와 동격어로 사용된 명사적 용법(독립적 용법)을 나타낸다. 『μέλλω 현재분사 + 부정사』는 미래분사와 유사한 표현으로 단순 의도를 표현하고 있다.

(2) 명사적 용법

부정사의 명사적인 면모가 기본이 된다. 즉 문의 주어와 보어로, 간접화법의 목적어로, 권고, 노력, 약속, 희망 동사 뒤의 목적어로, 소유격을 취하는 동사 뒤의 목적어로서 기능한다.

① 동사의 주어역할

A. 유관사 부정사

예) 빌 1:21. 직역: 나에게 사는 것은 그리스도이다 그리고 죽는 것은 이익이다.

Ἐμοὶ γὰρ τὸ ζῆν Χριστὸς καὶ τὸ ἀποθανεῖν κέρδος.
NPDS1 JS DNNS VNPAN NNMS JC DNNS VNAAN NNNS
관사 부정사 관사 부정사

⇨ 이 문장은 2개의 명사문장으로 이루어져 있다. 즉 술어 동사(ἐστίν)가 없고 명사(Χριστὸς, κέρδος)가 술어(서술주격)로 기능하고 있다. 관사(τὸ)를 가진 부정사(ζῆν, ἀποθανεῖν)가 문의 주어로 활약하고 있다.

B. 무관사 부정사

예) 마 3:15. 직역: 이와 같이 모든 의를 이루는 것이 우리에게 합당한 것이다.

οὕτως πρέπον ἐστὶν ἡμῖν πληρῶσαι πᾶσαν δικαιοσύνην.

AD VPPANNS+ +VIPAS3 NPDP1 VNAA AAFS NAFS

현재분사 εἰμί의 현재형 부정사

⇨ 이 문장은 『εἰμί의 현재 + 현재 분사』로 구성된 '분사의 우설적 현재 용법'을 나타내고 있다. 즉 현재 진행의 뜻을 완전히 드러낸다. 원래 현재 시제(시상)는 진행적인 뜻과 그렇지 않은 뜻을 가지고 있다. 부정사 πληρῶσαι는 문의 주어로 사용된 명사적 용법을 나타낸다. 또한 이 부정사는 목적어 δικαιοσύνην를 가지고 있다.

② 동사의 주격보어 역할

예) 살전 4:3. 직역: 이것은 하나님의 뜻(의지)이다. 곧 너희들의 거룩함, 곧 너희들이 그 음란함으로부터 멀리하는 것이다.

Τοῦτο γάρ ἐστιν θέλημα τοῦ θεοῦ, ὁ ἁγιασμὸς ὑμῶν,

APDNNS JS VIPAS3 NNNS DGMS NGMS DNMS NNMS NPGP2

주어 연계사 주격보어1 주격보어2

ἀπέχεσθαι ὑμᾶς ἀπὸ τῆς πορνείας,

VNPM NPAP2 PG DGFS NGFS

부정사(주격보어3) 의·주

⇨ 이 문장은 2형식문이다. 즉 『주어+연계사+주격보어』 형식이다. 주격보어2 ἁγιασμὸς와 주격보어3 ἀπέχεσθαι는 주격보어1 θέλημα와 동격어를 나타낸다. 인칭대명사 ὑμᾶς는 부정사의 의미상의 주어로 사용되었다.

③ 동사의 목적어 역할

A. 유관사 부정사

예) 빌 2:13. 직역: 왜냐하면 원하는 것과 호의를 위하여 행하시는 것 둘 다를 너희들 안에서 행하고 계시는(내적 역사) 자는 하나님이시다.

θεὸς γάρ ἐστιν ὁ ἐνεργῶν ἐν ὑμῖν καὶ τὸ θέλειν καὶ

NNMS JS VIPAS3 DNMS VPPANMS PD NPDP2 JC DANS VNPAA JC

서술주격 연계사 분사 부정사1

τὸ ἐνεργεῖν ὑπὲρ τῆς εὐδοκίας.

DANS VNPAA PG DGFS NGFS

부정사2

⇨ 한정적 서술주격 명사 θεὸς는 관사를 가지나 통상적으로 동사 뒤에서 관사를 취한다. 만일 동사 앞에 선행할 경우에는 관사(ὁ)를 생략한다. 따라서 명사 θεὸς는 본래 ὁ θεὸς이다. 분사 ἐνεργῶν는 관사(ὁ)를 가지고 문장의 주격보어로 사용된 명사적 용법을 나타낸다. 부정사1과 부정사2는 분사 ἐνεργῶν의 목적어로 사용된 경우다. 계합(연계) 접속사 "καὶ A ~ καὶ B"는 " A도 B도 둘 다"(both A and B)의 의미를 가진다. 부정사1과 2는 둘 다 관사 τὸ를 가지고 동사(즉 분사)의 목적어로 사용된 명사적용법을 나타낸다.

B. 무관사 부정사

예) 마 19:14. 직역: 너희들은 그 아이들이 나를 향해서 오는 것을 허락하고(내버려 두고) 그리고 금하지 말라.

ἄφετε τὰ παιδία καὶ μὴ κωλύετε αὐτὰ ἐλθεῖν πρός με,

VMAAP2 DANP NANP JC AD VMPAP2 <u>NPANP3</u> <u>VNAA</u> PA NPAS1

⇨ 중성인칭대명사(대격) αὐτὰ는 아이들(παιδία)를 지칭하며, 부정사 ἐλθεῖν의 의미상의 주어로 사용된 경우다. 그리고 이 문장은 '금지'를 나타내는 명령문이다. 이 금지 명령은 μὴ 와 이미 <u>진행 중인 동작</u>을 멈추게 하기 위하여 사용된다. 이를 통해 제자들이 이미 아이들이 예수께로 오는 것을 계속적으로 금하고 있음을 알 수 있다.

④ 동사의 목적보어 역할

예) 행 7:42. 직역: 하나님이 (마음을) 바꾸셨다 그리고 하나님은 그들이 하늘의 그 군대를 섬기도록 내 버려두셨다.

ἔστρεψεν ὁ θεὸς καὶ παρέδωκεν αὐτοὺς λατρεύειν τῇ στρατιᾷ

<u>VIAAS3</u> DNMS NNMS JC <u>VIAAS3</u> <u>NPAMP3</u> <u>VNPA</u> DDFS NDFS

목적어 부정사(목적보어)

τοῦ οὐρανοῦ

DGMS NGMS

⇨ 부정사 λατρεύειν는 원형인 동사 λατρεύω는 여격을 지배하는 동사이므로 부정사 λατρεύειν는 여격명사 στρατιᾷ를 목적어로 취한 경우이다. 이 문장에서 부정사는 목적어 αὐτοὺς의 목적보어 역할을 하 고 있다.

⑤ 동작의 수단 or 방편의 역할(~으로써)

예) 히 5:5. 직역: 이와 같이 그리스도 역시 그 자신을 대제사장이 되게하심<u>으로써</u> 영광스럽게 하지 않으셨다.

Οὕτως καὶ ὁ Χριστὸς οὐχ ἑαυτὸν ἐδόξασεν γενηθῆναι ἀρχιερέα

AD AD DNMS NNMS AD NPAMS3 VIAAS3 VNAO NAMS

목적어 동사 부정사(방편) 의주

⇨ 목적어 ἑαυτὸν는 그 절의 주격(주어) Χριστὸς을 되풀이하여 재언급하는 재귀대명사이다. ἀρχιερέα는 부정사 γενηθῆναι의 의미상의 주어로 사용된 경우다.

⑥ 명사의 동격(Apposition)

예) 약 1:27. 직역: 아버지 하나님 앞에서 깨끗하고 더럽혀지지 않는 신앙적 행위(경건)은 이것이다. 곧 자신들의 고통 중에 (있는) 고아와 과부를 돌보는 것, 곧 그 세상으로부터 그 자신을 흠없이 지키는 것(이다)

θρησκεία καθαρὰ καὶ ἀμίαντος παρὰ τῷ θεῷ καὶ πατρὶ αὕτη ἐστίν,

NNFS ANFS JC ANFS PD DDMS NDMS JC NDMS APDNFS APDNFS

주어 주어수식(형용사의 한정적 용법) 주격보어 연계사

ἐπισκέπτεσθαι ὀρφανοὺς καὶ χήρας ἐν τῇ θλίψει αὐτῶν,

VNPN APAMP JC APAFP PD DDFS NDFS NPGMP3

부정사(주어와 동격1) 부정사의 목적어

ἄσπιλον ἑαυτὸν τηρεῖν ἀπὸ τοῦ κόσμου.

AAMS NPAMS3 VNPA PG DGMS NGMS

부정사목적보어 부정사 목적어 부정사(주어와 동격2)

⑦ 수식어의 역할

A. 명사의 수식

예) 요 1:12. 직역: 하나님께서 그를(예수) 영접한 바 그들에게 하나님의 자녀가 되는 권세를 주셨다. 곧 그의(예수) 이름을 믿고 있는 자들에게,

ὅσοι ἔλαβον αὐτόν, ἔδωκεν αὐτοῖς ἐξουσίαν τέκνα θεοῦ γενέσθαι,

APRNMP VIAAP3 NPAMP3 VIAAS3 NPDMP3 NAFS NANP NGMS VNAD

관계대명사 주동사 후행사 목적어 ← 수식 ― 부정사

τοῖς πιστεύουσιν εἰς τὸ ὄνομα αὐτοῦ,

DDMP VPPADMP PA DANS NANS NPGMS3

분사

⇨ 부정사 γενέσθαι가 목적어인 명사 ἐξουσίαν를 수식하는 경우다. 관계대명사 ὅσοι의 후행사는 αὐτοῖς이다(격 불일치). 분사 πιστεύουσιν는 관사 τοῖς를 취하여 αὐτοῖς와 동격관계를 나타내는 명사적 용법으로 사용된 경우다. τέκνα는 부정사의 의미상의 주어가 된다.

B. **형용사의 수식** : 부사적 소유격과 같은 기능

예) 벧전 1:5. 직역: 하나님의 능력 안에서 믿음으로 말미암아 보호하심을 입은 자너희들을 (위하여, 4절의 εἰς ὑμᾶς과 동격), 마지막 때에 나타내기로 이미 준비된 구원을 위하여.

τοὺς ἐν δυνάμει θεοῦ φρουρουμένους διὰ πίστεως εἰς σωτηρίαν
DAMP▫APRNMP2 PD NDFS NGMS VPPPAMP2 PG NGFS PA NAFS
분사

ἑτοίμην ἀποκαλυφθῆναι ἐν καιρῷ ἐσχάτῳ
AAFS VNAP PD NDMS ADMS
형용사 수식 부정사

⇨ 이 문장은 앞의 3절의 주문장에 구로서 연결되어 있다. 3절 역시 연계사(ἐστίν)가 생략되어 있는 명사문장이다(2형식- 하나님은 찬송이시다). 관사 τοὺς는 두 가지로 기능을 하는데, 첫째는 관계대명사 기능을 하므로 그 선행사는 앞 4절의 ὑμᾶς(너희들)이다. 둘째는 분사 φρουρουμένους가 이 관사를 취한 상태에서 명사적 용법으로 앞 4절의 ὑμᾶς(너희들)와 동격관계의 기능을 한다. 그리고 이 분사는 수동태를 나타내므로 수동동사의 원인이 되는 '매개적인 행위자'를 가진 구조로 되어 있다(διὰ πίστεως, 믿음으로 말미암아). 이 구에서 부정사 ἀποκαλυφθῆναι는 형용사 ἑτοίμην를 수식하고 있다.

⑧ 『**비인칭 동사**(3인칭 단수) + **부정사**(VN–)』 **형식** : 비인칭 구문의 주어(사실주어) 역할

A. 부정사의 의미상의 주어가 **대격**인 경우.

a. **『δεῖ + 부정사(VN)』** (…을 하는 것이 필요하다, it is necessary to + VN)

예) 막 8:31. 직역: 그가(예수) 그들에게 인자는 많은 고난들을 겪는 것이 필요하다는 것을 가르치기 시작했다.

ἤρξατο διδάσκειν αὐτοὺς ὅτι δεῖ τὸν υἱὸν τοῦ ἀνθρώπου πολλὰ παθεῖν
VIAAS3 VNPA NPAMP3 JC VIPAS3 DAMS NAMS DGMS NGMS APANP VNAA
주동사 부정사1 δεῖ 부정사2 의주 부정사2 목적어 **부정사2**

⇨ 이 문장은 주절 1개, 종속절 2개인 복문이다. 주동사 ἤρξατο(시작하다)는 부정사(διδάσκειν)를 보어로 취하는 동사이다. 부정사1은 2개의 대격을 지배하는 동사이므로(~에게 ~을 가르치다), 간접 목적어(대격, αὐτοὺς)와 직접 목적어(접속사 ὅτι가 이끄는 절)를 취한다. 부정사 2의 의미상의 주어는 υἱὸν(완전한 형태는 인자), 목적어는 πολλα(많은 일들)다.

b. 『Ἐγένετο δὲ + 부정사(VN)』 :

(…을 하는 것이 일어났다, it came to pass, that ~)

예) 행 9:32. 직역: 모든 지역을 통하여 돌아다니고 있던 베드로가 룻다에 정착하고 있던 그 성도들에게(향하여)도 내려가는 것이 일어났다.

Ἐγένετο δὲ Πέτρον διερχόμενον διὰ πάντων κατελθεῖν καὶ πρὸς

VIADS3 JC NAMS VPPNAMS PG APGNP VNAA AD PA

Ἐγένετο δε 부정사의 주어 분사1 부정사

τοὺς ἁγίους τοὺς κατοικοῦντας Λύδδα.

DAMP APAMP DAMP VPPAAMP NAFS

분사2

⇨ 분사1은 부정사의 의미상의 주어인 Πέτρον를 서술하는 '서술적 용법'을 나타낸다. 분사2는 관사를 가지고 앞의 관사를 가진 형용사(명사적 기능)를 수식하는 '한정적 용법'을 나타내고 있다. 대격 고유명사인 Λύδδα는 장소를 나타내는 부사적 대격으로 분사2를 수식하고 있다 (룻다에 정착하고 있는~).

* καὶ ἐγένετο와 ἐγένετο δέ*

히브리어 וַיְהִי(바예히)는 70인역(LXX)에 καὶ ἐγένετο와 ἐγένετο δέ로 번역되며(~ 이 되었다, ~ 이 일어났다, ~ 이 발생했다; and it came to pass ~), 신약성경(마태복음, 마가복음, 누가복음, 사도행전)에서는 논리적으로 ἐγένετο의 주어가 되는 절이나 부정사를 인도하는데 사용된다.

여기서 ἐγένετο는 절이나 부정사를 주어로 취하며, ἐγένετο 다음에 보통 '시간의 절이나 구'가 나오며, 묘사되어야 할 사건은 직설법과 함께 καὶ를 사용하거나, καὶ 없이 직설법을 사용하거나, 부정사를 사용하여 표현된다. 이와 같은 구문은 다음과 같다.

① 『καὶ ἐγένετο(or ἐγένετο δέ) + 부사구(시간) + καὶ + 직설법』

(예) 눅 5:1. 직역: 그 무리가 그를(예수) 둘러싸고 하나님의 그 말씀을 듣는 동안에 그는(예수) 게네사넷 항구 변에 계속해서 서 있었던 일이 일어났다.

Ἐγένετο δὲ ἐν τῷ τὸν ὄχλον ἐπικεῖσθαι αὐτῷ καὶ ἀκούειν τὸν λόγον

VIADS3 JC PD DDNS DAMS NAMS VNPND NPDMS3 JC VNPAG DAMS NAMS

καὶ ἐγένετο 시간을 나타내는 부사구(~ 하는 동안에)

τοῦ θεοῦ καὶ αὐτὸς ἦν ἑστὼς παρὰ τὴν λίμνην Γεννησαρὲτ

DGMS NGMS JH NPNMS3 VIIAS3+ +VPRANMS PA DAFS NAFS NAFS/NGFS

καὶ 직설법(우설적 과거완료)

⇨ 『εἰμί의 미완료 + 현재완료 분사(ἑστὼς)』의 형식은 "우설적 과거 완료" 용법을 나타낸다. 이 구문형식은 '우설적 현재 완료 구문'과 비교하면 다만 시간적으로 과거라는 것만 틀리다. 『ἐν τῷ + 부정사』(… 할 동안에)는 동시적(contemporaneous)인 '시간'을 나타내는 전치사구이다.

② 「καὶ ἐγένετο(or ἐγένετο δέ) + 부사구(시간) + 직설법」

(예) 막 1:9. 직역: 그 날에 예수께서 갈리리 지방의 나사렛으로부터 오셨고 요단강에서 요한에 의하여 세례를 받았던 일이 일어났다.

Καὶ ἐγένετο ἐν ἐκείναις ταῖς ἡμέραις ἦλθεν Ἰησοῦς ἀπὸ Ναζαρὲτ
JC VIADS3 PD ADDFP DDFP NDFP VIAAS3 NNMS PG NGFS
καὶ ἐγένετο 시간을 나타내는 부사구(~ 때에) 직설법

τῆς Γαλιλαίας καὶ ἐβαπτίσθη εἰς τὸν Ἰορδάνην ὑπὸ Ἰωάννου.
DGFS NGFS JC VIPAS3 PA DAMS NAMS PG NGMS
수동태 수동동사 동작의 직접적 행위자

⇨ 수동태 동사에서 표시된 동작을 일으키는 원래의 행위자가 표현될 때는 「ὑπό(~에 의하여)+행위자(Ἰωάννου)」로 표현된다.

③ 「καὶ ἐγένετο(or ἐγένετο δέ) + 부사구(시간) + 부정사」

(예) 막 2:23. 직역: 그 안식일에 그가(예수) 씨뿌린 밭을 통해 지나가는 일이 일어났다.

Καὶ ἐγένετο αὐτὸν ἐν τοῖς σάββασιν παραπορεύεσθαι διὰ τῶν σπορίμων,
JC VIADS3 NPAMS3 PD DDNP NDNP VNPN PG DGNP APGNP
καὶ ἐγένετο 시간 부사구 부정사

⇨ 부정사 παραπορεύεσθαι의 의미상의 주어는 αὐτὸν이다.

c. 「χρή + 부정사(VN)」(~ 하는 것이 필요하다, 마땅하다, 적당하다; it is expedient, fitting, congruous + VN)

예) 약 3:10. 직역: 바로 그 입으로부터 찬양(좋은 말)과 저주가 나온다. 나의 형제들이여! 이 일들이 이와 같이 되는 것이 마땅하지 않다.

ἐκ τοῦ αὐτοῦ στόματος ἐξέρχεται εὐλογία καὶ κατάρα.
PG DGNS AGNS NGNS VIPNS3 NNFS JC NNFS
강의대명사

οὐ χρή, ἀδελφοί μου, ταῦτα οὕτως γίνεσθαι.
AD VIPAS3 NVMP NPGS1 APDANP AD VNPN
χρή 호격어 지시대명사 부정사

⇨ 강의대명사 αὐτοῦ는 한정하는 명사 앞에서 관사를 취하여 형용적 위치에서 "바로 그, 같은"의 뜻을 나타낸다. 따라서 형용적 위치에 있음으로 형용사(A-)로 분해되었다. 지시대명사(대격) ταῦτα는 부정사 γίνεσθαι의 의미상의 주어로 사용되었다.

d. 「συμφέρει + 부정사(VN)」(~하는 것이 유익하다)

예) 요 18:14. 직역: 그는 한 사람이 그 백성을 위하여 죽는 것이 유익하다는

것을 유대인들과 함께 의논했던 사람인 가야바이었다.

ἦν Καϊάφας ὁ συμβουλεύσας τοῖς Ἰουδαίοις

VIIAS3 NNMS DNMS VPAANMS DDMP APDMP

분사

ὅτι συμφέρει ἕνα ἄνθρωπον ἀποθανεῖν ὑπὲρ τοῦ λαοῦ.

JC VIPAS3 ACAMS NAMS VNAA PG DGMS NGMS

συμφέρει 부정사 의주 부정사

⇨ 분사 συμβουλεύσας는 관사 ὁ를 가지고 고유명사 Καϊάφας와 동격을 이루는 명사적 용법을 나타낸다. 또한 이 분사는 '교제의 여격'과 함께 쓰이므로 τοῖς Ἰουδαίοις(여격)이 바로 위치하였다. 접속사 ὅτι가 이끄는 절은 분사의 목적어인 명사절(목적절)을 나타낸다.

B. 부정사의 의미상의 주어가 여격인 경우

a. **「δόξητε + 부정사(VN)」** (~처럼 보이다, ~로 생각되다, it seems ~)

예) 마 3:9. 직역: 너희들은 너희 자신들 속에서(스스로) "우리는 그 아브라함을 아버지로 소유하고 있다"라고 생각하지 말라.

μὴ δόξητε λέγειν ἐν ἑαυτοῖς· Πατέρα ἔχομεν τὸν Ἀβραάμ.

AD VSAAP2 VNPA PD NPDMP2 NAMS VIPAP1 DAMS NAMS

「δόξητε + 부정사」 목적보어 목적어

⇨ 이 문장은 직접화법 형식의 문이다. 즉 "전달부+피전달부" 형식이다. 피전달문은 대문자(Πατέρα)로 시작되는 인용문(영어의 " " 에 해당)부분이다. 『μὴ + 부정과거 가정법(δόξητε)』은 '금지 명령'(동작의 시작을 금지)을 나타낸다.

b. **「ἔξεστίν+ 부정사(VN)」** (~하는 것이 허락되었다, 합당하다; it is proper[lawful] to ~)

예) 막 6:18. 직역: 왜냐하면 요한이 헤롯에게 당신의 형제의 그 아내를 당신이 소유한 것은 합당하지 못하다라고 (계속해서 -미완료)말했다.

ἔλεγεν γὰρ ὁ Ἰωάννης τῷ Ἡρῴδῃ ὅτι οὐκ ἔξεστίν σοι ἔχειν

VIIAS3 JS DNMS NNMS DDMS NDMS JC AD VIPAS3 NPDS2 VNPA

「ἔξεστίν+ 부정사」

τὴν γυναῖκα τοῦ ἀδελφοῦ σου.

DAFS NAFS DGMS NGMS NPGS2

⇨ 여격 인칭대명사 σοι가 부정사의 의미상의 주어이며, γυναῖκα가 부정사의 목적어로 사용된 경우다. 『ὅτι+직설법』형식은 간접화법을 나타낸다. 간접화법은 구문상 주동사(ἔλεγεν)의 목적어(명사절)을 나타낸다. 물론 접속사 ὅτι가 JC로 분해될 때도 주동사(ἔλεγεν)의 목적어인 명사절을 나타낸다.

c. **『πρέπει + 부정사』** (~하는 것이 적합하다, 알맞다, 옳다; it is becoming, fitting)

예) 마 3:15. 직역: 너는 바로 지금 허락하라. 왜냐하면 우리가 이와 같이 모든 의 를 성취하는 것이 적합하기 때문이다.

῎Αφες ἄρτι, οὕτως γὰρ πρέπον ἐστὶν ἡμῖν πληρῶσαι πᾶσαν

VMAAS2 AD AD JS VPPANNS+ +VIPAS3 NPDP1 VNAA AAFS

『εἰμί의 현재 + 현재 분사』

δικαιοσύνην.

NAFS

⇨ 이 문장은 직접화법의 피전달부에 해당되는 문이다. 『εἰμί의 현재 + 현재 분사(πρέπον)』는 분사의 "우설적 현재"용법을 나타낸다. 이 구문의 형식은 '현재 진행'의 뜻을 완전히 드러낼 수 있다. 현재 시상(시제)은 진행의 의미를 갖고 있기도 하고 그렇지 않기도 하다. δικαιοσύνην(의)는 부정사의 목적어로, ἡμῖν(여격)는 부정사의 의미상의 주어로 사용된 경우다.

d. **『ἐπιτρέπεται + 부정사(VN)』** (~하는 것이 허락되다; it is permitted to~)

예) 행 26:1. 직역: 너는 너 자신에 관하여 말하는 것이 허락되었다.

ἐπιτρέπεταί σοι περὶ σεαυτοῦ λέγειν.

VIPPS3 NPDS2 PG NPGMS3 VNPA

비인칭동사 부정사 의·주 부정사

⇨ 비인칭 동사구문이다. 부정사 λέγειν의 의미상의 주어는 σοι(여격)이다.

e. **『μέλει + 부정사(VN)』** (~이 관심거리다, ~을 염려하다; it matters, it is care~)

예) 눅 10:40. 직역: 마르다는 많은 봉사(섬기는 일)에 관하여 마음이 (계속해서 - 미완료) 산란하였다. 그러나 그녀는 (예수)곁에 선 후에 "주여! 당신은 내 동생이 나를 홀로 남겨두는 것 곧 섬기는 것(봉사)을 염려하지 않습니까?라고 말했다. 그러므로 당신은 그녀(동생 마리아)에게 그녀가 내게 협력하라고 명령하십시오.

ἡ δὲ Μάρθα περιεσπᾶτο περὶ πολλὴν διακονίαν· ἐπιστᾶσα δὲ

DAFS JH NNFS VIIPS3 PA AAFS NAFS VPAANFS JH

분사

εἶπεν ·Κύριε, οὐ μέλει σοι ὅτι ἡ ἀδελφή μου μόνην με κατέλιπεν

VIAAS3 NVMS AD VIPAS3 NPDS2 JC DNFS NNFS NPGS1 AAFS NPAS1 VIAAS3

μέλει 부정사의주

διακονεῖν; εἰπὲ οὖν αὐτῇ ἵνα μοι συναντιλάβηται.

VNPA VMAAS2 JH NPDFS3 JC NPDS1 VSADS3

부정사

⇨ 분사 ἐπιστᾶσα는 주동사 εἶπεν보다 앞선 동작(과거분사)을 의미하는 '시간' 관계분사구문을 나타낸다(~ 한 후에). ὅτι가 이끄는 절은 『μέλει + 부정사(διακονεῖν)』구문의 부정사(διακονεῖν)와 동등한 위치에 있는 동격절(명사절}이다. ἵνα가 이끄는 절은 간접화법(명사절}을 나타낸다(~ 라고).

분 사

분　사(VP–, Participle)

1) 정의 및 특성

분사는 동사와 형용사의 특성을 함께 가지고 있으면서 형용사적 용법, 부사적 용법, 그리고 명사적 용법을 갖는다. 그 기능에 있어서는 목적어, 보어를 취하는 등 동사(verb)의 기능을 가지며, 그 맡아 하는 일은 형용사(adjective) 노릇을 한다. 그러므로 "verb-adjective (동사적 형용사)"라 부르기도 한다.

(1) 분사의 동사적 특성

분사가 동사 역할을 하는 것으로, 시제(tense)와 태(voice)를 가지며, 목적어(an object), 보어(a complement), 그리고 부사적 수식어(an adverbial modifier)를 취한다. 부정사와 다른 점은 의미상의 주어를 갖지 않는다는 것이다. 분사의 주어라고 한다면, 이는 주동사에 의하여 나타나는 동작의 행위자로 묘사된다. 예외적으로, 속격 분사 구문상의 주어는 속격의 주어가 위치한다.

(2) 분사의 형용사적 특징

분사가 명사를 수식하는 형용사 역할을 하는 것으로 반드시 수식하는 명사와 성(gender), 수(number), 격(case)이 일치 되어야 한다. 분사는 형용사와 달리 관사없이 수식할 수 있다.

(3) 분사의 동(動)-형(形)사적(verb-adjective) 특징

분사가 동사의 역할을 하면서 또한 다른 명사를 수식하는 형용사 역할을 동시에 하는 경우이다. 동사 역할을 하기 때문에 시제(tense), 태(voice), 목적어(an object), 보어(a complement), 부사적 수식어(an adverbial modifier)를 가지게 되며, 동시에 형용사 역할을 하기 때문에 수식받는 명사와 성, 수, 격이 일치 되어야 한다.

2) 분사의 시제

분사의 시제는 문장의 주동사의 시제에 의해 결정된다. 주의할 것은 분사 자체 내에서의 시제를 나타내지 않는다는 점이다.

(1) 현재 분사

주동사가 나타내는 동작과 같은 시간에 일어나고 있는 동작(분사가 나타내는 동작)을 표시한다. 이 때 주동사의 시제(과거, 현재, 미래)와 상관없이 어느 때라도 같은 시간에 일어나는 일이면 현재 분사가 사용된다. 번역은 " ~하면서, ~할 때, ~하는".

예) 눅 1:64. "~ 말을 하여 하나님을 찬송하니"

(직역: 그가 말을 하면서 그리고 하나님을 찬양했다.

ἐλάλει εὐλογῶν τὸν θεόν.

VIIAS3 VPPANMS DAMS NAMS

현재분사(찬송하면서)

⇨ 분사 εὐλογῶν는 '부대상황'(동시동작)을 나타내는 부사절(관계분사구문)을 인도한다. 즉 "접속사+주어+동사"로 해석해야 하며(~ 그리고 ~ 하다), 주동사 ἐλάλει에 종속된다(부사절). 따라서 분사구문이 있는 문장은『주절 + 종속절』형식으로 해석해야 한다. 분사의 시제가 현재이므로 분사의 동작이 주동사 ἐλάλει와 동시간대다. 하지만 '동시동작'은 두 사건이 동시간대에 연속해서 일어나기 때문에 후속사건은 시간적이기보다 '논리적'으로 뒤에 발생하는 것으로 본다.

(2) 과거 분사

주동사가 나타내는 동작보다 앞선 동작을 나타낸다. 즉 주동사의 시제(과거, 현재, 미래) 보다 앞에서 된 동작을 나타낼 때 과거 분사를 사용한다. 번역은 "~ 한 후에, ~ 하고 나서, ~ 했던".

예) 마 2:10. "저희가 별을 보고 가장 크게 기뻐하고 기뻐하더라."
(직역: 그리고 그들이 그 별을 보고 난 후(or 보면서) 아주 크게 기뻐했다)
ἰδόντες δὲ τὸν ἀστέρα ἐχάρησαν χαρὰν μεγάλην σφόδρα.
VPAANMP JH DAMS NAMS VIAOP3 NAFS AAFS AD
과거분사

⇨ 분사가 목적어 ἀστέρα를 가지며 동사적 기능을 나타내는 것이다. 또한 '시간'을 나타내는 분사구문이다. 분사의 시제가 과거분사이므로 주동사보다 앞선 동작을 나타낸다. ἐχάρησαν χαρὰν의 표현은 히브리적 기교를 나타내는 것이다. 즉 동사가 같은 어원의 명사를 목적어(동족 목적어)로 취하는 표현이다.

(3) 미래 분사

주동사의 동작보다 후에 일어난 동작(사건)을 나타낼 때 사용한다.

예) 마 27:49. " ~ 엘리야가 와서 저를 구원하나 보자"
(직역: 엘리야가 그를 구원하기 위하여 올지 안 올지를 우리들이 보자).
Ἴδωμεν εἰ ἔρχεται Ἠλίας σώσων αὐτόν.
VSAAP1 QT VIPNS3 NNMS VPFANMS NPAMZS

⇨ 조건을 나타내는 접속사 εἰ가 QT로 분해될 때는 명사절 "whether"(~ 인지 아닌지)로 번역한다.

(4) 현재 완료 분사

분사의 동작이 이미 완료된 상태를 나타내지만 그 동작의 결과가 주동사의 동작과 동시적인 것을 나타낼 때 사용한다.

예) 마 5:10. " ~ 의를 위하여 핍박을 받는 자는 복이 있나니 ~"
(직역: 의 때문에 핍박을 (이미) 받은 자들은 복이 있다.)

μακάριοι οἱ δεδιωγμένοι ἕνεκεν δικαιοσύνη

ANMP DNMP VPRPNMP PG NGFS

3) 분사의 용법

분사는 형용사의 성질을 가지고 역할하기 때문에 그 용법이 형용사의 용법과 같이 한정적, 서술적, 독립적(명사적) 위치를 가진다. 그리고 분사가 서술적 용법으로 사용될 때 분사는 대 개 논리적 관계에서 문장의 다른 동사를 수식하는 부사의 성질을 가진다. 즉 분사가 문장 안에서 원인, 조건, 시간(때), 양보, 이유, 목적, 부대 상황 등등을 표현하면서 관계성을 지어주는 역할을 한다(관계 분사 구문).

(1) 한정적 용법

① 형용사의 한정적 용법처럼 수식하는 분사와 수식받는 명사가 모두 관사를 가지고 있다. 단, 고유명사는 예외적으로 관사가 없다. 고유명사 자체가 한정되어 있기 때문이다.

예) 마 10:6. "차라리 이스라엘 집의 잃어버린 양에게로 가라"
(직역: 너는 오히려 이스라엘 집의 잃어버린 그 양에게로 가라)

πορεύεσθε	μᾶλλον	πρὸς	τὰ	πρόβατα	τὰ	ἀπολωλότα	οἴκου	Ἰσραήλ.
VMPNP2	ADM	PA	DANP	NANP	DANP	VPRAANP	NGMS	NGMS
			관사	명사	관사	완료분사		

수식

② 이름, 별명등을 말하기 위해 동격의 의미로 쓰이는 분사들(λεγόμενος, καλουμενος) 은 그 앞에 관사가 붙는다.

예) 마 1:16. " ~ 마리아에게서 그리스도라 칭하는 예수가 나시니라"
(직역: 그 여자로부터 그리스도라고 불리어지고 있는 예수가 태어나셨다.)

ἐξ ἧς ἐγεννήθη Ἰησοῦς ὁ λεγόμενος Χριστός.

PG APRGFS VIAPS3 NNMS DNMS VPPPNMS NNMS

고유명사 현재분사수동

수식

⇨ 고유명사 Ἰησοῦς는 자체 한정되어 있는 것이므로 분사가 관사를 가지고 고유명사를 수식하는 한정적 용법을 나타낸다. ὁ λεγόμενος와 Χριστός는 동격이다.

③ 인칭대명사를 수식하는 분사는 관사를 취한다.

예) 롬 9:20. "이 사람아 네가 뉘기에 감히 하나님을 힐문하느뇨 ~"
(직역: 하나님께 반박하는 너는 누구냐?)

σὺ τίς εἶ ὁ ἀνταποκρινόμενος τῷ θεῷ;

NPNS2 APTNMS2 VIPAS2 DNMS VPPNNMS2 DDMS NDMS

수식

④ 형용사처럼 쓰이는 한정적 분사의 관사가 관계사 역할을 하기도 한다.

예) 마 25:34. " ~ 너희를 위하여 예비된 나라를 상속하라"
(직역: 너희에게 예비된 나라를 상속하라)

κληρονομήσατε τὴν ἡτοιμασμένην ὑμῖν βασιλείαν

VMAAP2 DAFS VPRPAFS NPDP2 NAFS

수식

(2) 서술적 용법

서술적 용법은 분사 앞에 관사가 오지 않는다. 이유는 분사가 동사의 보어(보충어)로 쓰이기 때문이다. 즉 보어 분사가 동사의 의미를 완성시키는 역할을 한다.

① 분사가 '존재'와 '행위'를 나타내는 동사들의 보어 역할을 한다.

διατελεω (언제까지나 머무르다, 계속하다)

καλῶς (잘 하다)

λανθάω (숨겨져 있다, 부지중에 무엇을 하다)

παυω (중지하다, 마치다)

προφθανω (앞질러서 무엇을 하다)

ὑπαρχω γίνομαι εἰμί (존재하다, 있다)

예) 행 10:33. " ~ 오셨으니 잘 하였나이다 ~ "

(직역: 그리고 당신이 오신 것은 잘 하신 것입니다)

σύ	τε	καλῶς	ἐποίησας	παραγενόμενος.
NPNS2	JC	AD	VIAAS2	VPADNMS2
			행위동사	보어 분사

② **분사가 가끔 '감정'을 나타내는 동사의 보어 역할을 한다.**

ἀγγαλιαω 크게 기뻐하다

예) 행 16:34. " ~ 저와 온 집이 하나님을 믿었으므로 크게 기뻐하니라"

(직역: 그가 모든 가족과 함께 하나님을 믿었으므로 기뻐 날뛰었다)

ἠγαλλιάσατο	πανοικεὶ	πεπιστευκὼς	τῷ	θεῷ.
VIAMS3	AB	VPRANMS	DDMS	NDMS
감정동사		보어 분사		

③ **분사가 '감각'과 '인식'을 나타내는 동사의 보어 역할을 한다.**

ἀκουω (듣다)

βλέπω θεωρεω κατάοεω ὁραω θεαομαι (보다)

γινώσκω (인식하다)

οἶδα επισταμαι (알다)

δοκιμαζω (시험하다)

예) 눅 4:23. " ~ 우리의 들은바 가버나움에서 행한 일을 행하라 ~ "

(직역: 우리들이 가버나움에서 발생된 일들을 들었던 바 그 일들을 너희는 행하라 ~)

ὅσα	ἠκούσαμεν	γενόμενα	εἰς	τὴν	Καφαρναοὺμ	ποίησον
APRANP	VIAAP1	VPADANP	PA	DAFS	NAFS	VMAAS2
	감각 동사	보어 분사				주동사

⇨ 관계대명사 ὅσα는 선행사를 자체 가지고 있다(그 일들. - 예수께서 메시야이심을 입증하기 위해 가버나움 및 여러 곳에서 행한 일).

④ **만일 보어 분사가 주동사의 목적어와 관계되면 보통 대격(목적 보어)으로 쓰인다.**

예) 마 24:30. " ~ 그들이 인자가 구름을 타고 능력과 큰 영광으로 오는 것을 보리라"(직역: 사람의 아들(인자)가 큰 영광과 능력과 함께 하늘의 구름들 위에 오시는 것을 그들이 볼 것이다.)

ὄψονταιτὸν τὸν υἱὸν τοῦ ἀνθρώπου ἐρχόμενον ἐπὶ τῶν νεφελῶν

VIFDP3 DAMS NAMS DGMS NGMS VPPNAMS PG DGFP NGFP

감각동사 목적어(부정사 의미상주어) 보어분사(대격, 목적보어))

τοῦ οὐρανοῦ μετα δυνάμεως καὶ δόξης πολλῆς·

DGMS NGMS PG NGFS JC NGFS AGFS

(3) 명사적 용법(독립적 용법)

① **분사가 독립적으로 관사를 취하여 명사의 기능을 한다. 즉 문(sentence)의 주어, 목적어, 보어 기능을 한다. 그러나 간혹 관사 없이도 명사 역할을 할 수 있다.**

예1) 엡 4:28. "도적질하는 자는 다시 도적질하지 말고 ~"
(직역: 도둑질하는 자는 더 이상 도둑질 하지 말라)

ὁ κλέπτων μηκέτι κλεπτέτω,

DNMS VPPANMS AD VMPAS3

주어(명사) 동사

⇨ 분사가 관사를 가지고 명사적인 기능을 하며 문의 주어로 사용된 경우다(~ 하는 자(사람)).

예 2) 약 5:11 " ~ 보라! 인내하는 자를 우리가 복되다 하나니 ~ "
(직역: 보라, 인내하는 자를 우리가 복되다고 말한다)

ἰδοὺ μακαρίζομεν τοὺς ὑπομείναντας·

QS VIPAP1 DAMP VPPAAMP

동사 목적어(명사)

⇨ 문장 불변사(QS)인 ἰδου는 뒷 문장 전체에 영향을 미친다. 분사 ὑπομείναντας는 관사 τοὺς를 취하여 명사적 기능을 하면 문의 목적어로 사용된 경우다.

② **분사의 주격이 일반적으로 사용되면 앞에 πᾶς를 가지게 된다. 즉 πᾶς가 관사를 가진 분사와 결합한다.**

예) 마 11:28. "수고하고 무거운 짐 진 자들아 다 내게로 오라 내가 너희를 쉬게 하리라 ~ "(직역: (너희) 수고하고 무거운 짐을 진 모든 자들, 너희들이여! 너희는 나에게로 오라)

Δεῦτε πρός με πάντες οἱ κοπιῶντες καὶ πεφορτισμένοι,

AB□VMAAP2 PA NPAS1 APVMP DVMP VPPAVMYP JC VPRPVMYP

πᾶς 관사 분사-1 분사-2

⇨ 분사 2개가 관사를 가지고 호격으로 사용되었다(즉, 수고하고 무거운 짐을 진 자들, 너희들이여!), 부사 Δεῦτε의 원형어인 δεῦρο는 어원이 불확실하므로, 부사(이쪽으로, 여기, 지금)나 동사(오라)로 사용된다. 이 문장에서는 문맥상 명령동사(Δεῦτε, 너희는 오라)로 사용되었다.

(4) 부사적 용법(or 관계 분사 구문)

분사의 부사적 용법은 주절에 대해 **종속 접속절**(접속사+주어+동사) 기능을 한다. 부사적 분사는 크게 '관계 분사 구문'과 '독립 속격 분사 구문'으로 구분할 수 있다. 관계 분사는 주절(main sentence)에 나오는 명사(주어)와 성·수·격이 일치해야 한다. 단, 독립 속격 분사 구문의 주어는 주절의 주어와는 일치하지 않는 속격 명사 주어를 가진다.

① **관계분사**(구문)

a. **때**(시간)**을 나타내는 분사**(~ 할 때, ~ 하면서, ~ 한 후에)

예) 마 2:10. "저희가 별을 보고 가장 크게 기뻐하고 기뻐하더라"
(직역: 그리고 그들이 그 별을 보고 난 후에(or 보면서) 아주 크게 기뻐하였다)

ἰδόντες δὲ τὸν ἀστέρα ἐχάρησαν χαρὰν μεγάλην σφόδρα.

VPAANMP JH DAMS NAMS VIAOP3 NAFS AAFS AD

⇨ 분사가 목적어 ἀστέρα를 가지며 동사적 기능을 나타내는 것이다. 또한 '시간'을 나타내는 분사구문이다. 분사의 시제가 과거분사이므로 주동사보다 앞선 동작을 나타낸다. ἐχάρησαν χαρὰν의 표현은 히브리적 기교를 나타내는 것이다. 즉 동사가 같은 어원의 명사를 목적어(동족 목적어)로 취하는 표현이다.

b. **원인**(or 이유)**을 나타내는 분사**(왜냐하면, ~ 때문에, ~ 이므로)

예) 딤전 4:8. "~ 경건은 범사에 유익하니 금생과 내생에 약속이 있느니라 "

(직역: 그러나 그 경건은 모든 것에 대하여 유익하다 왜냐하면 현재와 미래의 생명의 약속을 가지고 있기 때문이다)

ἡ δὲ εὐσέβεια πρὸς πάντα ὠφέλιμός ἐστιν, ἐπαγγελίαν

DNFS JH NNFS PA APANP ANFS VIPAS3 NAFS

주어 주격보어 연계사

ἔχουσα ζωῆς τῆς νῦν καὶ τῆς μελλούσης.

VPPANFS NGFS DGFS AD▫AGFS JC DGFS VPPAGFS

분사(원인) 생명 '현재의' '미래의'

⇨ 이 문장은 주절 1개와 종속절 1개로 구성된 복문이다. 주절(main clause)은 2형식(불완전동사)문이며, 주어는 εὐσέβεια, 주격보어는 ὠφέλιμός이다. 분사 ἔχουσα는 목적어 ἐπαγγελίαν를 취하는 동사적 기능을 나타내며, 시간을 나타내는 부사절로서 주동사 ἐστιν를 수식하는 관계분사구문을 이루고 있다. 부사 νῦν는 문맥상 속격 형용사(AGFS)의 기능을 나타내며, ζωῆς를 수식하고 있다.

c. **조건을 나타내는 분사**(만일 ~ 이라면)

예) 히 2:3. "우리가 이같이 큰 구원을 등한히 여기면 어찌 피하리요"

(직역: 만일 우리가 그렇게 큰 구원을 무관심한다면, 우리가 어떻게 달아 날 수가 있을까?)

πῶς ἡμεῖς ἐκφευξόμεθα τηλικαύτης ἀμελήσαντες σωτηρίας;

ADT NPNP1 VIFDP1 ADGFS VPAANMP1 NGFS

분사(조건)

⇨ 분사 ἀμελήσαντες는 '조건'을 나타내는 관계분사구문이다. 분사 ἀμελήσαντες의 기본형은 속격지배동사로서 속격명사 σωτηρίας을 목적어로 취한다.

d. **목적을 나타내는 분사**(~ 하기 위하여, ~ 할 목적으로)

예) 마 27:49. "가만 두어라 엘리야가 와서 저를 구원하나 보자 하더라"

(직역: 너는 가만 두어라. 엘리야가 그를 구원하기 위하여 올지 안올지를 우리들이 (두고)보자)

ἄφες ἴδωμεν εἰ ἔρχεται Ἠλίας σώσων αὐτόν.

VMAAS2 VSAAP1 QT VIPNS3 NNMS VPFANMS NPAMZS

동사-1 동사-2 분사(목적)

⇨ 이 문장은 주동사가 2개(즉 주절이 2개), 종속절이 2개(ει접속사가 이끄는 절과 σώσων분사구문)이므로 혼합문이다. 분사는 명사절을 이끄는 접속사 εἰ(QS, - whether, "인지 아닌지")절의 동사 ἔρχεται에 종속되는 '이유' 부사절(관계분사구문)을 나타낸다.

e. **양보를 나타내는 분사**(~ 아무리 ~ 일지라도, 비록 ~ 일지라도)

예) 마 7:11. "너희가 악한 자라도 좋은 것으로 자식에게 줄 줄 알거든"
(직역: 그러므로 만일 너희들이 비록 악한 자들일지라도 너희들의 그 자식들에게 좋은 선물들을 줄 줄 알았다면)

εἰ	οὖν	ὑμεῖς	πονηροὶ	ὄντες	οἴδατε	δόματα	ἀγαθὰ	διδόναι	τοῖς
JS	JH	NPNP2	ANMP	VPPANMP2	VIRAP2	NANP	AANP	VNPA	DDNP
				분사(양보)		부정사의 목적어		부정사	

τέκνοις	ὑμῶν,
NDNP	NPGP2

⇨ '양보'를 나타내는 관계분사구문(πονηροὶ ὄντες)에서 주어는 2인칭 복수(너희들-주동사의 주어와 일치)이며 보어는 이다. 따라서 분사는 연계사로 기능을 하고 있다. 동사 οἴδατε는 부정사 διδόναι를 보어로 취하는 동사다. 특히 동사 εἰδῶ(알다, 보다)의 '현재형'은 잘 사용하지 않고, 그 대신에 οἶδα의'현재완료형' οἴδατε가 사용된다. 『εἰ+직설법 현재(οἴδατε) ~』는 현재적 사실의 반대적 조건을 나타낸다. 즉 '현재 알고 있지 못하다'는 의미다.

f. **수단이나 방편을 나타내는 분사**(~ 으로(써))

예) 마 6:27. "너희 중에 누가 염려함으로 그 키를 한 자나 더할 수 있느냐"
(직역: 그리고 너희들 중에 누가 염려함으로써 그 키를 한 큐빗이나 더 늘릴 수 있느냐?)

τίς	δὲ	ἐξ	ὑμῶν	μεριμνῶν	δύναται	προσθεῖναι	ἐπὶ	τὴν	ἡλικίαν
APTNMS	JC	PG	NPGP2	VPPANMS	VIPNS3	VNAA	PA	DAFS	NAFS
				분사(방편)	주동사	부정사			

αὐτοῦ	πῆχυν	ἕνα;
NPGMZS	NAMS	ACAMS

⇨ 분사 μεριμνῶν는 '방편'을 나타내는 관계분사구문(부사절)이다. 주동사 δύναται는 부정사 προσθεῖναι를 보어(보충어)로 취하는 동사이다. 명사 πῆχυν는 '앞 팔'(한 규빗, 약18인치), 즉 팔꿈치에서 중지 끝까지의 길이와 동일한 길이 측정단위를 말한다.

g. **부대 상황**(or 동시동작)을 **나타내는 분사**(~ 하면서, ~ 하여 그리고)

* **부대 상황**이란 분사와 주동사 사이의 시간적 관계가 아니라 논리적 관계를 말한다. 즉 분사의 동작이 주동사에 선행할 경우 거의 대부분 분사가 주동사 앞에 위치하고 분사의 동작이 주동사보다 후속할 경우는 분사가 거의 확실하게 주동사 뒤에 위치한다. 해석은,
  ① 2가지 동작이 동시에 행해지는 경우 : 「~ 하면서」
  ② 2가지 동작이나 사건이 잇따라 일어나는 경우 : 「~ 하여 그리고」

예) 막 1:5. "자기 죄를 자복하고 요단강에서 그에게 세례를 받더라 "
(직역: 그리고 요단강 안에서 그(예수)의 의해서 세례를 받고 있었고(미완료). 그리고 그들이 그들의 그 죄들을 자백하였다.

καὶ	ἐβαπτίζοντο	ὑπ'	αὐτοῦ	ἐν	τῷ	Ἰορδάνῃ	ποταμῷ
JC	VIIPP3 주동사	PG	NPGMS3	PD	DDMS	NDMS	NDMS

ἐξομολογούμενοι	τὰς	ἁμαρτίας	αὐτῶν.
VPPMNMP 분사(부대상황)	DAFP	NPAFP	NPGMP3

⇨ 이 문장에서 분사 ἐξομολογούμενοι는 '부대상황' 관계분사구문을 나타낸다. 죄를 자복하는 상황(현재분사)과 세례를 받는 동작이 시간상 동시적이지만, 죄를 자복하는 상황이 논리적으로 후속되는 경우이다. 분사 ἐξομολογούμενοι는 목적어 ἁμαρτίας를 취하므로 동사적 기능을 하고 있다.

② **독립 속격 분사 구문**(or 분사의 절대적 속격)

관계 분사 구문에서 분사의 의미상의 주어는 주동사의 주어와 일치한다. 그러나 분사의 의미상의 주어와 주동사의 주어(명사, 대명사)가 일치하지 않는 경우, 분사의 의미상의 주어를 따로 독립적으로 내세우는데, 속격(명사, 대명사)으로 나타내며 분사 역시 속격 형태로 나타난다. 이러한 독립 속격 분사구문이 있는 문장은 결국 2개의 문장으로 구성되어 있는 형태이다. 따라서 이 구문은 두 개의 문장을 간단하게 한 문장으로 만드는 방법이라 할 수 있다.

예) 마 9:33. "귀신이 쫓겨나고 벙어리가 말하거늘"
(직역: 그 귀신이 내 쫓김을 당한 후에 그 벙어리가 말했다.)

καὶ ἐκβληθέντος τοῦ δαιμονίου ἐλάλησεν ὁ κωφός.

JC VPAPGNS DGNS NGNS VIAAS3 DNMS APNMS

독립 속격 분사 구문

⇨ 이 문장에서 '독립 속격 분사 구문'의 주어(δαιμονίου)와 주동사의 주어(κωφός)가 다르다. 따라서 이 문장은 "그 귀신이 내 쫓김을 당했다"와 "그 벙어리가 말했다"의 두 문장으로 구성되어 있는 형태다. 사실 독립속격분사 구문은 주절에 종속되는 부사절의 기능을 한다. 따라서 본문은 부사절일 경우에 '시간'을 나타내는 부사절 기능을 한다. 즉 "그 귀신이 내 쫓김을 당한 후에 ~".

(5) 히브리적 관용적 용법

① '묻다, 대답하다, 말하다'(ἀποκρίνομαι, λαλεω, κραζω, παρακαλεω)동사는 뒤에 분사 λεγωναι을 취하여 히브리적 관용어로 사용된다. 즉 70인역(LXX)에서 직접 화법의 전달부(לֵאמֹר)의 기능으로 분사 λεγωναι이 첨가되어 사용되었다.

예) 마 25:37. "이에 의인들이 대답하여 가로되"
(직역: 그때에 그 의인들이 그에게 대답할 것이다 or 그때에 그 의인들이 대답하여 말하기를)

τότε ἀποκριθήσονται αὐτῷ οἱ δίκαιοι λέγοντες·

AD VIFOP3 NPDMZS DNMP APNMP VPPANMP

ἀποκρίνομαι(대답하다) λεγων

② LXX역에서 인용된 문장에는 한정 동사가 앞에 그 동사의 동족분사를 취한다. 이는 동사의 개념을 강조하기 위해 한정동사 앞에 동족 분사를 첨가한 구문 형태이며(반드시, 확실히, 꼭), LXX역이 히브리어의 '부정사 절대형'구문을 번역한 것에서 비롯된다.

예) 마 13:14. 직역: 너희가 반드시 들을 것이다. 그러나 결단코 이해하지 못할 것이다. 너희가 반드시 볼 것이다. 그러나 결단코 보지(or 알지) 못할 것이다.

ἀκοῇ ἀκούσετε καὶ οὐ μὴ συνῆτε, καὶ βλέποντες βλέψετε

NDFS VIFAP2 JC AD AD VSAAP2 JC VPPANMP2 VIFAP2

동족여격 동족분사

καὶ οὐ μὴ ἴδητε.

JC AD AD VSAAP2

⇨ 동족여격 ἀκοῃ이 같은 어원을 가진 동사 ἀκούσετε앞에서 그 동사를 수식하는 부사적 기능을 한다. 역시 동족분사 βλέποντες도 같은 어원을 가진 동사 βλέψετε앞에서 그 동사를 수식하는 부사적 기능을 한다. 이와 같이 '동족여격과 동족분사'의 용법은 같은 어원의 주동사의 개념을 강조하기 위해 그 동사 앞에 '동족여격'과 '동족분사'를 첨가한 구문 형태이며(해석은 부사적으로 "반드시, 확실히, 꼭"), 이 용법은 구약의 LXX역이 히브리어의 '부정사 절대형'구문을 번역한 것에서 비롯된다. 그리고 『οὐ μὴ + 부정과거 가정법』은 미래에 대한 진술이 아주 확실히 부정될 때 사용되는 구문이다. 즉 "결코 ~ 하지 못할 것이다."

(6) 분사의 우설적 용법(Periphrastic Usage, or 완곡적 표현법)

분사는 종종 한정 동사(finite verb)와 결합하여 합성 시상(compound tense)을 이룬다. 즉 εἰμί 동사와 분사가 결합하는 것이 일반적이며, γινωμαι, ὑπαγχω, ἔχω 동사와 결합할 때도 있다. 영어에서 이 동사들은 조동사적 기능을 하는 것과 같다.

① 우설적 현재: 『εἰμί의 현재형 + 현재 분사』

이 구문의 형식을 통해 '현재 진행'의 뜻을 완전히 드러낼 수 있다. 현재 시상은 진행의 의미를 갖고 있기도 하고 그렇지 않기도 하다.

예) 골 1:6. " ~ 온 천하에서도 열매를 맺어 자라는도다 "
(직역: 온 세상에 그것이 열매를 맺고 있는 것과 같이 ~)

καθὼς	καὶ	ἐν	παντὶ	τῷ	κόσμῳ	ἐστὶν	καρποφορούμενον
JS	AD	PD	ADMS	DDMS	NDMS	VIPAS3+	+VPPMNNS
						εἰμι현재	현재분사

② 우설적 미완료: 『εἰμί의 미완료형 + 현재 분사』

미완료 자체가 진행적인 의미를 갖고 있지만, 저자가 에둘러서 표현하고자 할 때 사용하는 구문 형식이다.

예) 막 10:32. "예루살렘으로 올라가는 길에 "
(직역: 그들은 예루살렘으로 올라가고 있는 길이었다.)

Ἦσαν δὲ ἐν τῇ ὁδῷ ἀναβαίνοντες εἰς Ἱεροσόλυμα,

VIIAP3+ JC PD DDFS NDFS +VPPANMP PA NANS

εἰμι미완료 현재분사

③ **우설적 미래: 『εἰμί의 미래형 + 현재 분사』**

이 구문 형식은 미래의 진행적인 동작을 나타낸다.

예) 막 13:25. "별들이 하늘에서 떨어지며 "

(직역: 그리고 그 별들이 하늘에서 떨어지고 있을 것이다.)

καὶ οἱ ἀστέρες ἔσονται ἐκ τοῦ οὐρανοῦ πίπτοντες,

JC DNMP NNMP VIFDP3+ PG DGMS NGMS +VPPANMP

εἰμί미래 현재분사

④ **우설적 현재 완료: 『εἰμί의 현재형 + 현재 완료 분사』**

이 구문 형식은 대개 완료된 동작의 현재적 결과를 더욱 강조하는 역할을 한다. 그러나 때로는 완성의 개념을 강조하는 경우도 있다.

예) 눅 20:6. "백성이 요한을 선지자로 인정하니"

(직역: 요한이 선지자인 것이 이미 확신되어져 있었다.)

πεπεισμένος γάρ ἐστιν Ἰωάννην προφήτην εἶναι.

VPRPNM-S+ JS +VIPAS3 NAMS NAMS VNPA

현재완료분사 εἰμί현재 (부정사의 의·주) (부정사의 의·보) 부정사

⇨ Ἰωάννην는 부정사 εἶναι의 의미상의 주어(대격), προφήτην는 부정사 εἶναι의 의미상의 보어(대격).

⑤ **우설적 과거완료: 『εἰμί의 미완료형 + 현재 완료 분사』**

이 구문 형식은 '우설적 현재 완료 구문'과 비교하면 다만 시간적으로 과거라는 것만 틀리다.

예) 눅 2:26. " ~ 성령의 지시를 받았더니 "

(직역: 그에게 성령에 의하여 계시되었었다.)

ἦν αὐτῷ κεχρηματισμένον ὑπὸ τοῦ πνεύματος τοῦ ἁγίου

VIIAS3+ NPDMZS +VPRPNNS PG DGNS NGNS DGNS AGNS

εἰμί미완료 현재완료분사

⇨ 이 문장은 직접적인 행위자를 가진 수동태 문장이다. 즉 수동 동사의 행동을 일으키는 원래의 행위자가 '속격 전치사' ὑπο에 의해 표시된다. 『수동동사(κεχρηματισμένον) + ~ ὑπο(에 의하여) + 직접적 행위자』.

⑥ 우설적 미래완료: 『εἰμί의 미래형 + 현재 완료 분사』

이 구문 형식은 신약 성경에서 미래 완료의 정규적인 형식이다. 즉 신약성경에는 미래완료가 이 구문 밖에 나타나지 않는다.

예) 마 18:18. " ~ 무엇이든지 땅에서 풀면 하늘에서도 풀리리라"

(직역: 무엇이든지 너희들이 땅 위에서 매면 하늘 안에서 이미 풀려져 있을 것이다.)

ὅσα ἐὰν λύσητε ἐπὶ τῆς γῆς ἔσται λελυμένα ἐν οὐρανῷ.

APRANP QV VSAAP2 PG DGFS NGFS VIFDS3+ +VPRPNNP PD NDMS

εἰμί미래 현재완료분사

(7) 명령 분사(Imperative Participle)

코이네 헬라어의 특수한 구문형태이다. 신약 성경과 파피루스에서 발견된다. 명령분사는 그 문장에서 한정 동사의 역할을 한다.

예) 롬 12:9. " ~ 악을 미워하고 선에 속하라 "

(직역: (너희는) 그 악을 미워하라, (너희는) 그 선으로 말미암아 굳게 붙여져라)

ἀποστυγοῦντες τὸ πονηρόν, κολλώμενοι τῷ ἀγαθῷ,

VRPANMP2 DANS APANS VRPPNMP2 DDNS APDNS

명령분사(능동태) 명령분사(수동태)

⇨ 분사 ἀποστυγοῦντες는 목적어를 가지고 있으므로 동사적 기능을 나타내고 있으며, 분사 κολλώμενοι는 수동동사로서 비인칭 행위자(여격, τῷ ἀγαθω, 그 선으로 말미암아)를 가지고 있다.

격의 특별용법

격(Case, 格)의 특별용법

인도-유럽어족에서 8개의 격이 있다. 즉 주격(nominative), 속격(genitive), 여격(dative), 대격(assusative), 호격(vocative), 탈격(ablative), 방위격(향격, locative), 도구격(instrumental)이다. 그러나 헬라어는 5개의 격만 가지고 있다(주격, 속격, 여격, 대격, 호격). 헬라어에는 없는 3개의 격 〔탈격, 방위격(향격), 도구격(구격)〕은 다른 격으로 흡수되어 버렸다. 즉

① 분리를 나타내는 탈격의 기능(~에서)은 주로 속격, 일부는 여격으로,

② 시간·장소를 나타내는 방위격(향격, ~ 에로)의 기능은 주로 여격으로,

③ 수단·방법을 나타내는 도구격(기구격, ~와 함께, ~으로)의 기능은 여격에 흡수되었다.

따라서 속격과 여격은 혼합격이 된 셈이다.

예) χώρᾳ(지방, 나라, 땅)는 『여격(지방 안에), 방위격(지방에로)』의 두 개의 격으로,
λόγοις(말, 진술, 연설)는 『도구격(말씀으로), 향격(말씀에)』의 두 개의 격으로,

격은 문장(sentence)의 두 가지 주요소, 곧 주부의 격(주격과 호격), 술부의 격(대격과 여격)으로 구분되며, 속격은 주부의 주어와 술부의 대격과 여격을 한정할 수 있다.

1) 주격(Nominative)

(1) 주어와 술어 – 주격은 주로 한정동사의 주어와 술어가 된다 [~ 은(는, 이, 가) **~ 이다] .**

(2) 주격에는 주어적 주격(subjective nominative)**과 서술적 주격**(predicate nominative)**이 있다.**

예1) 요 1:5. 직역: 그 빛이 그 어두움 안에 비치고 있다. 그리고 그 어두움은 그것을(그 빛) 붙잡지 못하였다.

τὸ φῶς ἐν τῇ σκοτίᾳ φαίνει, καὶ ἡ σκοτία αὐτὸ οὐ κατέλαβεν.

DNNS NNNS PD DDFS NDFS VIPAS3 JC DNFS NNFS NPANS3 AD VIAAS3

주어적 주격 주어적 주격

예2) 엡 2:14. 직역: 왜냐하면 그는 우리들의 평화이시다.

Αὐτὸς γάρ ἐστιν ἡ εἰρήνη ἡμῶν.

NPNMS3 JS VIPAS3 DNFS NNFS NPGP1

서술적 주격

(3) 주어적 주격(subjective nominative)

주어적 주격은 문에서 한정동사의 주어 역할을 하는 '명사상당어구'를 말한다. 즉 '관사 or 무관사 + 명사', '관사 or 무관사 + 형용사', '관사 or 무관사 + 분사', '관사 + δέ', '관사 + 전치사구', '관계대명사'(선행사 자체 소유), '비인칭 동사 + 부정사' 등 구(phrase)가 명사상당어구가 되며, 절(clase)로서는 ἵνα(JC)가 이끄는 명사절, ὅτι(JC)가 이끄는 명사절 등이 이에 해당된다.

(4) 서술적 주격(predicate nominative)

서술적 주격은 주로 연계동사(헬라어에서는 주로 ἐίμι, γίνομαι, 가끔 ὑπάρχω)의 보어로 사용되면서 주어의 정체성 혹은 성질을 나타낸다.

예) 요 요일 4:8. 직역: 사랑하고 있지 않는 자는 하나님을 알지 못한다. 왜냐하면 그 하나님은 사랑이시기 때문이다.

ὁ μὴ ἀγαπῶν οὐκ ἔγνω τὸν θεόν, ὅτι ὁ θεὸς ἀγάπη ἐστίν.

DNMS AD VPPANMS AD VIAAS3 DAMS NAMS JS DNMS NNMS NNFS VIPAS3

분사 주동사 주어적주격 서술적주격 연계사

⇨ 이 문장은 『주절+종속절』로 이루어진 복문이다. 분사 ἀγαπῶν는 관사 ὁ를 가지고 주절의 주어 역할을 하는 명사적 용법을 나타낸다. 이유를 나타내는 종속접속사 ὅτι가 이끄는 절은 주절에 종속된다. 종속절에서 θεὸς는 주어를 나타내는 '주어적 주격'이요, ἀγάπη는 서술어를 나타내는 서술적 주격으로서 연계동사 ἐστίν의 보어(주격보어)로 사용되었다.

(5) 한정적 서술 주격(definitive predicate nominative)

서술 주격 명사가 한정적으로 사용되는 경우에는 반드시 동사(연계동사)가 따른다.[4] 그러나 동사에 선행할 시에는 주격의 명사라 할지라도 관사를 갖지 않는다.

예) 요 1:1. 직역: 그 말씀이 그 하나님을 향하여(or 함께) 계셨다(or 존재해 왔다). 그리고 그 말씀은 하나님이셨다(즉 하나님으로 존재하고 계시다).

ὁ λόγος ἦν πρὸς τὸν θεόν, καὶ θεὸς ἦν ὁ λόγος.

DNMS NNMS VIIAS3 PA DAMS NAMS JC NNMS VIIAS3 DNMS NNMS

주어 한정서술적주격 계사 한정주어적주격

⇨ θεὸς는 한정적 서술주격이므로 명사를 한정하는 관사 ὁ를 가진 것으로 봐야 하며, 문장상 관사가 결여 된 것은 한정적 서술주격명사가 연계동사 앞에 선행했기 때문이다. 만일 θεὸς가 연계동사 뒤로 후행하게 되게 된다면 자동적으로 관사 ὁ가 θεὸς앞에 위치하게 되는 것이다. 따라서 이 한정적 서술주격인 θεὸς가 의미하는 것은 '보통의 신' θεὸς(a god)가 아닌 '유일하신 하나님' ὁ θεὸς(the God)를 의미하는 것이다. 유사한 본문이 마 13:37-39 ('씨뿌리는 자'의 비유)에 7가지 실례에서 나타난다.

---

4) E. C. Colwell, "A Definite rule for the Use of the Article in the Greek New Testament," JBL 52(1933): 12-21. 이에 대해서는 쿤데스(R. H. Countess)에 의하여 잘 요약 언급되었다. ① 한정적 서술주격 명사는 규칙적으로 관사를 취한다. ② 예외는 단어순서가 변경되는 경우가 있어 대부분 나타나는데, a) 통상적으로 쓰이는 경우로서, 동사 뒤를 따르는 한정적 서술주격 명사는 일반적으로 관사를 취한다. b) 동사 앞에서 선행하는 한정적 서술주격 명사는 대부분 관사를 결여한다. c) 고유명사는 서술문 속에서도 관사를 취하지 않는다. d) 관계절 속에 있는 서술주격은 정례적으로 동사를 수반하되 관사를 취하기도 하고 취하지 않기도 한다. R. H. Countess, "The Translation of *THEOS* in *New World Translation*," BETS 19(1967): 153-160.

(6) 절대 주격(nominative absolute) or 관계의 주격

절대주격은 코이네 헬라어에서 매우 자주 사용되는 파격구문의 형태이다. 이 용법은 문장 속에서 다른 요소들과 아무런 문법적인 관련이 없는 주격구조이다. 즉 문장 속에서 문법적인 주어가 아닌 논리적인 주어를 말하며, 이것은 완전한 문장과 문법적인 관계를 갖지 않는다. 그래서 이를 **독립주격**(independent nominative)이라 부르며, "~에 관하여"라는 의미를 나타내는 **관계의 주격**(nominative of relatioship)이라 부르기도 한다. 이런 종류의 주격은 문의 구조상 몇 가지 형태로 나타난다.

① 책의 제목에서 사용.

예) 계 1:1. 직역: 예수 그리스도의 계시.

Ἀποκάλυψις Ἰησοῦ Χριστοῦ,

NNFS (절대주격) NGMS NGMS (동격)

⇨ 절대주격 Ἀποκάλυψις는 1:1절의 문장과 상관없이 즉 문법적인 관계를 갖지 않으며 주격 형태로 요한계시록의 책 제목을 나타내는 형태이다. Ἰησοῦ와 Χριστοῦ는 Ἀποκάλυψις를 수식하는 속격 형태의 동격적 고유명사들이다.

② 서신(편지)의 인사문에서 사용.

예) 골 1:1-2. 직역: 예수 그리스도의 사도인 바울 … 우리 아버지 하나님으로부터 너희에게 은혜와 평강(이 풍성해 지길 원한다 - 생략).

Παῦλος ἀπόστολος Χριστοῦ Ἰησοῦ … χάρις ὑμῖν καὶ εἰρήνη

NNMS (절대주격) NNMS (절대주격) NGMS NGMS NNFS NPDP2 JC NNFS

ἀπὸ θεοῦ πατρὸς ἡμῶν.

PG NGMS NGMS NPGP1

⇨ 이 문장은 서신의 서두에 위치하는 인사문 형식이다. 문장 형식상 주동사가 없는 불안전 구문이며, 완전한 문장 형식으로 만든다면, 벧전 1:2에서와 같은 문장 형태로 바꿀 수 있을 것이다. 즉 χάρις ὑμῖν καὶ εἰρήνη πληθυνθείη(VOAPS3-희구법). "은혜와 평강이 너희에게 풍성해지길 원한다." 절대 주격인 Παῦλος와 ἀπόστολος는 동격 관계에 있다.

③ 문장 구조의 갑작스럽게 변경되는 곳에서 사용.

어떤 문법가들은 이 용법을 가리켜 동격적 주격이라고 부른다. 왜냐하면 주격인 이 단어가 다른 격의 단어와 동격이기 때문이다.

예) 계 3:12. 직역: 이기고 있는 자, 그를 내가 나의 하나님의 성전 안에 기둥으로 만들것이다. 그리고 그는 더 이상 결코 밖으로 나가지 못할 것이다. 그리고 내가 그 위에 나의 하나님의 이름과 나의 하나님의 그 성, 새 예루살렘의 성의 이름 곧 나의 하나님으로부터 그 하늘에서 내려오고 있는 새 예루살렘의 성의 이름과 나의 새 이름을 기록할 것이다.

Ὁ νικῶν ποιήσω αὐτὸν στῦλον ἐν τῷ ναῷ τοῦ θεοῦ μου …
DNMS VPPANMS VIFAS1 NPAMS3 NAMS PD DDMS NDMS DGMS NGMS NPGS1
절대주격

ἡ καταβαίνουσα ἐκ τοῦ οὐρανοῦ ἀπὸ τοῦ θεοῦ μου …
DNFS VPPANFS PG DGMS NGMS PG DGMS NGMS NPGS1
절대주격

⇨ Ὁ νικῶν(계속해서 이기는 자)는 현수적 주격 또는 절대 주격(즉 이 어구는 이 절의 구문의 일부를 이루지 않는다)의 명사적 분사다. 이 어구는 인칭대명사 αὐτὸν으로 지칭되는 선행사다. 즉 αὐτὸν(대격)과 구문론적으로 동격을 이루므로 대격이 와야 하지만 절대 주격으로 위치하였다. ἡ καταβαίνουσα(내려오고 있는 것) 역시 절대 주격이다. 이 어구는 바로 앞에 위치한 '속격 명사'인 '새 예루살렘'(τῆς καινῆς Ἰερουσαλὴμ)과 동격으로 속격 명사형으로 와야 하지만 절대 주격으로 위치하였다. 『οὐ μὴ + 부정과거 가정법』은 미래적인 강한 부정의 뜻을 나타내는 가정법(결코 ~ 하지 못할 것이다)이다.

④ **격언(잠언)적인 표현이나 인용문에서 사용.**

격언적인 표현에서 동사는 생략되고 주격만남아 있는 경우이다.

예) 벧후 2:22. 직역: 참된 속담에, 개가 자기자신의 토한 것으로 되돌아가고 그리고 돼지가 진흙에 뒹굴기 위하여 자신을 위하여 목욕한다(or 돼지가 자신을 위하여 목욕한 후에 진흙에 뒹군다)라는 말이 그들에게 발생하였도다.

συμβέβηκεν αὐτοῖς τὸ τῆς ἀληθοῦς παροιμίας· κύων ἐπιστρέψας
VIRAS3 NPDMP3 DNNS DGFS AGFS NGFS NNMS VPAANMS
절대주격

ἐπὶ τὸ ἴδιον ἐξέραμα, καί· ὗς λουσαμένη εἰς κυλισμὸν βορβόρου.
PA DANS AANS NANS JC NNFS VPAMNFS PA NAMS NGMS
절대주격

⇨ 첫번째 속담은 잠언에서 인용되었다(잠 26:11). '개가 그 토하였던 것에 돌아간다' 라는 본문의 표현은 개의 본성처럼 거짓 선생들이 그 타락한 본성대로 다시금 죄악된 길로 돌아가는 어리석음을 질타한 말이다. 두번째 속담은 성경에는 나와 있지 않지만 당시 대중에게 널리 알려져 있던 설화 『아히카르의 이야기(Story of Ahikar)』에서 인용되었다. '돼지가 씻었다가 더러운 구덩이에 도로 누웠다'는 이 말은 그리스도 교의 도리를 받아들임으로써 이교도의 도덕적 더러움을 벗어버렸다가 자원해서 다시 그것으로 돌아가는 어리석음과 수치를 적절하게 드러내는 말이다. 이처럼 인용된 두 속담의 주격인 개(κύων)와 돼지(ὗς)는 구문상 술어동사가 생략된 채로 '절대주격'형태로만 남아 있다. 각각 분사(ἐπιστρέψας, λουσαμένη)들이 서술어형태로 구성되어 있다(분사의 서술적 용법). 분사 λουσαμένη는 중간태 과거분사로서 "자기 자신을 위하여 목욕하다."

⑤ 주의를 집중시키기 위한 선언문에서 사용.

예) 롬 11:33. 직역: 오! 하나님의 부요함과 지혜와 지식의 깊음이여!

Ὦ βάθος πλούτου καὶ σοφίας καὶ γνώσεως θεοῦ·

QS NNNS NGMS JC NGFS JC NGFS NGMS

절대주격

⇨ 문장 불변사(QS)란 화자(話者)가 주의를 더 집중시키거나, 잇따라 오는 구문에서 짝을 이루는 구조가 계속하여 나오지 않을 경우에 〔즉 화자(話者)가 상응하는 말(앞에 나온 말)과 함께 연속하는 과정에서 혼란을 일으켰을 경우에〕 의도적으로 뜻을 강화(강조)하려는 것이거나, 어떤 질문에 부정적인 대답을 한마디로 나타낼 때 사용하는 불변사다. 본문의 Ὦ는 주의를 집중시키기 위한 감탄적인 선언문을 유도하고 있다. 즉 하나님의 심오한 구속 경륜에 대한 찬양(감탄)과 선언이다.

(7) 부사적 주격 - 주격이 부사 기능을 할 때가 있다.

예) 막 8:2. 직역: 내가 그 무리를 불쌍히 여긴다. 왜냐하면 그들이 사흘동안 나와 함께 머물고 있기 때문이다.

σπλαγχνίζομαι ἐπὶ τὸν ὄχλον, ὅτι ἤδη ἡμέραι τρεῖς προσμένουσίν μοι

VIPNS1 PA DAMS NAMS JS AD NNFP ACNFP VIPAP3 NPDS1

부사적 주격

⇨ 부사적 주격 ἡμέραι τρεῖς는 구문상 대격이 사용될 것으로 예상되는 곳에 시간의 주격으로 표현된 경우이다. 이와 같은 경우에는 '절대 주격'으로 보기도 한다. 표준본문인 TR에는 대격(ἡμέρας τρεῖς)으로 표현되었다.

2) 호격(Vocative)

호격은 감탄의 말이나 직접 부르는 호칭(呼稱)에 사용된다. 호격은 일반적으로 문장 속에서 위치하며, 문의 서두에 오는 경우에는 강조형(문장불변사, QS)을 나타낸다. 일상적 대화와 공개 연설에서는 정중한 어투인 불변사인 ὦ(QS)가 항상 첨가된다.

어떤 문법가들은 호격을 격의 일종으로 보지 않고 있다. 호격은 한 문장에서 다른 요소들과 관계를 맺지 않고 단독적으로 사용되기 때문이다. 하지만 호격은 별도의 격 형식을 갖는다는 사실과 또 독자적인 기능을 갖는다는 점에서 하나의 격으로 취급하는 것이 맞다. 통상적으로 호격 다음에 콤마(,)가 사용된다.

(1) 책망, 맹세, 감탄의 ὦ(QS)

신약성경에서는 코이네(Koine)와 셈어 용법에 따라 호격 앞에 호격 불변사인 ὦ(QS)가 자주 생략된다. 특히 하나님에 대한 기도문에는 항상 생략된다. 그러나 책망, 맹세, 감탄의 어조에는 ὦ(QS)가 사용된다.

① 책망의 어조

예) 갈 3:1. 직역: 오! 어리석은 갈라디아 사람들이여! 누가 너희들을 중상하였느냐?

Ὦ ἀνόητοι Γαλάται, τίς ὑμᾶς ἐβάσκανεν, … ;

QS AVMP NVMP APTNMS NPAP2 VIAAS3

호격

⇨ 형용사 ἀνόητοι는 부정 접두사 α(not)+ 동사 νοέω(알다, 깨닫다)에서 파생된 단어의 합성어에서 유래하여 '알지 못하는', '깨닫지 못하는' 이란 뜻을 지닌다. 이 단어는 반드시 알아야 함에도 불구하고 이해력이나 지식 및 영적 통찰력이 부족한 자를 가리킬 때 사용되는 단어이다(롬 1:14, 딤전 6:9). 따라서 갈라디아 교인들은 바울로부터 예수 그리스도의 십자가 구속이라는 복음의 핵심 내용을 분명히 들어 알고 있었고, 그들은 '이신득의' 라는 구원의 진리를 깊이 깨달아 그 진리 위에 바로 서 있어야 했다. 그럼에도 불구하고 그들은 영적 통찰력의 부족으로 말미암아 진리에서 벗어나 율법주의자들의 미혹에 쉽게 빠져든 것이다. 바울은 지금 갈라디아 교인들의 이러한 영적 우매를 직접적으로 책망하고 있는 것이다.

② 맹세의 어조

예) 마 15:28. 직역: 그 때에 예수께서 대답하여 그녀에게, "오! 여인이여! 너의 믿음이 크다. 너가 원하는 대로 그 일이 너에게 되어라"라고 말했다.

τότε ἀποκριθεὶς ὁ Ἰησοῦς εἶπεν αὐτῇ· Ὦ γύναι, μεγάλη σου

AD VPAONMS DNMS NNMS VIAAS3 NPDFS3 QS NVFS ANFS NPGS2

분사구문 호격

ἡ πίστις· γενηθήτω σοι ὡς θέλεις.

DNFS NNFS VMAOS3 NPDS2 JS VIPAS2

⇨ 이 문장은 직접화법을 나타낸다. 즉 "전달부+피전달부" 형식이다. 피전달부는 대문자로 시작되는 Ὦ부터이다. 분사 ἀποκριθεὶς는 주동사 εἶπεν과 동시동작을 의미하는 부대상황을 나타내는 분사구문이다. 물론 주동사보다 논리적으로 동작이 앞서는 과거분사인 경우이다. 동사 γενηθήτω는 일시적인 동작을 명령하는 즉 단번에 성취되라는 『부정과거 명령법』을 나타낸다. 호격 명사 γύναι는 불변사인 ὦ(QS)와 함께 기대를 훨씬 넘어서는 가나안 여인의 큰 믿음에 대하여 너무나 감격한 예수님의 감정이 잘 드러나고 있다. 즉 가나안 여인의 딸을 단번에 고쳐 주시겠다는 약속(맹세)의 뉘앙스가 담겨져 있다.

③ 감탄의 어조

예) 롬 11:33. 직역: 오! 하나님의 부요함과 지혜와 지식의 깊음이여!

Ὦ βάθος πλούτου καὶ σοφίας καὶ γνώσεως θεοῦ·

QS NNNS NGMS JC NGFS JC NGFS NGMS

⇨ 본문의 Ὦ는 주의를 집중시키기 위한 감탄적인 선언문을 유도하고 있다. 즉 하나님의 심오한 구속 경륜에 대한 찬양(감탄)과 선언이다.

(2) 정중하고 비감정적인 ὦ(QS)

신약 성경에서 정중하고 비감정적인 호격 불변사 ὦ(QS)는 사도행전에만 나오며, 대부분 한마디로 구성된 낱말에 사용된다. 또한 호격 불변사 ὦ(QS)가 없이 사용되기도 한다.

예1) 행 18:14. 직역: 오! 유대인들아! 나는 너희들의 말에 따라서 용납하든지 하였다.

ὦ Ἰουδαῖοι, κατὰ λόγον ἂν ἀνεσχόμην ὑμῶν,

QS APVMP(호격) PA NAMS QV VIAMS1(중간태) NPGP2

⇨ 동사불변사 ἂν는 불확정성을 나타낸다(~ 하든지). 참고로 개역 성경에서 "너희 유대인들아"의 '너희'라는 말은 원문(UBS4)에 없는 말이다.

예2) 호격 불변사 ὦ(QS)가 없는 경우. 행 13:26. 직역: 형제 여러분들이여! 아브라함의 자손들이여!

Ἄνδρες ἀδελφοί, υἱοὶ γένους Ἀβραὰμ …

NVMP(호격) NVMP(호격) NVMP(호격) NGNS NGMS

Ἄνδρες Ἀθηναῖοι, … (행 17:22. 직역: 아테네 시민 여러분들이여!)

(3) 『관사(D–) + 주격명사』 가 호격을 대신할 때가 있다.

신약성경에서 주격이 호격 대신 사용되는 경우는 고전 헬라어(Classic Greek)의 구어체이다. 이 같은 주격은 일반적으로 관사를 취한다.

예1) 눅 8:54. 직역: 그가(예수) 그녀(딸아이)의 손을 꽉 붙잡고 소리 질러 말하기를, "아이야! 일어나라."

αὐτὸς κρατήσας τῆς χειρὸς αὐτῆς ἐφώνησεν λέγων· Ἡ παῖς, ἔγειρε.

NPNMS3 VPAANMS DGFS NGFS NPGFS3 VIAAS3 VPPANMS DVFS NVFS VMPAS2

관사 주격명사

⇨ Ἡ παῖς는 원래 구문상 『주격관사+주격명사』 이나, 호격으로 문법분해(parsing)된 경우이다.

예2) 계 18:4. 직역: 나의 백성아! 너희들은 그 곳(큰 성, 바벨론)으로부터 단번에 나오라.

ἐξέλθατε ὁ λαός μου ἐξ αὐτῆς …

VMAAP2 DVMS NVMS NPGS1 PG NPGFS3

관사 주격명사

⇨ 동사 ἐξέλθατε는 일시적인 동작을 명령하는 "부정과거 명령법"이다. 즉 "단번에 나오라."

(4) 『관사(D–) + 주격명사』 의 아람어 형태

고전 헬라어도 호격 대신에 『관사(D–) + 주격명사』 가 사용되듯이 히브리어와 아람어도 호격은 『관사(D–) + 주격명사』 로 표현된다. 아람어의 표현은 강조를 나타낸다.

예1) 막 5:41. 직역: 그가 그 아이의 손을 꽉 붙잡고 그 여자아이에게, "달라다 쿰"이라고 말했다. 그것은(달리다 쿰)은 "어린 소녀야! 내가 네게 말한다, 너는 일어나라"라고 번역되고 있다.

κρατήσας τῆς χειρὸς τοῦ παιδίου λέγει αὐτῇ, Ταλιθα κουμ,

VPAANMS DGFS NGFS DGNS NGNS VIPAS3 NPDFS3 NVFS VMAAS2

아람어

ὅ ἐστιν μεθερμηνευόμενον· τὸ κοράσιον, σοὶ λέγω, ἔγειρε.

APRNNS VIPAS3+ +VPPPNNS DVNS NVNS NPDS2 VIPAS1 VMPAS2

『εἰμί의 현재형 + 현재 분사』 『관사 + 주격명사』

⇨ 아람어 טַלְיְתָא קוּם(Ταλιθα κουμ)을 헬라어로 번역하면, τὸ κοράσιον ἔγειρε" 즉 "소녀야! 일어나라!"는 뜻이다. Τo κοράσιον (관사+주격명사)는 '호격'으로 표현되었다. 이 문장은 직접화법의 형식문이다. 즉 "전달부+피전달부(인용문)" 구조이다. 피전달부(인용문)는 대문자로 시작된다. 『εἰμί의 현재형 + 현재 분사』 는 '현재 진행'의 뜻을 완전히 드러낼 수 있는 분사의 "우설적 현재"용법을 나타낸다. 하지만 현재 시상은 진행의 의미를 갖고 있기도 하고 그렇지 않기도 하다. 관계대명사 ὅ는 앞의 절 (달리다 쿰)을 선행사로 가지므로 '중성'으로 표현되었고, 또한 '계속적 용법'을 나타낸다.

예2) 롬 8:15. 직역: 너희들은 두려움의 종의 영을 다시 받지 아니했다. 그러나 너희들은 양자의 영을 받았다. 우리들이 부르짖는 바 그것 안에서 아바아버지라 (부르짖는다).

οὐ ἐλάβετε πνεῦμα δουλείας πάλιν εἰς φόβον ἀλλ᾽ ἐλάβετε
AD VIAAP2 NANS NGFS AD PA NAMS JH VIAAP2

πνεῦμα υἱοθεσίας, ἐν ᾧ κράζομεν· αββα ὁ πατήρ.
NANS NGFS PD APRDNS VIPAP1 NVMS DNMS NNMS
관계대명사 아람어 『관사 + 주격명사』

⇨ 아람어 압바(אַבָּא)의 헬라어 역어가 αββα이며, 호격으로서 헬라어 번역은 ὁ πατήρ 『관사 + 주격명사』로 표현된다. 관계대명사 ᾧ는 문맥상 중성대격 관계대명사 ὅ가 와야 하는데, 여격이 온 것은 관계대명사 ᾧ를 지배하는 여격 전치사 때문이다. 또한 관계대명사 ᾧ의 선행사는 '양자의 영'의 '영'(πνεῦμα)이다. 여기서 관계대명사의 격(여격)이 '여격 전치사'에 의해 끌리므로 '직접 견인'(direct attraction)이라 할 수 있다.

(5) 호격 명사를 수식하는 형용사는 명사의 격(호격)과 일치해야 한다.

예) 요 17:11. 직역: 거룩하신 아버지여! 당신이 내게 (이미) 주셨던 당신의 그 이름 안에서(으로) 그들을 단번에 보전하소서(지키소서).

πάτερ ἅγιε, τήρησον αὐτοὺς ἐν τῷ ὀνόματί σου ᾧ δέδωκάς μοι,
NVMS AVMS VMAAS2 NPAMP3 PD DDNS NDNS NPGS2 APRDNS VIRAS2 NPDS1
호격명사 호격형용사 선행사 관계대명사

⇨ 동사 τήρησον는 일시적인 동작을 명령하는 "부정과거 명령법"이다. 즉 "단번에 보전하소서." 관계대명사 ᾧ가 이끄는 종속절은 선행사인 명사 ὀνόματι를 수식하는 형용사절이다.

3) 속격(Genitive)

속격의 기본적인 기능은 한정(attribution)과 서술(Description)이다. 즉 명사형 어구의 특성이나 그것과의 관계를 한정지어 줌으로써 이 기능을 한다. 다시 말해 속격은 두 단어 사이의 관계를 나타낸다. 부사적 속격(Adverbial Genitive)은 동사와 명사 사이의 관계를 나타내며, 명사적 형용사의 속격(Adnominal Genitive)은 명사와 명사 사이의 관계를 나타낸다. 대부분의 속격은 ' … 의'로 해석하며, 영어의 소유격에 해당한다.

속격은 주로 실명사, 형용사. 부사의 의미를 제한하지만 동사의 의미를 제한하지 않는다. 속격이 동사의 목적어로 사용될 경우 속격은 동사에 함축되어 있는 명사적 개념을 나타낸다. 즉 ἐπιθυμέω(동사)는 ἐπιθυμία(명사)을 함축하고 있기 때문에 ἐπιθυμέω ἐπιθυμία으로 표현 할 수 있다. 속격의 용법은 다음과 같다.

(1) 형용사적으로 사용되는 속격 - 명사와 어울리는 속격

① 한정적 속격(Attributive Genitive)

부가어로 사용되어 명사를 직접 수식하는 속격을 말한다. 이것은 명사를 수식하는 한정적 형용사에 해당한다. 어떤 문법가들은 '**특성의 속격**'(Genitive of Quality)이라 부른다. 즉 어떤 명사의 특성 중 하나를 묘사하는 역할을 한다.

예1) 벧전 4:14. 직역: 왜냐하면 그 영광의 곧 하나님의 영이 너희들 위에 계속 머물러 계시기 때문이다.

ὅτι τὸ τῆς δόξης καὶ τὸ τοῦ θεοῦ πνεῦμα ἐφ' ὑμᾶς ἀναπαύεται.

JS DNNS DGFS NGFS JC DNNS DGMS NGMS NNNS PA NPAP2 VIPMS3

한정적 속격 / 한정적 속격 / 중간태

⇨ 속격 τῆς δόξης와 τοῦ θεου가 주격중성명사 τὸ πνεῦμα를 형용사같이 한정하는 경우이다. 그리고 구문상 τὸ τῆς δόξης구는 중성관사 τὸ의 지배를 받는 중성명사 πνεῦμα가 생략되고 τοῦ θεου 뒤에 위치한 중성명사 πνεῦμα에 연결되므로 τῆς δόξης와 τοῦ θεου가 καὶ를 통해 동격적 의미("곧, 다시 말해")를 가진다고 볼 수도 있다. 결국 속격 τῆς δόξης와 τοῦ θεου는 한정하는 τὸ πνεῦμα사이, 즉 관사 τὸ와 중성명사 πνεῦμα사이에 위치하고 있다.

예2) 골 1:27. 직역: 하나님께서 이방인들 안에서 (드러난) 이 비밀의 영광의 부요함이 무엇인가를 그들(성도들)에게 알리기 원하셨다.

οἷς ἠθέλησεν ὁ θεὸς γνωρίσαι τί τὸ πλοῦτος τῆς δόξης τοῦ

APRDMP VIAAS3 DNMS NNMS VNAA APTNMS DNNS NNNS DGFS NGFS DGNS

의문대명사 / 특성의 속격

μυστηρίου τούτου ἐν τοῖς ἔθνεσιν,

NGNS ADGNS PD DDNP NDNP

⇨ 관계대명사 οἷς의 선행사는 26절의 '성도들'(τοῖς ἁγίοις)을 가리킨다. 속격 τῆς δόξης는 τὸ πλοῦτος(부요함), 즉 '풍성'이라는 특성을 내포하고 있다. 이는 "부요한"이라는 형용사대신에 쓰인 것이다. 의문대명사 τί는 문맥상 간접의문문을 이끄는 '간접 의문대명사' 기능을 하고 있다. 즉 부정사 γνωρίσαι의 목적어(목적절)로서 명사절로 기능하고 있다. 속격 지시형용사 τούτου는 서술적 위치에서 앞의 속격명사 μυστηρίου를 지시하고 있다.

② **서술의 속격**(Genitive of Description)

속격의 가장 기본적인 의미의 용법이다. 이 속격들은 전치사 없이 명사적으로 사용되며, 어떤 것을 서술하는 역할을 한다.

예1) 눅 4:22. 직역: 그리고 그들은 그의 입으로부터 (계속해서, 반복적으로) 나오는 은혜의 그 말씀들을 기이히 여기고 있었다(미완료).

… καὶ ἐθαύμαζον ἐπὶ τοῖς λόγοις τῆς χάριτος τοῖς ἐκπορευομένοις

JC VIIAP3 PD DDMP NDMP DGFS NGFS DDMP□APRNMP VPPNDMP

미완료 서술의 속격

ἐκ τοῦ στόματος αὐτοῦ …

PG DGNS NGNS NPGMS3

⇨ 속격 τῆς χάριτος가 여격 명사 τοῖς λόγοις를 수식하며 이 피수식 명사의 의미를 서술하고 있다. 즉 "그 말씀이 은혜롭다"는 의미이다. 전치사 ἐπὶ는 "~때문에"라는 기능적인 의미를 지니고 있다. 즉 '그 은혜의 말씀들 때문에 그들은 경탄하고 있다'는 의미이다. 분사 ἐκπορευομένοις는 여격관사 τοῖς를 가지고 역시 여격관사 τοῖς를 취한 명사 λόγοις를 수식하는 한정적 용법을 나타낸다.

예2) 요10:7. 직역: 아멘 아멘 내가 너희들에게, 내가 그 양들의 그 문이다라고 말한다.

… Ἀμὴν ἀμὴν λέγω ὑμῖν ὅτι ἐγώ εἰμι ἡ θύρα τῶν προβάτων.

QS QS VIPAS1 NPDP2 JC NPNS1 VIPAS1 DNFS NNFS DGNP NGNP

서술의 속격

⇨ 속격 τῶν προβάτων가 주격 명사 ἡ θύρα를 수식하며 이 피수식 명사의 의미를 서술하고 있다. 즉 "그 문은 양들이 출입하는 문이다"는 의미이다. 이 요10:7은 직접화법 형식의 문이다. 즉 "전달부와 피전달부(인용문)"의 형식이다. 피전달부는 대문자 'Ἀμὴν로 시작된다. 본문은 피전달부에 해당하는 문이지만, 또한 간접화법 형식의 문을 나타낸다. 즉 『ὅτι+ 직설법(εἰμι)』 형식이 간접화법을 나타낸다.

③ **소유(or 소속)의 소격**(Genitive of Possesion)

이것은 소유 또는 소유물, 다른 밀접한 관계, 곧 가계, 특성, 의무, 습관을 나타낸다. 이 속격은 "속하여 있는, ~ 의"라는 말로 번역된다.

A. **소유의 속격**. 속격이 수식하는 명사의 소유주가 제시되기 때문에 '**소속의 속격**'이라함.

예1) 고후 1:1. 직역: 하나님의 뜻을 통하여 그리스도 예수의 사도인 바울.

Παῦλος ἀπόστολος Χριστοῦ Ἰησοῦ διὰ θελήματος θεοῦ

NNMS NNMS NGMS NGMS PG NGNS NGMS

소유의 속격

⇨ 속격 Χριστοῦ Ἰησοῦ이 수식하는 명사는 Παῦλος ἀπόστολος이다. 사도 바울의 소유주는 바로 Χριστοῦ Ἰησοῦ이시다. 이름을 나타내는 주격 Παῦλος는 '호칭의 주격'(Nominative of Appellative)이라 부른다. 이 주격과 ἀπόστολος는 동격이며, Χριστοῦ와 Ἰησοῦ역시 동격이다. 동격명사는 관계하는 명사의 격과 수에 일치한다.

예2) 고전 3:21. 직역: 그러므로 아무도 인간들을(안에서) 자랑하지 말라. 왜냐하면 모든 것들(만물)이 너희들의 것(소유)이기 때문이다.

ὥστε μηδεὶς καυχάσθω ἐν ἀνθρώποις· πάντα γὰρ ὑμῶν ἐστιν,

JH APCNMS VMPNS3 PD NDMP APNNP JS NPGP2 VIPAS3

소유의 속격

⇨ 접속사 ὥστε(JH)는 추론 또는 결론을 내릴 때 사용하는 접속사다. '인간을 자랑하지 말라'고 하는 것은 고전 3:22에서 보면, 당시 고린도 교회에서는 바울을 자랑하는 이가 있었는가 하면, 아볼로를 자랑하는 이들, 그리고 게바를 자랑하는 이들이 있었다. 바울은 바로 이러한 행위를 중지하라고 요구하는 것이다. 속격 ὑμῶν는 수식하는 명사 πάντα의 소유주를 나타내는 '소유의 속격'이다.

B. 기원과 친족관계를 나타내는 속격

이 속격을 '관계의 속격'(Genitive of Relationship)이라 부른다. 대부분의 문법가들은 이 속격을 별개의 범주로 취급하지만, 실상 이 속격은 '소유의 속격'의 특별용법이라고 할 수 있다. 이 속격은 부부관계나 혈연관계나 심지어 사회적 관계까지 표현한다.

a. 이 속격은 아버지를 기준으로 사람(아들)의 신원을 밝힌다 〔Attic(아테네어)의 영향〕.

예) 마 4:21. 직역: 그가(예수) 앞으로 걸어가셨다 그리고 거기서 다른 두 형제들, 곧 세베대의 (아들) 야곱과 그의 형제 요한을 보셨다.

καὶ προβὰς ἐκεῖθεν εἶδεν ἄλλους δύο ἀδελφούς, Ἰάκωβον τὸν

JC VPAANMS AD VIAAS3 AAMP ACAMP NAMP NAMS DAMS

분사구문 주동사 관사

τοῦ Ζεβεδαίου καὶ Ἰωάννην τὸν ἀδελφὸν αὐτοῦ,

DGMS NGMS JC NAMS DAMS NAMS NPGMS3

소유의 속격(아버지)

⇨ 속격 τοῦ Ζεβεδαίου는 수식명사 Ἰάκωβον καὶ Ἰωάννην의 기원과 친족관계를 나타내는 '소유의 속격'을 나타낸다. 즉 야고보와 요한의 신원을 밝혀준다. 즉 세베대가 그들의 아버지임을 밝혀준다. 분사 προβὰς는의 동작이 주동사 εἶδεν의 동작과 동시에 발생한 '부대상황' 분사구문을 나타낸다. 하지만 분사의 위치가 주동사의 위치보다 앞서므로 분사의 동작(과거분사)이 주동사의 동작보다 시간적이기보다는 논리적으로 앞서는 경우이다. 특히 관사의 특별용법인 『**관사 + 속격**』(τὸν τοῦ Ζεβεδαίου)에서 사용되는 관사 τὸν는 독자의 이해가 쉬울 경우 " ~ 의 아들/딸/부인" 등을 의미한다. 본문은 '아들'을 의미한다.

b. 소유의 속격에 υἱὸν(NAMS, 아들)가 자주 첨가된다(히브리어 영향).

예) 눅 3:2. 직역: 하나님의 말씀이 그 광야에서 사가랴의 아들, 요한 위에 임하였다.

ἐγένετο ῥῆμα θεοῦ ἐπὶ Ἰωάννην τὸν Ζαχαρίου υἱὸν ἐν τῇ ἐρήμῳ.

ἐγένετο	ῥῆμα	θεοῦ	ἐπὶ	Ἰωάννην	τὸν	Ζαχαρίου	υἱὸν	ἐν	τῇ	ἐρήμῳ
VIADS3	NNNS	NGMS	PA	NAMS	DAMS	NGMS	NAMS	PD	DDFS	APDFS
						소유의 속격	υἱὸν			

c. 소유의 속격에 υἱὸν(NAMS)가 생략되는 경우 – 고전어(Attic)와 달리 속격에서 두 번째 관사가 첫 번째 관사 뒤에 첨가된다.

예) 행 13:22. 직역: 내가 나의 마음을 따르는 사람, 이새의 아들 다윗을 발견했다.

… εὗρον Δαυὶδ τὸν τοῦ Ἰεσσαί, ἄνδρα κατὰ τὴν καρδίαν μου, …

εὗρον	Δαυὶδ	τὸν	τοῦ Ἰεσσαί	ἄνδρα	κατὰ	τὴν	καρδίαν	μου
VIAAS1	NAMS	DAMS	DGMS NGMS	NAMS	PA	DAFS	NAFS	NPGS1
	대격(목적어)	관사	소유의 속격	목적보어				

⇨ 두 번째 관사 τοῦ가 첫 번째 관사 τὸν뒤에 첨가되었다. 본래 υἱὸν이 생략되지 않았다면 "Δαυὶδ τὸν Ἰεσσαι υἱὸν"이었을 것이다. ἄνδρα(NAMS)는 목적어(대격) Δαυὶδ(NAMS)의 목적보어 혹은 동격어로서 기능을 한다. 동격명사나 목적보어는 관계하는 명사의 격과 수가 일치하기 때문이다. 한글개역성경에서 '합한'으로 번역된 전치사 'κατὰ'는 '~의 뒤를 쫓는, ~을 따라' 라는 의미가 있다. 본문에서 이 의미로 사용되었다. 삼상 13:14의 인용인 '내 마음에 합한 사람이라'에 해당하는 원어적 의미는 '내 마음을 뒤따르는 사람이라'가 된다. 하나님이 쓰시는 인물은 그분의 마음을 거스르지도 않을 뿐더러 앞서지도 않는 사람이다. 오직 그분의 마음을 쫓아 행하는 사람인 것이다. 이새의 아들 다윗이 그러하다. 역시 관사의 특별용법인 『**관사 + 속격**』(τὸν τοῦ Ἰεσσαι)에서 사용되는 관사 τὸν는 독자의 이해가 쉬울 경우 " ~ 의 아들 /딸/부인" 등을 의미한다. 본문 역시 ' ~ 의 아들'을 의미한다.

d. 이 속격은 아들을 기준으로 어머니의 신원을 밝힌다. 즉 어머니의 이름을 수식하는 아들의 이름이 속격으로 표현된다.

예) 막 15:47. 직역: 막달라 마리아와 요세의 어머니 마리아가 그가(예수) 이미 놓여져 있었던 곳이 어느 곳인지를 살펴보고 있었다.

ἡ Μαρία ἡ Μαγδαληνὴ καὶ Μαρία ἡ Ἰωσῆτος ἐθεώρουν ποῦ τέθειται.
DNFS NNFS DNFS NNFS JC NNFS DNFS NGMS VIIAP3 ADT VIRPS3
어머니 이름 아들 이름(소유의 속격)

⇨ 아들 Ἰωσῆτος(요세)가 어머니 Μαρία를 수식하는 '소유의 속격'으로 표현되었다. 의문대명사 ποῦ는 주동사 ἐθεώρουν의 목적어 기능을 하는 명사절(목적절)을 이끌고 있다. 관사의 특별용법인 『**관사+속격**』(ἡ Ἰωσῆτος)에서 사용되는 관사 ἡ는 ' ~의 어머니'을 의미한다.

Note) '여자'는 '남자'의 갈비뼈를 취해 만들어졌고 남자는 "이는 내 뼈 중에 뼈요 내 살 중의 살이라 이것을 남자에게서 취하였은즉 여자라 부르리라"(창 2:23)고 말했다. 이처럼 가족은 피의 공동체이다. 그러나 이스라엘 고대 족장사회의 법적 제도는 여성을 부당한 위치에 배치하고 말았다. 결혼 전의 여성은 아버지의 소유였고, 만약 아버지가 죽고 없다면 제일 큰 오빠의 소유였다. 결혼 후에는 남편의 소유가 된다. 이와 유사한 삼종지도(三從之道)는 '칠거지악(七去之惡)'과 더불어 고대인들의 남존여비(男尊女卑) 사상을 보여 주는 대표적인 성어이다. 즉 부인에게는 세 가지 따라야 할 의가 있으며, 자기 마음대로 할 수 있는 도는 없다. 그러므로 시집가기 전에는 아버지를 따르고, 시집을 간 후에는 지아비를 따르고, 지아비가 죽으면 아들을 따라야 한다.(婦人有三從之義, 無專用之道. 故未嫁從父, 旣嫁從夫, 夫死從子.)」(의례(儀禮)의 〈상복전(喪服傳)〉에서 출전)

e. 이 속격은 남편의 기준으로 아내의 신원을 밝힌다. 이 때 남편이 소유의 속격으로 표현된다(Attic 영향).

예) 마 1:6. 직역: 다윗은 우리야의 아내로부터 솔로몬을 낳았다.
Δαυὶδ ἐγέννησεν τὸν Σολομῶνα ἐκ τῆς τοῦ Οὐρίου,
NNMS VIAAS3 DAMS NAMS PG DGFS DGMS NGMS
관사 소유의 속격

⇨ 소유의 속격 τοῦ Οὐρίου이 자기 아내의 신원을 밝혀주고 있다. 즉 '우리야의 아내'이다. 특히 관사의 특별용법인 『**관사+속격**』 (τῆς τοῦ Οὐρίου)에서 사용되는 관사 τῆς는 '~의 부인'을 의미한다.

f. 가문을 기준으로 가족, 노예 등의 소속을 밝힌다. 이 때 가족(or 노예)을 속격으로 표현한다.

예) 고전 1:11. 직역: 나의 형제들아! 글로에의 가족들에 의하여, 너희들에 관한 (것이 - 가주어) 곧 너희들 안에 분쟁이 있다는 것이 나에게 알려졌다.

ἐδηλώθη μοι περὶ ὑμῶν, ἀδελφοί μου, ὑπὸ τῶν Χλόης ὅτι ἔριδες

VIAPS3 NPDS1 PG NPGP2 NVMP NPGS1 PG DGMP NGFS JC NNFP

주동사(가주어) 관사 속격

ἐν ὑμῖν εἰσιν.

PD NPDP2 VIAP3

⇨ 이 문장은 수동태 문장이다. 즉 『수동태 동사(ἐδηλώθη) + ~ + ὑπο(~에 의하여)+직접적 행위자(τῶν Χλόης)』이다. 접속사 ὅτι가 JC(등위접속사)로 분해될 때는 동격의 기능을 하는 명사절을 인도한다. 즉 주동사 ἐδηλώθη의 가주어와 동격이면서 진주어 역할을 한다. 그리고 관사의 특별용법인 **『관사+속격』**(τῶν Χλόης)에서 사용되는 관사 τῶν은 '~의 가문(가족)'을 의미한다.

④ **주어적 속격**(Subjective Genitive)

만일 속격명사가 동작명사(피수식 명사)에 의하여 암시된 동작을 나타낼 경우에 동작명사에 포함되어 있는 동사적 개념의 '주어'로서의 기능을 갖는다. 이 때 속격명사를 '주어적 속격'이라 부른다. 이 속격은 동작적 개념을 가진 동작명사의 **동작**(행위)**의 주체**를 나타낸다.

예) 고후 5:14. 직역: 그리스도의 그 사랑이 우리들을 함께 붙잡아 구속한다.

ἡ ἀγάπη τοῦ Χριστοῦ συνέχει ἡμᾶς,

DNFS NNFS DGMS NGMS VIPAS3 NPAP1

동작명사 주어적 속격

⇨ 주어적 속격인 τοῦ Χριστοῦ가 동작명사 ἀγάπη를 수식하여 동작 명사의 동작적 개념에 주어의 기능을 하는 경우이다. 동작명사의 동작의 개념을 나타내는 동사를 동족 동사(cognate verb)라 한다. 동작명사 ἀγάπη(사랑)의 동족 동사는 ἀγαπάω(사랑하다)이다. 따라서 그리스도가 '사랑'의 주어(주체)가 되므로 즉 '그리스도가(주어) 사랑하다(동사)'라는 것이 된다.

⑤ **목적어적 속격**(Objective Genitive)

속격명사가 동작명사(피수식 명사)에 의하여 암시된 동작을 받는 경우에 동작명사에 포함되어 있는 동사적 개념의 '목적어'로서의 기능을 갖는다. 이 때 속격명사를 '목적어적 속격'이라 부른다. 이 속격은 동작적 개념을 가진 동작명사의 **동작**(행위)**의 객체**를 나타낸다.

예) 고전 1:6. 직역: 그리스도의 그 증거가 너희들 안에서 확고하게 되었다.

τὸ μαρτύριον τοῦ Χριστοῦ ἐβεβαιώθη ἐν ὑμῖν,

DNNS NNNS DGMS NGMS VIPAS3 PD NPDP2

동작명사 목적어적 속격 수동동사

⇨ 주어적 속격인 τοῦ Χριστοῦ가 동작명사 μαρτύριον를 수식하여 동작 명사의 동작적 개념을 받는 목적어의 기능을 하는 경우이다. 동작명사 μαρτύριον(증거)의 동족 동사는 μαρτυρέω(증거하다)이다. 따라서 그리스도가 '증거하다'의 목적어가 되므로 즉 '그리스도를 (목적어) 증거하다(동사)'라는 것이 된다. 이 문장은 수동태 문이다.

⑥ 물질의 속격(Genitive of Material)

속격이 수식받는 명사의 물질(재료)임을 나타낸다. 즉 속격이 수식받는 명사를 구성하는 물질(재료)임을 나타낸다.

예) 요 12:3. 직역: 마리아는 순수하고 매우 값비싼 나드 향유 한 근을 취한 후에 예수의 그 발을 (나드 향유)기름으로 발랐다.

Ἡ Μαριὰμ λαβοῦσα λίτραν μύρου νάρδου πιστικῆς πολυτίμου ἤλειψεν

DNFS NNFS VPAANFS NAFS NGNS NGFS AGFS AGFS VIAAS3

분사구문 물질의 속격 형용사 형용사

τοὺς πόδας τοῦ Ἰησοῦ

DAMP NAMP DGMS NGMS

⇨ 물질의 속격 νάρδου(나드)는 수식하는 명사 μύρου(향유)의 구성 물질(재료)를 나타낸다. 따라서 "나드 향유(μύρου νάρδου)를 말한다. 나르도스(νάρδος, 나드) 향유는 '발레리아나'(Valeriana, 쥐오줌풀) 속(屬)에 속하는 향기로운 동인도 산 식물의 줄기에서 채취한 값비싼 향유이다. 이 식물은 날카로운 모양의 잎과 붉고 탐스러운 꽃이 곧은 줄기에 달려 있으며, 고대인들은 매우 값진 향유를 준비할 때 이 즙을 사용했다. 명사 "나드 향유"(μύρου νάρδου)를 수식하는 형용사가 두 개(πιστικῆς πολυτίμου)가 있는 경우에는 하나는(πιστικῆς, 순수한) 수식하는 명사와 더 밀접한 관계를 나타내며, 다른 하나는(πολυτίμου, 매우 값비싼) 이 표현을 한정한다. 즉 '순수한 나드 향유'는 '매우 값비싼 제품'인 것으로 한정하고 있다. 분사 λαβοῦσα는 주동사 ἤλειψεν를 수식하는 '시간'을 나타내는 관계분사구문이다(과거분사이므로 주동사의 동작보다 앞선 동작이다). 즉 " ~ 한 후에".

⑦ 부분의 속격(Partitive Genitive)

'부분의 속격'은 전체의 일부분을 말함에 있어서 그 전체의 부분을 나타낸다. 하지만 이 '부분의 속격'을 **'전체의 속격'**(Genitive of the whole)이라 부르는 것이 더 타당할 것

같다. 그리고 '부분의 속격'은 문장에서 주어 또는 목적어로도 사용되기도 하며, 또한 '부분의 속격'이 관사를 가지고 지방을 말할 때, 수식하는 성읍이 속한 지방의 전체를 말하기도 한다. 이 때의 용법을 **'지리적 속격'**(Chorographic Genitive)이라고 한다.

예1) 계 8:7. 직역: 그 땅의 삼분의 일이 다 태워버려졌고 그 나무들의 삼분의 일이 다태워져 버렸다.

… τὸ	τρίτον	τῆς γῆς	κατεκάη	καὶ	τὸ	τρίτον	τῶν δένδρων	κατεκάη …
DNNS	APONNS	DGFS NGFS	VIAPS3	JC	DNNS	APONNS	DGNP NGNP	VIAPS3
	서수	부분의 속격	수동동사-1			서수	부분의 속격	수동동사-2

⇨ 서수 τρίτον는 70인 역본에서 약 160회 나오며, 대부분 히브리어의 서수인 שְׁלִישִׁי(세 번째, 삼분의 일)의 역어로 사용되었다. 계시록 8장은 'τὸ τρίτον'을 속격과 함께 '삼분의 일'이란 의미로 12회 사용하였다. '부분의 속격'인 'τῆς γῆς'은 '전체 땅'의 '삼분의 일 부분'만을, '부분의 속격'인 'τῶν δένδρων'은 '전체 나무'의 '삼분의 일 부분'만을 나타낸다. 서수 τρίτον은 관사 το를 가지고 '문의 주어'로 사용된 '명사적 용법'을 나타낸다.

예2) 요21:2. 직역: 갈릴리의 가나로부터 온 (or 출신인) 사람인 나다나엘.

… Ναθαναὴλ	ὁ	ἀπὸ	Κανὰ	τῆς Γαλιλαίας …
NNMS	DNMS	PG	NGFS	DGFS NGFS
				부분의 속격

⇨ 이 '부분의 속격'(τῆς Γαλιλαίας)은 오히려 **'전체의 속격'**(Genitive of the whole)이 타당하다. 이유는 한 성읍인 '가나'(Κανὰ)가 '갈릴리'(τῆς Γαλιλαίας) 지방의 한 부속 성읍이기 때문이다. 또한 이 '부분의 속격'(τῆς Γαλιλαίας)은 성읍 '가나'(Κανὰ)가 속한 지방 전체를 말하므로 **'지리적 속격'**(Chorographic Genitive)이라 할 수 있다. 『관사(ὁ)+전치사구(ἀπὸ Κανα)』의 용법에서 관사는 대개 " ~ 자(들)"로 번역된다.

(2) 부사적으로 사용되는 속격

어떤 경우에는 속격이 실명사(명사형 어군)보다는 동사를 수식할 때가 있다. 이런 경우에 그 속격을 부사적 속격(Adverbial Genitive)이라하는데 그 기능은 부사와 똑같다.

① 시간의 속격(Genitive of Time)

시간의 속격은 일반적으로 시간의 종류, 범위 또는 다른 시간과 반대되는 어떤 시점을 가리킨다. 즉 동사를 수식하는 시간을 가리킨다(시간의 부사).

> Note) 고전 헬라어에서 시간은 처격(locative), 구격(instrumental), 그리고 대격(accusative)으로 표현된다. 논리적으로 **처격**은 시간의 어느 특정 시점, **구격**은 시간의 한 기간을 가리키는 시간의 분리된 두 시점, **대격**은 전체 시간, 즉 두 시점 사이의 기간을 가리킨다. 하지만 코이네 헬라어에서는 이런 구분이 꼭 이루어진 것은 아니다.

a. 전치사가 없는 경우.

예) 눅 18:7. 직역: 하나님께서 그에게(자신에게) 밤낮으로 부르짖는 그의 택자들의 그 복수를 결코 행하지 아니하겠느냐? 그리고 그가(하나님) 그들을(택자들) 위하여 오래 참으시겠느냐?

ὁ θεὸς οὐ μὴ ποιήσῃ τὴν ἐκδίκησιν τῶν ἐκλεκτῶν αὐτοῦ τῶν

DNMS NNMS QT QT VIFAS3 DAFS NAFS DGMP APGMP NPGMS3 DGMP

『οὐ μὴ + 미래 직설법』

βοώντων αὐτῷ ἡμέρας καὶ νυκτός, καὶ μακροθυμεῖ ἐπ' αὐτοῖς;

VPPAGMP NPDMS3 NGFS JC NGFS JC VIPAS3 PD NPDMP3

시간의 속격

> ⇨ 미래적인 강한 부정의 뜻을 나타내는『οὐ μὴ + 미래 직설법(ποιήσῃ)』은 "결코 ~ 하지 못할 것이다"로 번역된다. 그러나 이 문장은 문맥상 'οὐ μὴ'가 부정부사(AD)가 아니고 의문 불변사(QT)로 분해되기 때문에 긍정의 '수사 의문문'의 기능을 한다. 즉 '결코 하지 못할 것이다'가 아니라, '결단코 하시겠다'는 의미이다. '시간의 속격'을 나타내는 ἡμέρας καὶ νυκτός(밤낮으로)는 분사 βοώντων를 수식하는 '부사적 시간 속격'의 기능을 하며, 분사의 시간을 말한다. 즉 '부르짖는' 시간이 '밤낮'이라는 것이다. 분사 βοώντων는 관사 τῶν를 가지고 성·수·격이 일치하는 관사 τῶν을 가진 형용대명사 ἐκλεκτῶν를 수식하는 '한정적 용법'을 나타낸다.

b. 전치사(διά, ἐπί)가 있는 경우

예) 눅 5:5. 직역: 시몬이 대답하여, "선생님이여! 제가 비록 온 밤을 통하여 열심히 일하였지만 아무것도 취하지 못하였습니다"라고 말했다.

ἀποκριθεὶς Σίμων εἶπεν, Ἐπιστάτα, δι' ὅλης νυκτὸς κοπιάσαντες

VPAONMS NNMS VIAAS3 NVMS PG AGFS DGFS VPAANMP1

분사-1 호격 시간의 속격 분사-2

οὐδὲν ἐλάβομεν·

APCANS VIAAP1

⇨ 이 문장은 '직접화법' 형식의 문을 나타낸다. 즉 『전달부+피전달부(인용문)』이다. 피전달부는 대문자로 시작되므로, Ἐπιστάτα이하의 문이다. 시간의 속격(δι' ὅλης νυκτὸς; 온 밤을 통하여 or 온 밤이 맞도록) 이 분사-2(피로를 느낄 정도로 열심히 일하다)를 수식하는 '부사적 시간 속격'을 나타낸다. 분사-1은 주동사 εἶπεν(화법의 전달동사)을 수식하는 '부대상황'(동시동작) 관계분사구문이다(대답하여 그리고 말했다). 분사-2는 화법의 피전달부의 동사 ἐλάβομεν를 수식하는 '양보' 관계분사구문이다(비록 ~ 하였지만).

② **장소의 속격**(Genitive of Place)

장소의 속격은 신약성경에는 비교적 드물게 사용되었다. 장소는 대부분의 경우에 '처격'(locative)으로 표현된다. 이 장소의 속격은 장소의 종류, 즉 다른 장소와 대조되는 한 장소를 강조한다. 처격은 단순히 어떤 특정 장소, 지점, 지역을 나타낸다.

a. 전치사가 없는 경우

예) 벧전 1:1. 직역: 예수 그리스도의 사도 베드로는 본도, 갈라디아, 갑바도기아, 아시아와 비두니아의 디아스포라 외국인 택자들에게...

Πέτρος ἀπόστολος Ἰησοῦ Χριστοῦ ἐκλεκτοῖς παρεπιδήμοις

NNMS (호칭의 주격) NNMS NGMS NGMS (소유의 속격) APDMP/ADMP APDMP

διασπορᾶς Πόντου, Γαλατίας, Καππαδοκίας, Ἀσίας καὶ Βιθυνίας,

NGFS NGMS (장소의 속격) NGFS (장소의 속격) NGFS (장소의 속격) NGFS (장소의 속격) JC NGFS (장소의 속격)

⇨ 속격 Χριστοῦ Ἰησοῦ이 수식하는 명사는 Πέτρος ἀπόστολος이다. 사도 베드로의 소유주는 바로 Ἰησοῦ Χριστοῦ이시다. 이름을 나타내는 주격 Πέτρος는 '호칭의 주격'(Nominative of Appellative)이라 부른다. 이 주격과 ἀπόστολος는 동격이며, Χριστοῦ와 Ἰησοῦ역시 동격이다. 동격명사는 관계하는 명사의 격과 수에 일치한다. 본문 1, 2절에는 본서의 송·수신자 표기 및 흩어진 성도들에 대한 문안 인사가 기록되어 있다. 특히 본문 1절은 지역 표기(장소의 속격)를 동반하여 본 서신의 수신자가 구체적으로 언급되고 있다. 그들은 모두 현재의 터키 타우루스 산맥의 북쪽에 해당되는 소아시아 지역에 살고 있는 사람들이다. 이들을 모두 유대인으로 보는 견해도 있지만, 주로 이방 그리스도인이었음을 알 수 있다.

b. 전치사(διά, ἐπί, κατά)가 있는 경우

예) 막 2:10. 직역: 인자가(사람의 아들) 그 땅위에서 죄를 용서하는 권세를 가지고 있다는 것을 너희들이 알도록 하기 위하여(or 위함이다). 그가 그 중풍병자에게

말씀하시되,

ἵνα εἰδῆτε ὅτι ἐξουσίαν ἔχει ὁ υἱὸς τοῦ ἀνθρώπου ἀφιέναι

JS VSRAP2 JC NAFS VIPAS3 DNMS NNMS DGMS NGMS VNPA

목적어 ← 수식 — 부정사

ἁμαρτίας ἐπὶ τῆς γῆς λέγει τῷ παραλυτικῷ·

NAFP PG DGFS NGFS VIPAS3 DDMS APDMS

부정사의 목적어 장소의 속격 직접화법의 전달부

⇨ 목적이나 의도를 나타내는 목적 가정법은 『ἵνα + 가정법(εἰδῆτε)』이다. 즉 " ~ 하기 위하여, ~ 하려고"이다. 부정사 ἀφιέναι는 목적어인 ἐξουσίαν명사를 수식하는 '수식어'기능을 하고 있으며, 동시에 목적어 ἁμαρτίας를 가지므로 '동사'의 기능까지 하고 있다. 그리고 "λέγει τῷ παραλυτικῷ·"구절은 직접화법의 전달부이며 피전달부(인용문)는 11절이 해당된다. 즉 대문자로 시작되기 때문이다(Σοὶ ~).

③ 척도의 속격(Genitive of Measure)

이 속격은 '얼마나 많은가, 얼마나 멀리 있는가'를 나타내는 용법이다. 어떤 문법가들은 이 속격을 '가격의 속격'(genitive of price), '가치의 속격'(genitive of value), '벌금(삯)의 속격'(genitive of charge)이라고 부르는 것을 포함한다.

a. 전치사가 없는 경우

예) 계 6:6. 직역: 한 데나리온의 밀의 한되 그리고 한 데나리온의 보리 석되

… χοῖνιξ σίτου δηναρίου καὶ τρεῖς χοίνικες κριθῶν δηναρίου, …

NNMS NGMS NGNS JC ACNFP NNFP NGFP NGNS

척도의 속격 척도의 속격

⇨ '데나리온'(δηναρίου)은 요한 당시 로마의 화폐 로, '한 데나리온'은 노동자의 하루 임금에 해당하였다(마 20:2). 또한 '밀'(σίτου)은 신약 성경에서는 자주 등장하는 표현이지만 계시록에서는 본문을 제외하고는 음녀 바벨론의 곡식을 열거하는 18:13에서만 사용된다. 그리고 '한 되' 로 번역된 'χοῖνιξ'는 약 1.08 리터의 곡식으로 노동자 한 사람의 평균적인 하루 식사량이었다. 그런데 통상 밀(σίτου)은 보리(κριθῶν)보다 세 배나 더 비쌌다. 그것은 밀이 보리보다 더 고급스러운 음식으로 여겨졌기 때문이다. '보리'에 해당하는 'κριθῶν'은 '크 리데(κριθή)'의 고대형으로 본문에서와 같이 복수로 사용된다. 일반적으로 보리는 기근 시에 다른 곡물에 비해 상대적으로 가격이 쌌기 때문에 심한 기근에는 보리가 거의 주식처럼 이용되었다. '척도의 속격' δηναρίου(한 데나리온)는 '밀 한 되(χοῖνιξ σίτου)가 한 데나리온의 '가치'가 있다는 의미이다. 마찬가지로 '척도의 속격' δηναρίου(한 데나리온)은 '보리 석 되'(τρεῖς χοίνικες)가 한 데나리온의 '가치'가 있다는 의미이다.

b. 전치사(ἕως, ἄχρι, μέχρι)가 있는 경우

예) 마 26:38. 직역: 그 때 그가(예수) 그들에게, "나의 영혼(목숨)이 죽기까지 매우 슬프다. 너희들은 여기 머물라 그리고 나와 함께 깨어 있어라"고 말했다.

τότε λέγει αὐτοῖς, Περίλυπός ἐστιν ἡ ψυχή μου ἕως θανάτου·

AD VIPAS3 NPDMP3 ANFS VIPAS3 DNFS NNFS NPGS1 PG NGMS

척도의 속격

μείνατε ὧδε καὶ γρηγορεῖτε μετ' ἐμοῦ.

VMAAP2 AD JC VMPAP2 PG NPGS1

명령법-1 명령법-2

⇨ 이 문장은 직접화법 형식의 문이다. 즉 『전달부+피전달부(인용문)』이다. 피전달부는 대문자로 시작되는 구문이므로 Περίλυπός로 시작된다. 명령법 1, 2는 '부정과거 명령법'을 나타내므로 일시적인 동작을 명령하는 경우다. 즉 "단번에 머물고, 단번에 깨어 있어라"는 의미이다.

* μέχρι: 특히 시간이나 장소의 간격을 말한다(~까지, ~할 때까지).
* ἄχρι: 시간이나 장소의 끝(종점)까지를 말한다(~할 때까지, ~까지).
* ἕως: 시간이나 장소의 계속성을 말한다(~까지, ~동안에)

④ **참고의 속격**(Genitive of Reference)

이 속격은 형용사를 수식하는 부사의 기능을 가지며, 특별한 참고의 틀 속으로 형용사의 서술력을 제한하는 속격을 말한다. 또한 속격이 " …에 관하여"라는 의미를 가질 경우에도 해당된다. 여기에 해당되는 속격지배 형용사는 다음과 같다.

*** 속격 지배 형용사 - 속격이 다음의 형용사들을 수식한다.**

ἔνοχος(유죄의, 가치없는) ; ἄξιος(합당한, 가치있는)

(συγ-)κοινωνος(참여하는) ; μετοχος(참여하는)

μεστος ; πληρης(충만한, 가득찬)

ξενος(낯선, 나그네의) ; συμμορφος(비슷한, 같은)

a. 전치사가 없는 경우

예1) 마 3:8. 직역: 그러므로 너희들은 회개에 합당한(가치있는) 열매를 맺어라(행하라).

ποιήσατε οὖν καρπὸν ἄξιον τῆς μετανοίας

VMAAP2 JH NAMS AAMS DGFS NGFS

명령법 속격지배형용사 참조의 속격

⇨ '참고의 속격'(τῆς μετανοίας)이 목적어인 명사(καρπὸν)를 수식하는 것이 아니라 형용사(ἄξιον)를 수식하는 부사의 기능을 하는 경우이다. 즉 '회개에 관한 것'이 '가치가 있다'는 것을 의미한다.

예2) 히 5:13. 직역: 젖(or 우유)을 함께 나누고 있는 모든 자는 의의 말씀을 경험하지 못한 (것이다).

πᾶς ὁ μετέχων γάλακτος ἄπειρος λόγου δικαιοσύνης,

APNMS DNMS <u>VPPANMS</u> NGNS ANMS <u>NGMS</u> NGFS

분사 참고의 속격

⇨ 이 문장은 동사가 없고 형용사(ἄπειρος)가 서술어 역할을 하는 명사문장이다. 『πᾶς(A-)+관사(ὁ)+분사 (μετέχων)』 일 때, πᾶς는 단수, 복수 모두 단일성의 전체를 의미한다. "모든(모두), 온(all)"으로 번역한다. 분사(μετέχων)의 원형인 동사 μετέχω는 목적어로 대격명사를 취하는 것이 아니라 속격명사(γάλακτος)를 목적어로 취하는 '속격지배동사'이다. 여기서 '참고의 속격'(λόγου)의 의미는 "말씀에 관하여"(with reference to the word)라는 의미이다.

b. 전치사(περι, ὑπερ)가 있는 경우

예) 고전 7:1. 직역: 너희들이 쓴 바 그 말들에 관하여는, 여자를 가까이 하지(or 접촉하지) 않는 것이 남자에게 좋다

Περὶ ὧν ἐγράψατε, καλὸν ἀνθρώπῳ γυναικὸς μὴ ἅπτεσθαι·

<u>PG APRGNP</u> VIAAP2 ANNS NDMS <u>NGFS</u> AD <u>VNPM</u>

참고의 속격 부정사의 목적어 부정사(중간태)

⇨ 관계대명사(ὧν)의 선행사는 생략될 수도 있다. 즉 관계대명사의 선행사가 '대명사' 또는 '인물', '시간' 등일때 선행사는 생략된다. 이 때 관계대명사 자체가 선행사의 의미를 포함하는 경우다. 즉 본문의 관계대명사(ὧν)는 '중성복수'이므로 "~바 그것들"로 해석된다. 또한 '중성'이므로 관계대명사의 선행사는 '구나 절'이 될 가능성이 있다. 즉 "너희들이 쓴 바 그 말들(편지의 내용들)"이다. 또한 관계대명사(ὧν)가 문맥상 '대격' 이어야 하나 '속격'이 된 것은 지배 전치사가 속격(Περὶ)이기 때문이다. 이것은 관계대명사의 격이 전치사의 격에 끌리므로 "직접견인"(direct attraction)이라 부른다. 그리고 부정사(ἅπτεσθαι)의 원형인 ἅπτομαι 동사는 속격(γυναικὸς)을 목적어로 취하는 '속격지배동사'이다. '가까이 함' 으로 번역된 '부정사(ἅπτεσθαι)'는 '만지다, 접촉하다'라는 뜻을 지니므로, 이 단어는 성적 관계를 갖는 것을 완곡하게 표현한 말이며, 특히 '합법적 결혼'을 뜻한다. 따라서 바울은 본문을 통해 원칙적으로 볼 때는 남자나 여자가 독신으로 지내는 것이 좋음을 밝힌다. 본문은 『형용사(καλὸν)+비인칭동사(ἐστιν)+부정사(ἅπτεσθαι)』구문 형식이다. 즉 "~ 하는 것이 좋다"로 번역된다. 하지만 본문은 비인칭 동사(ἐστιν)가 생략되어 있는 명사 문장이다. 해석은 그대로 하면 된다.

> '참조의 속격'(Genitive of Reference)은 부사를 수식하기도 한다.
> *** 속격 지배 부사 - 속격이 다음의 부사들을 수식한다.**
> ἐντος(안에), ἐκτος(밖에),
> μακραν(멀리), περαν(저쪽에, 건너편에),
> πλησιν(가까이), ἐγγυς(가까이)

⑤ 분리의 속격(Genitive of Separation)

'분리의 속격'은 전체의 한 부분을 나타내는 속격이다. 즉 전체와 부분 사이에 대립을 표현할 때 사용된다. 이 속격은 분리의 개념을 나타내므로 **'탈격'**(Ablative Case)이라 부르기도 한다. '탈격'은 출발점, 원천, 근원 등을 나타낸다.

예) 엡 2:12 직역: 왜냐하면 너희는 그 때에 그리스도와 분리되어 있었고, 그리고 (너희는) 이스라엘의 시민권(or 국민)으로부터 이미 멀리 떠나 있었다.

ὅτι	ἦτε	τῷ	καιρῷ	ἐκείνῳ	χωρὶς	Χριστοῦ,	ἀπηλλοτριωμένοι
JC	VIIAP2	DDMS	NDMS	ADDMS	PG	NGMS	VPRPNMP2
							분사

τῆς	πολιτείας	τοῦ	Ἰσραὴλ …
DGFS	NGFS	DGMS	NGMS
분리의 속격			

> ⇨ 분사 'ἀπηλλοτριωμένοι'는 '~로부터 멀리 떨어진'의 뜻인 전치사 '아포(ἀπο)'와 '자기 것이 아닌, 낯선'이란 뜻의 형용사 'ἀλλότριος'의 합성어으로, 문자적으로는 '멀리 떨어져 있어 낯선 사람으로 여기다'라는 의미를 지닌다. 그런데 본문에서는 완료 분사 수동태로 쓰였다. 여기서 수동태로 쓰인 것은 할례받은 것을 큰 특권으로 생각하였던 이스라엘 사람들에 의하여 이방인들이 이와 같이 여겨져 왔던 것을 나타낸다. 실제 이스라엘은 이방인들을 마치 개처럼 여겼었다(마 15:27). 따라서 '분리의 속격' τῆς πολιτείας은 의 용법은 주어인"너희들"(이방인들)이 이스라엘 사람들과는 분리되어 있었음과 서로 대립관계에 있었음을 나타낸다. 또한 분사 'ἀπηλλοτριωμένοι'는 '현재 완료형'이므로 분사의 동작이 이미 완료된 상태를 나타내지만 그 동작의 결과가 주동사(ἦτε)의 동작과 동시적인 것을 나타낼 때 사용한다. 따라서 분사의 동작이 주동사의 동작과 동시적임을 의미하는 '부대상황' 분사구문을 나타낸다.

⑥ 비교의 속격(Genitive of Comparision)

다른 것과 비교될 때 사용되는 속격이다. 비교할 때 " … 보다"(than)라는 표현은 '비교의 속격'과 '비교 접속사'(ἤ)로 표현하여 비교할 수 있다(형용사의 비교법 참조).

예) 마 3:11. 직역: 그러나 내 뒤에 오시는 이는 나보다 더 강력하시다.

ὁ δὲ ὀπίσω μου ἐρχόμενος ἰσχυρότερός μού ἐστιν,

DNMS JH PG NPGS1 VPPNNMS AMNMS NPGS1 VIPAS3

분사 비교급형용사 비교의 속격

⇨ 이 문장은 비교급 형식의 문이다. 즉 『형용사(비교급; ἰσχυρότερός) + ~ + 속격 〔(대)명사; μού〕』 구문형식이다. 해석은 "(속격, = than)보다 ~ 더 (비교급 형용사)한 ~"이다. 이 때의 속격은 '비교의 속격'이다. 분사 ἐρχόμενος는 관사 ὁ를 취하여 문의 '주어'로 사용된 '명사적 용법'을 나타낸다.

⑦ 목적의 속격(Genitive of Purpose)

행동의 의도나 목적 or 방향을 표현하는 속격을 말한다. 이 때 속격은 " …를 위하여; …을 향하여"라고 해석한다.

예) 고후 1:24. 직역: 그러나 우리들은 너희들의 그 기쁨을 위한 동역자이다. 왜냐하면 너희들이 그 믿음으로 인해 이미 섰기 때문이다.

ἀλλὰ συνεργοί ἐσμεν τῆς χαρᾶς ὑμῶν· τῇ γὰρ πίστει ἑστήκατε.

JH APNMP VIPAP1 DGFS NGFS NPGP2 DDFS JS NDFS VIRAP2

목적의 속격 원인의 여격

⇨ 속격 'τῆς χαρᾶς'은 '목적의 속격'(…을 위한)으로서 형용사가 명사적(독립적)으로 사용된 συνεργοι를 수식한다. 여격 'τῇ πίστει'는 '어떤 행위의 근거, 원인'을 의미하는 '원인의 여격'(Dative of Reason)을 나타낸다(…로 인해, 때문에).

⑧ 원인의 속격(Genitive of Reason)

'원인의 속격'은 어떤 일이 발생한 이유나 원인을 나타낸다.

예) 몬 1:1. 직역: 예수 그리스도때문에 죄수인(or 죄수가 된) 바울과 형제 디모데는 사랑하며 함께 수고하는 우리들의 빌레몬에게. (편지하노니-생략)

Παῦλος δέσμιος Χριστοῦ Ἰησοῦ καὶ Τιμόθεος ὁ ἀδελφὸς Φιλήμονι

NNMS NNMS NGMS NGMS JC NNMS DNMS NNMS NDMS

절대 주격 원인의 속격 절대 주격

τῷ ἀγαπητῷ καὶ συνεργῷ ἡμῶν

DDMS ADMS JC ADMS NPGP1

⇨ '원인의 속격'을 나타내는 'Χριστοῦ Ἰησοῦ'는 수식하는 명사 'δέσμιος'의 원인이나 이유를 나타낸다. 즉 '예수 그리스도' 때문에 종이 되었다는 의미이다. 이 문장은 서신의 서두에 위치하는 인사문 형식이다. 문장 형식상 주동사가 없는 불안전 구문이다. 절대주격(Παῦλος과 Τιμόθεος)은 코이네 헬라어에서 매우 자주 사용되는 파격구문의 형태이다. 이 용법은 문장 속에서 다른 요소들과 아무런 문법적인 관련이 없는 주격구조이다. 즉 문장 속에서 문법적인 주어가 아닌 논리적인 주어를 말하며, 이것은 완전한 문장과 문법적인 관계를 갖지 않는다. 일반적으로 고유명사(Παῦλος, Τιμόθεος)에는 관사가 잘 붙지 않는다. 고유명사 Τιμόθεος)와 동격으로 한정되는 명사(ἀδελφὸς)의 경우에는 관사(ὁ ἀδελφὸς)를 취한다.

(3) 명사적으로 사용되는 속격

① 동격의 속격(Genitive of Apposition)

어떤 속격의 단어(명사)가 수식하는 단어(명사)를 설명하거나 확인하는 역할을 할 때, 즉 동일한 것이면 그것은 '동격의 속격'이다. 이 용법의 속격을 **'동일의 속격'**(the genitive of identity)이라고도 한다. '동격인 속격'은 격이 반드시 일치하여야 되는 일반적인 동격과는 다르다. 즉 앞에 나오는 단어(명사)가 속격이 아닐 수 있다는 것이다.

예) 고후 5:5. 직역: 이것을 위하여 우리에게 완전히 일하게 하셨던 (or 성취하게 하셨던) 분, 성령의 보증을 우리에게 주셨던 분

ὁ	κατεργασάμενος	ἡμᾶς	εἰς	αὐτὸ	τοῦτο	θεός,	ὁ	δοὺς	ἡμῖν
DNMS	VPADNMS	NPAP1	PA	APANS	ADANS	NNMS	DNMS	VPAANMS	NPDP1
	분사-1			강의대명사	지시형용사			분사-2	

τὸν	ἀρραβῶνα	τοῦ	πνεύματος.
DAMS	NAMS	DGNS	NGNS

(수식 ← 동격의 속격)

⇨ 지시형용사 τοῦτο가 서술적 위치에서 강의대명사 αὐτο를 수식한다(성·수·격이 일치). 용법상 강의대명사 는 명사나 대명사의 의미를 강조하기 위해 그것들에 붙이는 대명사다. 본문은 강의대명사가 수식하는 명사나 대명사가 없이 단독으로 쓰여졌으므로 보통의 '인칭대명사(중성)'(그것)로 보아야 한다. 이 문장은 주동사가 없는 명사 문장이며, 『관사+분사-1』(ὁ κατεργασάμενος…)과 『관사+분사-2』(ὁ δοὺς…)가 동격을 이루고있는 문장이다. 속격 'τοῦ πνεύματος'(성령)이 앞의 'τὸν ἀρραβῶνα'(보증)와 동격을 이루고 있으므로, '성령의 보증'이라는 말은 '성령=보증'의 의미이다. 분사-1과 분사-2는 관사를 취하여 문의 '주어'와 '동격'으로 사용된 명사적 용법을 나타낸다.

② **독립**(or 절대) **속격**(Genitive Absolute)

이 용법은 '독립 속격 분사구문'에서 사용되는 용법이다. 관계 분사 구문에서 분사의 의미상의 주어는 주동사의 주어와 일치한다. 그러나 분사의 의미상의 주어와 주동사의 주어(명사, 대명사)가 일치하지 않는 경우, 분사의 의미상의 주어를 따로 **독립적으로** 내세 우는데, 속격(명사, 대명사)으로 나타낸다. 이때의 속격을 '독립 속격' 또는 '절대 속격'이라 한다. 분사 역시 속격 형태로 나타난다.

이러한 독립 속격 분사구문이 있는 문장은 결국 2개의 문장으로 구성되어 있는 형태이다. 즉 주문장의 종속절로서 '부사절'을 나타낸다. 따라서 이 구문은 두 개의 문장(주절+종속절)을 간단하게 한 문장으로 만드는 방법이라 할 수 있다.

예) 마 25:5. 직역: 그러나 그 신랑이 지체하면서(or 지체했기 때문에), 모든 여자들(열처녀)이 꾸벅꾸벅 졸았으며 그리고 잠에 빠져있었다.

χρονίζοντος δὲ τοῦ νυμφίου ἐνύσταξαν πᾶσαι καὶ ἐκάθευδον.

χρονίζοντος	δὲ	τοῦ νυμφίου	ἐνύσταξαν	πᾶσαι	καὶ	ἐκάθευδον
VPPAGMS	JC	DGMS NGMS	VIAAP3	APNFP	JC	VIIAP3
속격분사		속격주어(분사 의·주)	주동사-1	주어		주동사-2

⇨ 분사 χρονίζοντος(속격)의 '의미상의 주어' τοῦ νυμφίου(속격)와 주동사 ἐνύσταξαν의 '주어'(주격)가 일치하지 않으므로, 분사는 의미상의 주어(속격)을 따로 독립적으로 내세우고 분사 자신도 속격형태로 나타난다. 이 용법을 '속격분사 구문'이라 하며, 또한 속격분사는 주문장의 부사절로 종속된다. 이때의 분사 구문은 문맥상 '부대상황(동시동작-현재분사)' 또는 '이유(원인)'을 나타내는 관계분사구문이다.

(4) 속격을 취하는 동사(or 동사와 어울리는 속격)

동사의 그 의미가 목적어(대상) 전체가 아닌 일부분에만 적용되는 동사나 동사적 형용사는 속격을 취한다. 즉 동사가 목적어로 대격 (대)명사를 취하는 것이 아니라 속격 (대)명사를 취한다. 이때의 속격은 본래 '부분 속격'으로 이해해도 무방하다. (참고로, 고전어 Attic 방언의 용법에서 '부분 속격'을 취하는 동사는 신약성경에서는 대격을 취한다.)

다음은 '속격'을 '목적어'로 취하는 동사들이다.

① **"잡다, 붙잡다, 접촉하다, 닿다"의 의미를 지닌 동사**

ἅπτομαι(소속하다, 관계되다, 만지다; 마 8:3, 눅 22:51)

ἐπιλαμβάνομαι(잡다, 굳게 하다, 붙잡다; 눅 9:47, 행 9:27)

καθάπτω(붙잡다, 굳게 하다; 행 28:3)

θιγγάνω(닿다, 손을 대다, 폭행하다; 히 11:28, 12:20)κατακρίνω

ἐπιτυγχάνω(우연히 만나다, (함축적으로)도달하다, 얻다; 히 6:15)

κρατέω(힘을 가지다, 소유하다, 붙잡다, 고수하다; 행 27:13, 히 4:14)

② "채우다, 가득하다"의 의미를 지닌 동사 - 이 동사들은 '물질의 속격'을 취한다.

γέμω(가득하다, 채워지다, 달이 차다; 계 4:6, 8) - 특히 이 동사는 계 17:3에서만 '대격'을 목적어로 취한다.

γεμίζω(채우다, 가득 채우다; 요 2:7, 계 15:8)

περισσεύω 〔(질과 양에서)넘치게 되다, 풍부하게 되다, 탁월하게 되다; 눅 15:17〕

πλήθω(가득차다, 충만하다; 롬 1:29) - 이 동사는 πίμπρημι(완전히 채우다) 동사의 한 어형.

ἐμπίπλημι 〔채우다, (상징적으로) 만족시키다; 눅 1:53, 요 6:15〕

πληρόω(가득하게 하다, 채우다, 풍성하게 하다 ; 마 4:14,) - 주로 속격을 취한다.

③ "지배하다, 통치하다, 능가하다"의 의미를 지닌 동사

ἀνθυπατεύω(총독이 되다 ; 행 18:12)

ἄρχω(우두머리가 되다, 인도하다, 다스리다; 막 10:42)

αὐθεντέω 〔통치하다, 지배권을 행사하다, (상징적으로) 권세를 부리다; 딤전 2:12〕

ἐξουσιάζω(권력을 가지다, 힘을 사용하다; 눅 22:25, 고전 7:4)

ἡγεμονεύω(통치자로 행세하다, 통치자가 되다; 눅 2:2, 3:1)

κατακυριεύω(힘으로 억압하다, 지배하다, 정복하다; 마 20:25, 막 10:42)

κυριεύω(통치하다, 지배하다, 주(lord)가 되다; 눅 22:25, 롬 6:9)

τετραρχέω(로마제국의 1/4를 다스리는 자가 되다, 분봉왕(영주)이 되다; 눅 3:1)

κατισχύω(능가하다, 보다 우세하다 ; 마 16:18)

ὑπερβάλλω(넘다, 초월하다, 과도하다, 능가하다, 탁월하다; 엡 3:19)

ὑπερέχω(위를 차지하다, 위로 솟아오르다, 보다 뛰어나다, 능가하다; 빌 2:3) - 이 동사는 '빌 4:7'에서는 대격을 취한다. LXX역은 속격과 대격을 다 취한다.

* βασιλεύω(통치하다, 왕노릇하다, 다스리다) - 이 동사는 '마 2:22'에서만 속격을 목적

어로 취하며, 그 외에는 히브리어 מָלַךְ עַל에 따라 "ἐπί + 대격"을 사용한다.

* ἡγέομαι(인도하다, 앞서 가다, 다스리다, 명령하다) - 이 동사는 '행 14:12'에서만 속격을 목적어로 취한다.

④ **"바라다, 요구하다, 얻으려고 애쓰다"의 의미를 지닌 동사**

ἐπιθυμέω(갈망하다, 탐하다, 바라다 ; 행 20:33, 딤전 3:1) - 이 동사는 마 5:28에서만 목적어로 '대격'을 취한다.

ἱμείρομαι(바라다, 갈망하다, 동경하다; 살전 2:8 - TR 본문)

ὁμείρομαι(애정 있는 감정을 가지다; 살전 2:8 - UBS3 본문)

ὀρέγομαι(잡거나 만지려고 손을 뻗다, 탐내다, 열망하다; 딤전 3;1, 6:10, 히 11:16)

⑤ **"기억나게 하다, 기억하다, 잊다"의 의미를 지닌 동사**

ἐκλανθάνομαι [아주(완전히) 잊어버리다; 히 12:3]

ἐπιλανθάνομαι(소홀히 하다, 잊혀지다 잊다) - 이 동사는 '히 6:10; 히 13:3, 17'에서만 '속격'을 취하며, 다른 곳에서는 '대격'(빌 3:13)을 취한다.

μιμνῄσκω(생각나게 하다, (중간태) 마음에 회상하다, 기억하다; 히 13:3) - 이 동사는 'μνάομαι' 동사의 연장형이다.

μνάομαι(상기하다, 회상하다, 기억하다; 히 2:6)

μνημονεύω(기억을 더듬다, 회상하다, 기억하다) - 이 동사는 대부분 '속격'(요 15:20, 16:4)과 'περί + 속격'(히 11:22)을 취하지만, 특히 사물에 대해서는 '대격'(마 16:9)을 취한다.

⑥ **"배불리 먹다, 맛보다"의 의미를 지닌 동사**

κορέννυμι(배부르게 하다, 충족시키다, 만족시키다; 행 27:38)

χορτάζω(꼴을 먹이다, 실컷 먹이다, 배불리다, 채우다; 막 8:4)

γεύομαι(맛보다, 먹다, '선이나 악을' 경험하다) - 이 동사는 '속격'(마 16:28)과 '대격'(요 2:9)을 취한다.

⑦ **"듣다"의 의미를 지닌 동사**

ἀκούω(듣다, 청취하다, 들려오다, 소문을 내다; 엡 4:21, 마 2:9) - 이 동사는 '**말하는**

사람'에게는 '속격', '**듣는 사람**'이나 사물에는 '대격'을 취한다. '**소리를 듣다**'일 때는 속격과 대격을 모두 사용한다. 요 3:8.

ἐπακροάομαι(귀를 기울이다, 귀담아 듣다, 골똘하게 듣다; 행 16:25)

παρακούω(듣기를 거부하다, 잘못 듣다; 마 18:17)

⑧ "분리"의 의미를 지닌 동사

ἀπαλλοτριόω(떠나있다, 멀리하다, 소외되다; 엡 2:12)

ἀπέχω, ἀπέχομαι(포기하다, 억제하다, 자신을 억제하다, 삼가다, 자제하다; 눅 7:6)

ἀποστερέω(사취하다, 강탈하다, 약탈하다; 딤전 6:5)

ἀστοχέω(표적에 '빗나가다', 진리에서 '비뚤게 나가다', 잘못을 저지르다; 딤전 1:6)

ἀφίστημι(반란을 선동하다, 단념하다, 버리다, 떠나다; 딤전 4:1)

δέομαι(결핍, 부족, 희망하다, 갈망하다, 청하다, 빌다; 마 9:38)

κωλύω(방해하다, 제지하다, 금하다; 행 27:43) - 이 동사는 『 … 에게서(대격) ~을(속격) 못하게 하다』라는 관용적 의미를 가지고 있다.

φείδομαι(삼가다, 관대히 대우하다, 아끼다, 용서하다; 행 20:29)

χρῄζω(필요하다, 소용되다; 마 6:32)

⑨ "비교"의 의미를 지닌 동사

διαφέρω(주체가 다르게 하다, 능가하다, 보다 낫다, ~와 다르다, ; 마 6:26)

λείπω(떠나다, 실패하다, 결석하다, (원하는 것이)결핍되다, 부족하다; 약 1:5)

περισσεύω(고정된 수나 양을 초과하다, 어떤 수나 양보다 더 남겨지다, 풍부하게 만들다; 마 5:20)

ὑπερεκτείνω(정해진 경계를 넘어 확장하다, 엄청나게 뻗다, 지나치게 뻗다: 엡 3:20)

ὑστερέω(늦게 되다, (함축적으로)열등하다, 부족하다, 궁핍하다; 눅 22:35) - 이 동사는 특히 '고후 11:5'에서는 " …보다 못하다." '눅 22:35'에서는 "부족하다."

⑩ "고발하다, 유(무)죄를 선고하다, 비난하다"의 의미를 지닌 동사

- κατα(…에 반대하여)의 합성어

καταγελάω(비웃다, 조롱하다, 조소하다 ; 마 9:24, 눅 8:35)

καταγινώσκω(실수를 찾다, 비난하다, 고소하다, 유죄를 입증하다; 요일 3:20)

καταкαυχάομαι(기뻐하다, 기뻐 날뛰다, 상처 입힌 것을 자랑하다, 뽐내다; 롬 11:18)

καταλαλέω(나쁘게 말하다, 힐난하다, 중상하다; 약 4:11, 벧후 2:12)

καταμαρτυρέω(불리한 증언을 하다, 반대 증언을 하다; 마 26:62)

καταναρκάω(극히 느리게 되다, 짐(책임)이 되다; 고후 11:9, 12:13)

καταστρηνιάω(방탕하게 되다, 배반하다, 완고하다; 딤전 5:11)

καταφρονέω(경멸하다, 얕보다, 작게 또는 아무 것도 아닌 것으로 생각하다; 마 6:24)

κατηγορέω(원고가 되다, 잘못을 비난하다, 고소하다, 반대하다; 마 12:10)

* καταδικάζω(불리한 판결을 내리다, 유죄를 선고하다, 비난하다 ; 마 12:7, 약 5:6)
  - 이 동사는 대격을 취한다.

* κατακρίνω(불리한 판단을 하다, 선고하다, 정죄하다, 저주하다; 마 12:41, 요 8:11)
  - 이 동사도 대격을 취한다. Attic에서는 속격도 취한다.

⑪ "이유와 감정의 원인"의 의미를 지닌 동사

ἀμελέω(무관심하다, 멸시하다, 등한히 하다, 태만하다; 딤전 4:14, 히 2:3)

ἀνέξομαι(침착함을 잃지 않다, 견디다, 참다 ; 마 17;17)

ἐπιμελέομαι(육체적으로, 혹은 그 밖의 방도로 돌보다, 돌보아주다 ; 딤전 3:5)

μέλω(걱정하다, 관심 있다) - 이 동사는 '고전 9:9'에서만 속격을 취하며, 그 외 "περί + 속격"(마 22:16, 막 12:14, 요 10:13, 벧전 5:7)을 취한다.

μεριμνάω(근심하다, 염려하다, 생각에 잠기다; 마 6:34)

προνοέω(마련하다, 미리 생각하다, 돌보다; 딤전 5:8)

σπλαγχνίζομαι(간절히 열망하다, 동정을 느끼다, 열정을 갖다; 마 18:27)

⑫ "사다, 팔다, 평가하다, 존중하다, 합의하다, 교환하다"의 의미를 지닌 동사(가치와 가격의 속격)

ἀγοράζω(시장에 가다, 사다, 특히 구속하다; 고전 6:20, 7:23)

ἀξιόω(열망하다, 좋다고 생각하다, 가치 있다고 여기다; 딤전 5:17)

πωλέω(물물교환하다, 팔다; 마 10:29)

καταξιόω(합당하다고 여기다, 가치있다고 생각하다; 살후 1:5, 살전 5:17, 히 3:3)

συμφωνέω(함께 동의하다, 매매계약에 동의하다, 합의하다; 마 20:13)

ὠνέομαι(구입하다, 값주고 사다; 행 7:16)

* 『ἀλλάσσω(변화시키다, 하나를 다른 것과 교환하다; 롬 1:23)+ 대격 + ἐν(+ 여격)』
= "(대격)을 (ἐν + 여격)과 바꾸다"(롬 1:23)

* 『μεταλλάσσω(교환하다, 바꾸다; 롬 1:25) + 대격 + ἐν(+여격) 』
= "(대격)을 (ἐν+여격)과 바꾸다"

* 『μεταλλάσσω(교환하다, 바꾸다; 롬 1:26) + 대격 + εἰς(+대격) 』
= "(대격)을 (εἰς+대격)과 바꾸다"

⑬ "참여하다"의 의미를 지닌 동사

μεταλαμβάνω(관계하다, 받아들이다, 먹다, 참여하다, 취하다; 딤후 2:6, 행 2:46)
μετέχω(나누다, 참여하다, ~에 속하다, 먹다; 고전 10:21)

4) 여격(Dative)

여격의 기본 개념은 인격적인 이해관계라고 할 수 있다. 이러한 인격적 이해관계는'…에게'(간접목적어, Indirect Object)와 ' …을 위하여'(이익과 손실)라는 의미를 함께 포함한다. 이러한 여격의 용법은 여격뿐만 아니라 방위격(향격, locative), 도구격(instrumental)의 의미를 나타낸다.
여격은 다른 낱말(동사, 형용사, 부사, 실명사)과 함께 사용되며, 문장 전체를 규정하는 데 도움이 된다. 즉 문장의 일부(절, 구, 단어)를 수식하는 속격과 대격과 달리, 동사의 불완전한 개념을 부가하는 보족어로 사용되어 그 개념을 완전하게 한다.

(1) 간접목적어로서의 여격(Dative of Indirect Object)

동사의 간접목적어는 어떤 일이 누구에게, 또는 누구를 위하여 이루어지는가를 나타내준다. 즉 그 동작의 이해관계가 있는 사람에게 이루어진다. 이것은 여격의 가장 일반적인 용법이다. 해석은 『 …에게 』이다.

예) 막 10:13. 직역: 그들은(사람들) 그가(예수) 그들을(어린아이들) 만지도록 그에게 어린아이들을 데리고 갔다. 그러나 그 제자들은 그들을 비난했다.

προσέφερον αὐτῷ παιδία ἵνα αὐτῶν ἅψηται· οἱ δὲ μαθηταὶ

VIIAP3 NPDMS3 NANP JS NPGNP3 VSAMS3 DNMP JH NNMP
간접목적어 직접목적어 속격 속격지배동사

ἐπετίμησαν αὐτοῖς.

VIAAP3 NPDMP3
여격지배동사 여격

⇨ 『ἵνα + 가정법(προσέφερον)』은 목적이나 의도를 나타내는 "목적 가정법"(~ 하기 위하여, ~ 하려고)이다. 동사 ἅψηται는 목적어로 속격(αὐτῶν)을 취하는 '속격지배동사'이다. 동사 ἐπετίμησαν는 목적어로 여격(αὐτοῖς)을 취하는 '여격지배동사'이다.

(2) 이익의 여격(Dative of Advantage)

'이익의 여격'은 어떤 일이 이루어짐으로 이익을 받을 사람을 나타낸다. 번역은 『…을 위하여』(for)이다. 사도 바울은 종종 'θεῷ와 κυρίῳ'를 '이익의 여격'에 사용한다.

예) 고후 5:13. 직역: 왜냐하면 만약 우리들이 미쳤다면, (우리들은) 하나님을 위하여 (미쳤다). 만일 우리들이 온전한 마음을 가졌다면, (우리들은) 너희들을 위하여 (온전한 마음을 가졌다).

εἴτε γὰρ ἐξέστημεν, θεῷ· εἴτε σωφρονοῦμεν, ὑμῖν.

JC JS VIAAP1 NDMS JC VIPAP1 NPDP2
여격(이익) 여격(이익)

⇨ 이 문장은 '복문'형식의 2개의 문이므로, 즉 '종속절+주절' '종속절+주절', 구조로 되어 있다. 그러나 각 주절은 주어와 동사가 생략되어 있고 여격(θεῷ, ὑμῖν)만이 표현되어 있는 불완전한 문이다. 이때의 여격은 '이익'의 여격(하나님을 위하여, 너희들을 위하여)이다.

* **'이익과 손해의 여격'을 지배하는 동사**

ἀναβαίνω(올라가다, 일어나다, 기어오르다; 계 8:4)
ἀναπληρόω(채우다, 가득하게 하다, 공급하다; 마 13:14)
γαμέω(이성과 결혼하다, 아내를 삼다 ; 고전 7:39)
κρίνω(정죄하다, 결정하다, 결심하다, 법령을 정하다; 고후 2:1)
μαρτυρέω(증인이 되다, 목격하다, 증거 하다; 마 23:31)

(3) 손해의 여격(Dative of Disadvantage)

'손해의 여격'은 어떤 일이 이루어질 때, 그 동작의 결과로 나쁜 영향을 받게 될 사람을 가리킨다. 번역은 『…에 반하여』(against)이다.

예) 막 6:19. 직역: 헤로디아가 그(세례 요한)에 반대하고 있었다(or 에 반하여 원한을 품고 있었다). 그리고 그녀는 그를 죽이려고 하고 있었다. 그리고 그녀는 할 수 없었다.

ἡ	Ἡρῳδιὰς	ἐνεῖχεν	αὐτῷ	καὶ	ἤθελεν	αὐτὸν	ἀποκτεῖναι,	καὶ	οὐκ	ἠδύνατο·
DNFS	NNFS	VIIAS3	NPDMS3	JC	VIIAS3	NPAMS3	VNAA	JC	AD	VIINS3
		동사-1	여격		동사-2	부정사의 목적어	부정사			동사-3

⇨ 여격 αὐτῷ는 동사 ἐνεῖχεν의 동작의 결과(헤로디아의 원한의 결과가 세례요한에게 미치고 있다)로 '손해의 여격'을 나타낸다. 동사-2 ἤθελεν의 원형인 동사 θέλω는 부정사(ἀποκτεῖναι)를 보어로 취한다. 부정사 ἀποκτεῖναι는 목적어(αὐτὸν)를 취하는 동사적 용법을 나타내고 있다.

(4) 직접목적어로서의 여격(Dative of Direct Object)

어떤 동사들은 그 어근적 개념이 여격의 개념과 매우 밀접한 관계를 갖고 있기 때문에 직접목적어로서 대격을 취하지 않고 여격을 취한다. 이처럼 동사의 직접목적어 역할을 하는 여격을 '직접목적어로서 여격'이라고 부른다.
다음은 '여격'을 '직접목적어'로 지배하는 동사들이다.

① "성내다, 용납하다"의 의미를 지닌 동사

ἐμβριμάομαι(진실된 충고로 책망하다, 엄히 꾸짖다, 위협적으로 금지하다; 마 9:30)

μετριοπαθέω(감정을 완화하다, 관대하게 대하다, 너그럽다; 히 5:2)

② "신뢰하다, 복종하다"의 의미를 지닌 동사

πείθω(확신하다, 화해하다, 진정시키다, 동의하다; 빌 1:14)

πειθαρχέω(복종하다, 순종하다; 행 5:29, 32, 딛 3:1)

πιστεύω(믿음을 갖다, 신뢰하다, 맡기다, 믿다; 행 5:14, 18:8, 16:34)

ὑπακούω(명령에 귀 기울이다, 순종하다, 복종하다; 롬 6:12)

ὑπείκω(권위와 충고에 순종하다, 복종하다; 히 13:17)

ἀπειθέω(불순종하다, 불신하다; 요 3:36)

ἀπιστέω(믿지 않는다, 불순종하다, 불신하다; 눅 24:11)

③ "섬기다, 봉사하다"의 의미를 지닌 동사

βοηθέω(돕다, 구조하다, 원조하다; 막 9:24)

διακονέω(관리하다, 섬기다, 집사의 일을 보다, 봉사하다; 마 8:15, 행 6:2)

δουλόω(노예로 삼다, 예속시키다, 종이 되다, 섬기다; 고전 9:19)

λατρεύω(봉사하다, 경의를 표하다, 섬기다, 예배하다; 마 4:10, 눅 4:8, 행 7:7)

ὑπηρετέω(부하가 되다, 돕다, 섬기다(…로), 봉사하다; 행 13:36, 20:34)

προσκυνέω(예배드리다, 존경의 표시로써 손에 입맞춤을 하다; 마 2:2, 8; 요 4:21)

④ "비난하다, 명령하다"의 의미를 지닌 동사

διαστέλλομαι(요구하다, 명령하다, 지시하다; 마 16:20, 막 5:43, 막 7:36)

ἐπιπλήσσω(징벌하다, 말로 비난하다, 책망하다; 딤전 5:1)

ἐπιτάσσω(명하다, 지시하다, 명령하다, 부과하다; 막 1:27, 눅 8:25, 몬 1:8)

ἐπιτιμάω(비난하다, 책망하다, 훈계하다, 금하다; 마 8:25, 막 4:39, 유 1:9)

ἐγκαλέω(책망하다, 고소하다, 이의를 내걸다, 기소하다, 뒤집어씌우다) - 이 동사는 '행 19:40'에서는 '속격', '행 19:38, 23:28'에서는 '여격'을 취한다.

προστάσσω(~에 대해 정리하다, 명령하다) - 이 동사는 '마 1:24, 행 10:34'에서는 '여격', '행 17:26'에서는 '대격'을 취한다.

⑤ "보이다, 나타내다, …으로 보이다"의 의미를 지닌 동사

φαίνω(밝게 or 빛나게 하다, 보이다, 비치다; 계 21:23)

ἐπιφαίνω(보여주다, 폭로하다, 나타내다, 분명히 알게 되다; 눅 1:79)

δοκέω(생각하다, 여겨지다, 간주되다, …로 통하다; 마 18:12, 22:17, 행 26:9)

⑥ "기도하다, 고백하다, 시인하다"의 의미를 지닌 동사

εὔχομαι(하나님께 기도하다, 바라다, 빌다, 간청하다; 행 26:29)
προσεύχομαι(하나님께 기도하다, 간청하다, 예배하다; 마 6:6)
ἀπολογέομαι(무죄임을 변명하다, 변호하다, 변명하다; 행 19:33, 고후 12:19)
ἀποτάσσομαι(보내다, 작별을 고하다; 막 6:46)
ἐξομολογέω(전적으로 일치하다, 자백하다, 고백하다, 약속하다; 롬 15:9)
ὁμολογέω(동의하다, 인정하다, 시인하다, 고백하다, 찬양하다; 행 24:14, 히 13:15)
αἰνέω(높이다, 찬양하다, 하나님을 찬송하다; 계 19:5)
ᾄδω(찬양을 드리다, 노래하다; 엡 5:19, 골 3:16)

(5) 주어적 여격(Dative Subject)

'여격'이 어의론적으로 '여격분사'의 '주어'가 된다.

예) 마 8:23. 직역: 그가 그 배 속으로 걸어 들어간 후에 그의 제자들이 그를 따랐다.

ἐμβάντι	αὐτῷ	εἰς	τὸ	πλοῖον	ἠκολούθησαν	αὐτῷ	οἱ	μαθηταὶ	αὐτοῦ.
VPAADMS	NPDMS3	PA	DANS	NANS	VIAAP3	NPDMS3	DNMP	NNMP	NPGMS3
여격분사	여격				주동사	여격			

⇨ 여격분사 ἐμβάντι는 여격 αὐτῷ을 의미상의 주어로 취하며, 동시에 '시간'을 나타내는 '관계분사'구문을 이루고 있다(~ 한 후에; 과거분사-주동사의 동작보다 앞선 동작을 나타낸다). 주동사 ἠκολούθησαν는 여격 αὐτῷ을 직접목적어로 취하는 '여격지배동사'이다

(6) 동격의 여격(Dative of Apposition)

관련된 여격명사를 확인하거나 설명해 주는 역할을 하는 여격이다.

예) 눅 1:47. 직역: 그리고 나의 영이 나의 구속자, 하나님을 크게 기뻐했다.

καὶ	ἠγαλλίασεν	τὸ	πνεῦμά	μου	ἐπὶ	τῷ	θεῷ	τῷ	σωτῆρί	μου,
JC	VIAAS3	DNNS	NNNS	NPGS1	PD	DDMS	NDMS	DDMS	NDMS	NPGS1
						여격명사		동격명사		

(7) 소유의 여격(Dative of Possession)

'소유의 여격'은 소유 또는 소유자를 나타낸다. 이 용법은 어떤 물건이 소속된 사람(소유자)을 나타내므로 '소유자의 여격'이라고도 한다. 이 용법은 소유대명사 '그의'(his) 또는 '그녀의'(her)로 번역된다.

예) 요 1:6. 직역: 하나님으로부터 보내심을 받았던 한 사람이 일어났다. 그의 이름은 요한이다.

Ἐγένετο	ἄνθρωπος	ἀπεσταλμένος	παρὰ	θεοῦ,	ὄνομα	αὐτῷ	Ἰωάννης·
VIADS3	NNMS	VPRPNMS	PG	NGMS	NNNS	NPDMS3	NNMS
	주어	분사				소유의 여격	

⇨ 분사 ἀπεσταλμένος는 주어(주어적 주격명사) ἄνθρωπος를 수식하는 '한정적 용법'을 나타낸다. '소유의 여격'인 αὐτῷ(남성단수)는 소유대명사 '그의'(his)로 번역한다. 즉 '그의 이름'(ὄνομα αὐτῷ)에서 '그'를 지칭하는 것은 '요한(Ἰωάννης)이므로 '요한의 이름'이 된다. 따라서 이 용법에 따르면, 그 '이름'(ὄνομα)이 소속된 소유자는 바로 '요한(Ἰωάννης)'이 되는 것이다.

(8) 관심의 여격(Dative of Interest)

'소유의 여격'에서 '소유자'는 '소유의 대상'에 관심(Interest)을 지니고 있는 것으로 여겨진다. 이 '관심의 여격'은 연계사(copula)들인 εἰμί, ὑπάρχω, γίνομαι 등의 동사와 함께 사용되면서, 『εἰμί, ὑπάρχω + (여격)』 에서 연계사는 '가지고 있다, 소유하다'라는 의미를 가지며, 『γίνομαι + (여격)』 에서 연계사는 '얻다, 소유하다'라는 의미를 가진다.
특히 이 용법에서 '소유자'를 강조할 때는 '속격'이 사용되며(즉 '소유의 속격'), '소유되는 대상'을 강조할 경우에는 '여격'이 사용된다(즉 '관심의 여격').

예1) 행 3:6. 직역: 베드로가, "금과 은은 나에게 없다(or 내가 소유하고 있지 않다)"라고 말했다.

εἶπεν	Πέτρος·	Ἀργύριον	καὶ	χρυσίον	οὐχ	ὑπάρχει	μοι,
VIAAS3	NNMS	NNNS	JC	NNNS	AD	VIPAS3	NPDS1
						『ὑπάρχω + 관심의 여격』	

⇨ 이 문장은 '직접화법' 형식의 문이다. 즉 '전달부+피전달부(인용문)' 형식의 구문이다. 피전달부는 대문자('Ἀργύριον)로 시작되는 부분(즉 인용문)이다. 『ὑπάρχω + (여격)』에서 동사 ὑπάρχω는 '가지고 있다, 소유하다'라는 의미를 가진다. 피전달부에서 주어(금과 은)가 둘이지만 동사 ὑπάρχει가 단수이므로 주어는 '하나'의 개념임을 알 수 있다.

예2) 행 2:43. 직역: 그러나 두려움이 각각의 사람에게 있어왔다(or 각각의 사람이 두려움을 소유해왔다)

ἐγίνετο δὲ πάσῃ ψυχῇ φόβος,

VIINS3 JC ADFS NDFS NNMS

『γίνομαι + (여격)』

예3) 눅 8:30. 직역: 예수께서 그에게, "네게 있는 이름은 무엇이냐?(or 너가 가지고 있는 이름은 무엇이냐?)"라고 물었다.

ἐπηρώτησεν αὐτὸν ὁ Ἰησοῦς· Τί σοι ὄνομά ἐστιν;

VIAAS3 NPAMS3 DNMS NNMS ATNNS NPDS2 NNNS VIPAS3

『εἰμι + (여격)』

⇨ 이 문장은 '직접화법' 형식의 문이다. 즉 '전달부와 피전달부(인용문)' 형식의 구문이다.

(9) 동족의 여격(Cognate Dative)

'동족의 여격'은 동족목적어와 같은 용법으로, 동사가 같은 어원에서 온 명사를 '여격'으로 취한다. 따라서 이 용법은 같은 의미의 단어의 뜻을 더욱 강화시키는 역할을 한다. 이 용법은 구약 LXX역에서 많이 사용되었다.

예) 마 13:14. 직역: 너희가 반드시 들을 것이다. 그러나 결단코 이해하지 못할 것이다. 너희가 반드시 볼 것이다. 그러나 결단코 보지(or 알지) 못할 것이다.

ἀκοῇ ἀκούσετε καὶ οὐ μὴ συνῆτε, καὶ βλέποντες βλέψετε

NDFS VIFAP2 JC AD AD VSAAP2 JC VPPANMP2 VIFAP2

동족여격 동족분사

καὶ οὐ μὴ ἴδητε.

JC AD AD VSAAP2

⇨ 동족여격 ἀκοη이 같은 어원을 가진 동사 ἀκούσετε앞에서 그 동사를 수식하는 부사적 기능을 한다. 역시 동족분사 βλέποντες도 같은 어원을 가진 동사 βλέψετε앞에서 그 동사를 수식하는 부사적 기능을 한다. 이와 같이 '동족여격과 동족분사'의 용법은 같은 어원의 주동사의 개념을 강조하기 위해 그 동사 앞에 '동족 여격'과 '동족분사'를 첨가한 구문 형태이며(해석은 부사적으로 "반드시, 확실히, 꼭"), 이 용법은 LXX역이 히브리어의 '부정사 절대형'구문을 번역한 것에서 비롯된다. 그리고 『οὐ μὴ + 부정과거 가정법』은 미래에 대한 진술이 아주 확실히 부정될 때 사용되는 구문이다. 즉 "결코 ~ 하지 못할 것이다." 본문의 인용은 '사 6:9' 내용이다.

(10) 원인의 여격(Dative of Reason)

'원인의 여격'은 어떤 행위가 일어난 비의도적인 원인이나 이유를 나타낸다. " ~ 때문에"로 번역한다.

예) 롬 11:20. 직역: 옳은 말이다! 그들은 믿음이 없기 때문에 꺽임을 당했다. 그리고 너는 믿음 때문에 섰다.

καλῶς· τῇ ἀπιστίᾳ ἐξεκλάσθησαν, σὺ δὲ τῇ πίστει ἕστηκας.

AD DDFS NDFS VIAPP3 NPNS2 JC DDFS NDFS VIRAS2

원인의 여격 원인의 여격

⇨ 부사 καλῶς는 '감탄사'의 의미로서 '옳다, 옳은 말이다.'

(11) 장소의 여격(Dative of Place)

'장소의 여격'은 어떤 사건이 일어나는 특수한 지점이나 지역을 가리킨다.

예) 요 19:2. 직역: 그 군인들이 가시로부터 면류관을 엮어, 그리고 그의 머리 위에 놓았다.

οἱ στρατιῶται πλέξαντες στέφανον ἐξ ἀκανθῶν ἐπέθηκαν

DNMP NNMP VPAANMP NAMS PG NGFP VIAAP3

분사 주동사

αὐτοῦ τῇ κεφαλῇ

NPGMS3 DDFS NDFS

장소의 여격

⇨ '장소의 여격'(τῇ κεφαλῇ)은 가시 면류관을 엮어 놓았던 장소가 그의 '머리' 위에라는 것이다. 분사 πλέξαντες의 동작이 주동사 ἐπέθηκαν의 동작보다 시간적이 아니라 '논리적으로 앞서는'(과거분사) '부대 상황'(동작이 잇따라 일어나는 경우)을 의미하는 '관계분사'구문을 나타낸다(~ 하여, 그리고 ~).

(12) 시간의 여격(Dative of Time)

'시간의 여격'의 여격은 시간상의 특별한 지점을 가리킨다.

예) 마 24:20. 직역: 너희들의 그 도피가 겨울 동안에도 안식일에도 발생하지 않도록 너희들은 기도하라

προσεύχεσθε ἵνα μὴ γένηται ἡ φυγὴ ὑμῶν χειμῶνος μηδὲ σαββάτῳ.

VMPNP2 JC AD VSADS3 DNFS NNFS NPGP2 NGMS JC NDNS

가정법 시간의 속격 시간의 여격

⇨ 목적이나 의도를 나타내는 '목적 가정법'을 나타낸다. 즉 『ἵνα + 가정법』(~ 하기 위하여, ~ 하려고) 형식이다. '시간의 속격'이나 '시간의 여격'은 부사적 기능을 나타내므로 주동사 γένηται를 수식한다. '시간의 속격'은 어떤 일이 발생한 동안의 시간을 나타내며, '시간의 여격'은 어떤 일이 발생한 시간의 한 시점을 나타낸다.

(13) 수단(도구)의 여격(Dative of Mean)

'수단의 여격'은 발생한 동작의 수단을 나타낸다. " ~으로(서)" 번역한다.

예) 행 12:2. 직역: 그가(헤롯) 요한의 형제 야고보를 칼로 제거했다.

ἀνεῖλεν Ἰάκωβον τὸν ἀδελφὸν Ἰωάννου μαχαίρῃ.

VIAAS3 NAMS DAMS NAMS NGMS NDFS

수단의 여격

(14) 방법의 여격(Dative of Manner)

'방법의 여격'은 동작 발생의 상황 또는 방법을 부사처럼 생생하게 전해주는 역할을 한다. " ~ 대로, ~ 따라서"로 번역한다.

예) 행 15:1. 직역: 만일 너희들이 (장차) 모세의 관례대로 할례를 행하지 아니하면, 너희들은 구원을 받을 수가 없다.

ἐὰν μὴ περιτμηθῆτε τῷ ἔθει τῷ Μωϋσέως, οὐ δύνασθε σωθῆναι.

JS AD VSAPP2 DDNS NDNS DDNS NGMS AD VIPNP2 VNAP

가정법 방법의 여격 소유의 속격 보어부정사

⇨ 이 문장은 미래적 실현의 가능성이 강한 가정을 나타내는 '미래조건 가정법' 형식이다. 즉 『ἐὰν + 가정법(περιτμηθῆτε)』(만일 ~ (장차) ~ 한다면) 형식이다. 이 용법은 미래적인 조건을 나타내기 때문에 시상(시제)에는 간섭을 받지 않는다. 동사 δύνασθε는 부정사 σωθῆναι를 보(족)어로 취하는 동사다. '방법의 여격' ἔθει의 원형 'ἔθος'는 성문율법(십계명이나 율법)을 가리키는 'νόμος'와 달리 법적인 구속력이 없이 사람들의 관습과 관례로 전해 내려오는 것을 말한다. 즉 '창 17:10-14'에서처럼 유대인들이 언약 백성의 표시로 행해 온 하나의 관례를 말한다. Μωϋσέως'(속격)은 '기원'을 나타내는 소유의 '속격'을 나타낸다. 즉 '여격' ἔθει(관례)가 최초 모세로부터 전해 내려왔다는 의미다.

(15) 관계의 여격(Dative of Relationship)

교제나 협력에 대한 우호적 또는 적대적인 관계를 나타낸다.

예1) 행 16:5. 직역: 그러므로 그 교회들이 참으로 믿음으로 인하여 확고하게 되었고 날마다 그 수효에서 넘치고 있었다.

Αἱ μὲν οὖν ἐκκλησίαι ἐστερεοῦντο τῇ πίστει καὶ ἐπερίσσευον
DNFP JC JH NNFP VIIPP3 DDFS NDFS JC VIIAP3
원인의 여격

τῷ ἀριθμῷ καθ' ἡμέραν.
DDMS NDMS PA NAFS
관계의 여격(우호적인 관계)

예2) 마 5:3. 직역: 그 성령으로 가난한 자들은 복되다(or 행복하다). 왜냐하면 하늘들의 그 나라가(천국) 그들의 것이기 때문이다.

Μακάριοι οἱ πτωχοὶ τῷ πνεύματι, ὅτι αὐτῶν ἐστιν ἡ βασιλεία
ANMP DNMP APNMP DDNS NDNS JS NPGMP3 VIPAS3 DNFS NNFS
관계의 여격 소유의 속격

τῶν οὐρανῶν.
DGMP NGMP

⇨ 이 문장은 '주절과 종속절'로 되어있는 '복문'이다. 주절은 동사가 없이 형용사(Μακάριοι)가 서술어 역할을 하는 명사문장이다. "τῷ πνεύματι"(성령)가 '관계의 여격'으로서 "οἱ πτωχοὶ"(가난한 자들)와 절대 우호적인 관계에 있다. 또한 '관계의 여격'을 '원인의 여격'으로 달리 본다면, "그 성령으로 인하여 가난한 자들은 복이 있다."고 해석해 볼 수 있다. 종속접속사 ὅτι는 '이유, 원인'을 나타내는 접속사이다(왜냐하면, ~ 때문에).

(16) '관계의 여격'을 지배하는 동사

즉 동사가 '관계의 여격'을 목적어로 취하는 동사이다.

① "같다, 닮다"의 의미를 지닌 동사

εἴκω(닮다, 같이, 유사하다 ; 약 1:6)

ὁμοιόω(같게하다, 비교하다, 같다, 닮다; 마 6:8)

παρομοιάζω(닮다, 같이 되다, 비슷하다; 마 23:27)

② "접근하다, 가까이 가다"의 의미를 지닌 동사

ἐγγίζω(가까이하다, 접근하다 v; 눅 7:12) - 이 동사는 εἰς, ἐπι와도 함께 쓰인다.

ἐγγίζω εἰς(마 21:1, 막 11:1, 눅 24:28)

ἐγγίζω ἐπι(눅 10:9)

③ "결합하다, 협력하다, 따르다"의 의미를 지닌 동사

ἀκολουθέω(따르다, 수행하다, 동행하다, 제자가 되다; 행 13:43)

δέω(끈을 묶다, 채우다, 책임을 지우다, 의무를 지우다; 롬 7:2)

ἑτεροζυγέω(어울리지 않는 멍에를 메다, 짝을 잘못짓다; 고후 6:14)

κοινωνέω(남과 나누다, 교통하다, 나누다, 교제하다; 롬 12:13)

κολλάω(굳게 붙이다, 굳게 시키다, 붙다, 친분을 유지하다; 눅 15:15)

④ "이야기하다, 다투다"의 의미를 지닌 동사

διαβάλλω(비방하다, 비난하다; 눅 16:1)

διακατελέγχομαι(대립하여 논박하다; 행 18:28)

διαλέγομαι(철저하게 말하다, 토론하다, 논쟁하다, ; 행 17:17)

διαλλάσσω(철저하게 변화시키다, 조정하다, 화해하다; 마 5:24)

κρίνω(싸우다, 논쟁하다, 소송하다; 마 5:40)

ὁμιλέω(함께 이야기 하다, 친하게 사귀다, 대화하다; 행 24:26)

5) 대격(Accusative)

대격의 기본 개념은 동사의 범위를 규정하거나 제한하는 것이다. 즉 동사의 동작이 어떻게, 무엇에게 미치는가 하는 범위와 그 범위의 한계를 나타내 준다. 다시 말해 목적어는 동사의 동작을 한정지어 주는 것으로 내용, 영역, 범위, 방향, 지속, 그리고 끝 등에 관한 것이다.

'대격'의 일차적인 목적은 동사의 '직접목적어'(누구를, 무엇을)를 나타내는 것으로 '여격'으로

표시되는 간접목적어와 비교된다.

(1) 직접목적어로서 대격(Accusative of Direct Object)

타동사의 행위를 나타내는 직접목적어는 대격으로 표현된다.

예) 눅 5:3. 직역: 그는(예수)는 그 배로부터 떨어져 주저 앉으며, 그리고 그 무리들을 가르치고 계셨다.

καθίσας δὲ ἐκ τοῦ πλοίου ἐδίδασκεν τοὺς ὄχλους.

VPAANMS JC PG DGNS NGNS VIIAS3 DAMP NAMP
분사 주동사 직접목적어

⇨ 분사 καθίσας의 동작(과거분사)이 주동사 ἐδίδασκεν의 동작보다 시간적이 아닌 논리적으로 앞서는 '부대상황'(동시동작)을 의미하는 '관계분사'구문을 나타낸다(~하여, 그리고 ~).

(2) 동족의 대격(Cognate Accusative; 동족목적어)

대격으로 표시되는 목적어에는 타동사의 행위의 대상이 되는 '**외적 목적어**'(직접목적어)와 자동사 의미에 함축된 '**내적 목적어**'가 있다. 이때 '내적 목적어'를 '동족의 대격'이라 한다. 다시 말해, '동족의 대격'(동족목적어)란 동사와 같은 어근 또는 적어도 같은 뜻을 가진 직접목적어를 말한다.

(참고로, '내적 목적어' = 직접목적어의 서술어 = 서술 대격)

예) 벧전 5:2. 직역: 너희는 너희들 가운데 있는 하나님의 그 양떼를 돌보라(치라), 너희는 강제적으로(폭력적으로) 감독하지 말라.

ποιμάνατε τὸ ἐν ὑμῖν ποίμνιον τοῦ θεοῦ ἐπισκοποῦντες μὴ ἀναγκαστῶς

VMAAP2 DANS PD NPDP2 NANS DGMS NGMS VRPANMP2 AD AD
주동사 목적어(동족대격) 명령분사

⇨ 목적어 ποίμνιον(양떼)는 주동사 ποιμάνατε와 동일한 어원(ποιμήν, 목자)을 가지므로 '동족의 대격'(동족목적어)이라 한다. 명령분사(ἐπισκοποῦντες)는 '코이네 헬라어'의 특수한 구문형태로서, 그 문에서 한정 동사의 역할을 한다.

(3) 서술 대격(Predicate Accusative)

'서술 대격'(서술 목적어)은 " …인, …이다"(to be)라는 동사를 동반한다. '서술 대격'은 '이중 대격'에 포함되며, 『주어+동사+직접목적어+제2목적어』 구문에서 '제2목적어'가 해당된다. 즉 영어의 '제 5형식' 문장 『주어+동사+목적어+목적 보어』 구문에서 '목적 보어'에 해당된다. 또한 두 목적어, 즉 '직접목적어'와 '서술대격'(제2목적어) 사이에 "… 인"(to be)라는 2형식문의 계사적인(copula) 관계를 표시할 수 있다. 따라서 '서술 대격'은 직접목적어의 상태를 설명하며 서술하는 기능을 가지고 있다.

해석은 『주어+동사+직접대격(…을)+서술대격(…으로)』이다.

예) 행 13:5, 직역: 그리고 그는 요한도 수종자(일군)으로 붙들었다.

εἶχον δὲ καὶ Ἰωάννην ὑπηρέτην.

VIIAP3	JS	AD	NAMS	NAMS
			직접목적어	서술목적어

⇨ '직접대격'과 '서술대격' 사이에 계사(to be)를 연결시키면, '요한이 수종자이다'라는 관계가 형성된다.

(4) 이중 대격(Doble Accusative)

어떤 동사들은 그들의 의미를 완성하기 위하여 2개의 목적어(대격)을 취한다. 이 목적어들이 '이중 대격'(이중 목적어)으로 설명된다. 2개의 목적어는 '사람'과 '사물'의 목적어이다. 두 목적어(대격) 가운데 '사물의 대격'은 수동태의 문에서는 변하지 않는다.

다음은 '2개의 목적어(대격)'을 지배하는 동사들이다.

① **"사람(인격적 목적어; ~에게)과 사물(비인격적 목적어; ~을)"의 대격을 취하는 동사**
 - **영어의 4형식 문장**과 유사하다.

αἰτέω(구하다, 묻다, 청구하다; 막 6:22, 요 14:14)

ἀναμιμνῄσκω(기억을 되살리다, 회상하다, 충고하다; 딤후 1:6)

διδάσκω(가르치다, 알리다, 지시하다, 설명하다; 요 14:26)

ἐνδιδύσκω(입다, 옷을 입히다, 옷을 입다; 막 15:17)

ἐνδύω(착용하다, 입다; 마 27:31)

ἐκδύω(벗기다, (옷을)벗다; 마 27:31)

ἐρωτάω(질문하다, 묻다, 간청하다, 원하다; 마 21:24)

περιβάλλω(내던져 흩뜨려 놓다, 주위에 놓다, 옷을 입히다; 눅 23:11, 요 19:2)

ποτίζω(물을 대다, 마시게 하다, 먹이다, 물을 주다; 막 9:41, 고전 3:2)

ὑπομιμνῄσκω(기억하게 하다, 기억을 떠올리게 하다, 생각나게 하다; 요 14:26)

χρίω(기름을 바르다, 헌신하다; 히 1:9)

φορτίζω(짐을 얹다, 짐을 싣다, (관습과 부당한 교훈의) 짐을 지우다; 눅 11:46)

② "직접대격(…을)과 서술대격(…으로)"을 취하는 동사

ἔχω(소유하다, 동반하다, 간직하다, 보관하다, 붙잡다; 행 13:5)

* 『ἔχω + 직접대격 + ὡς(JS, …으로) + 서술대격』 (마 14:5)

ἡγέομαι(숙고하다, 생각하다, 여기다; 빌 2:6, 빌 3:7, 8, 히 11:26)

καλέω(부르다, 큰 소리로 말하다, 이름을 부르다; 마 1:23, 눅 2:21)

καθίστημι(아래에 두다, 지명하다, 세우다, 놓다; 눅 12:14)

λαμβάνω(취하다, 잡다, 가져가기 위해 잡다; 약 5:10)

ὁμολογέω(계약하다, 인정하다, 고백하다, 시인하다, 찬양하다 ; 요 9:22)

ὀνομάζω(이름을 부르다, 이름을 말하다, 이름을 언급하다; 마 6:13)

παρίστημι(옆에 또는 가까이 두다, 선물하다, 내놓다, 제공하다; 행 1:3, 롬 6:13)

ποιέω(하다, 만들다; 요 6:15, 행 20:24)

συνιστάω(함께 두다, 같은 자리에 놓다, 입증하다; 갈 2:18)

* 『συνιστάω + 직접대격 + ὡς(JS, …으로) + 서술대격』 (고후 6:4)

τίθημι(두다, 세우다, 고정하다, 수립하다, 정하다; 눅 22:44(TR), 롬 4:17)

ὑποκρίνομαι(가장하다, 체하다, 진짜같이 보이게 하다; 눅 20:20)

(5) 부사적 대격(Advebial Accusative)

'부사적 대격'은 부사와 같은 기능을 한다. '부사적 대격'은 문에서 목적어의 역할보다 오히려 동사를 수식하며, 부사와 같은 기능(방법, 관계, 정도, 이유 등)을 한다.

① 정도의 대격(Accusative of Measure)

'정도의 대격'은 수식하는 동사의 동작이 어느 범위에 까지 미치는가를 나타낸다. 어떤 문법가들은 이 용법을 '시간과 공간(장소)의 범위를 나타내는 목적격'(the accusative of extent of time and space)이라 부른다. "**얼마나 더, 어느 정도, 얼마나 오래**"의 의미를 내포하고 있다. 특히 '서수'(Ordinal)를 수반하는 '정도의 대격'은 사건이 일어난 날을 포함하여 시간의 경과를 의미한다.

예1) 히 3:9-10. 직역: 그들이 나의 일들을 사십년(동안) 보았다.

εἶδον τὰ ἔργα μου τεσσεράκοντα ἔτη·

VIAAP3 DANP NANP NPGS1 ACANP NANP

정도의 대격(시간의 범위)

예2) 요 6:19. 직역: 그러므로 그들이(제자들) 대략 25 혹은 30 스타디온 정도 노를 젓었을 때에, 그들은 그 바다 위를 두루 다니고 계시는 예수님을(or 예수님께서 그 바다 위를 두루 다니시는 것을) 쳐다보고 있다.

ἐληλακότες οὖν ὡς σταδίους εἴκοσι πέντε ἢ τριάκοντα θεωροῦσιν

VPRANMP JC AD NAMP ACAMP ACAMP JC ACAMP VIPAP3

분사-1 정도의 대격(공간의 범위)

τὸν Ἰησοῦν περιπατοῦντα ἐπὶ τῆς θαλάσσης

DAMS NAMS VPPAAMS PG DGFS NGFS

분사-2

⇨ 분사-1(ἐληλακότες)은 '시간'을 나타내는 관계분사이다(~할 때에). 분사-2(περιπατοῦντα)는 목적어(τὸν Ἰησοῦν)를 서술하는 분사의 '서술적 용법'(목적 보어)을 나타낸다. 1스타디온(σταδίους)은 길이의 단위(헬라의 600 ft)로서 185.04m이다. "25~30 스타디온"은 길이가 약 4.6~5.6km(4km=10리)로 환산된다. 따라서 당시 제자들이 건너려 했던 코스의 갈릴리 바다의 폭이 8km쯤이었다고 본다면, 그들이 바다 한가운데 있었던 것이 된다. 접속사 ὡς가 '부사'(AD)로 사용될 경우에는 "대략, 거의"(approximately)의 의미가 있으며, 이 경우 숫자를 동반한다.

② 방법의 대격(Accusative of Manner)

'방법의 대격'은 수식하는 동사의 동작이 어떤 방식(모양)으로 이루어지는가를 나타낸다.

예) 계 16:9. 직역: 그리고 그 사람들이 큰 불태움으로 태워졌다.

καὶ ἐκαυματίσθησαν οἱ ἄνθρωποι καῦμα μέγα

JC VIAPP3 DNMP NNMP NANS AANS

주동사 동족 대격

> ⇨ '동족의 대격'(καῦμα; 동족목적어)란 동사(ἐκαυματίσθησαν)와 같은 어근 또는 적어도 같은 뜻을 가진 '직접목적어'를 말하며, 동사의 '내적목적어'라고도 한다. 또한 이 '동족의 대격'은 주동사 동작이 이루어 지는 방식(큰 불에 타는 모양)을 나타내므로 '방법의 대격'이라 할 수 있다.

③ 관계의 대격(Accusative of Reference/Respect)

'관계의 대격'은 수식되는 동사의 동작이 무엇에 관련되어 있는가를 나타낸다. 이 용법은 전치사 κατά(+대격)나 πρός(+대격)가 사용됨으로써 그 뜻이 더욱 분명히 나타난다. 또한 이 용법은 부정사 구문에서 부정사의 '의미상의 주어'(대격)로 나타나기도 한다.

예) 고전 9:25. 직역: 그래서 모든 일에 관련하여 싸우고 있는 자마다 절제한다.

πᾶς	δὲ	ὁ	ἀγωνιζόμενος	πάντα	ἐγκρατεύεται,
APNMS	JC	DNMS	VPPNNMS	APANP	VIPNS3
			분사	관계의 대격	

> ⇨ 분사 ἀγωνιζόμενος는 관사(ὁ)를 취하여 주동사(ἐγκρατεύεται)의 주어로서 분사의 '명사적 용법'을 나타낸다. '관계의 대격'(πάντα)은 "모든 일에 관련하여"로 해석한다. 따라서 '관계의 대격'과 관련하여 수식하는 분사(ἀγωνιζόμενος)의 동작을 통해, 성도는 '모든 일(경기)'에 관련하여 승리를 얻기 위해서는 격렬히 투쟁해야 하지만 반드시 '절제'가 필요함을 상기시킨다.

(6) 맹세의 대격(Accusative with Oath)

'맹세의 대격'은 '사람'이나 '사물'에 대하여 맹세할 때, 그것들을 지칭한다.

예) 약 5:12. 직역: 너희들은 맹세하지 말라. 하늘으로도 땅으로도 어떤 다른 맹세로도(맹세하지 – 생략) 말라.

μὴ	ὀμνύετε	μήτε	τὸν οὐρανὸν	μήτε	τὴν γῆν	μήτε	ἄλλον τινὰ ὅρκον·
AD	VMPAP2	JC	DAMS NAMS	JC	DAFS NAFS	JC	AAMS AIAMS NAMS
			맹세의 대격		맹세의 대격		맹세의 대격

⇨ '맹세 동사'인 ὀμνύετε(기본형: ὀμνύω)는 약 5:12에서만 대격을 취하며, LXX역처럼 다른 곳에서는 『ὀμνύω + ἐν + 여격(마 5:34); ὀμνύω + κατά + 속격(히 6:13, 16)』 구조이다. 계합접속사 μήτε는 보통 반복된다. 즉 'μήτε … μήτε …'는 ' …도 …도 아니다'로 번역된다.

(7) 절대 대격(Accusative Absolute)

'절대 대격'은 신약 성경에서 그 예가 많지 않으며 논란이 많다. 분사 구문에 있어 '절대(독립) 속격'과 유사하다. '절대 대격' 역시 **분사 구문**에서 분사의 '의미상의 주어'와 주동사의 '주어'와 일치하지 않는 경우에 분사의 '의미상의 주어'로서 대격으로 표현된다.

예) 행 26:3. 직역: 특별히 당신은 유대인들에 관한 모든 관례들과 논쟁들 둘다의 전문가(정통한 사람)이기 때문에, (주절: 나는 나자신을 복으로 여깁니다.)

μάλιστα	γνώστην	ὄντα	σε	πάντων	τῶν	κατὰ	Ἰουδαίους	ἐθῶν
ADS	NAMS	VPPAAMS2	NPAS2	AGNP	DGNP	PA	APAMP	NGNP
		분사	분사 의주					

τε	καὶ	ζητημάτων,
JC	JC	NGNP

⇨ 이 문장은 '관계분사구문'으로 부사(절)을 형성하며, 주문장(주절)은 행 26:2절이다. 여기서 주절의 주어는 '내가'(1인칭-사도 바울)이며, 분사 ὄντα의 주어는 '당신'(σε; 2인칭-아그립바왕)이다. 따라서 '분사의 주어'와 '주절의 주어'가 불일치하므로 분사의 의미상의 주어를 '절대 대격'으로 표현하고 있다. 본문의 분사는 '이유'를 나타내는 '관계분사'구문(~ 때문에)을 이루고 있다. 계합접속사 『A τε και B』는 "A도 B도 둘다" 로 번역된다.

참고문헌

고영민. 『신약성서 헬라어원전입문』. 서울: 기독교문사, 1985.

박창건, 박익수. 『신약성서 헬라어 문법』. 서울: 대한기독교서회, 2013.

하성수, 강지숙 편. 『그리스어 문법』. 왜관: 분도출판사. 2005.

원어성서원 편집부 편. 『스테판 원어성경 신약』. 서울: 원어성서원, 1993.

이병철 편. 『헬·한·영 대조 신약성경』. 서울: 브니엘출판사, 1986.

Burton, Ernest de Witt. 『신약성경 헬라어 구문론』. 권성수 역. 서울: 기독지혜사. 1988.

Brooks, James A., Winbery, Calton L. 『신약성경 헬라어 구문론』. 하문호 역. 서울: 성광문화사, 1993.

Blass, Friedrich., Albert Debrunner and Robert W. Funk. *A Greek Grammar of the New Testament and Other Early Christian Literature.* Chicago: University of Chicago Press, 1961.

Conybeare, F. C. and Stock, ST. George. *Grammar of Septuagint Greek.* Peabody: Hendrickson Publishers. 1988.

Greenlee, J. Harold. *A Concise Exegetical Grammar of New Testament Greek.* 4nd ed. Revised. Grand Rapids: William B. Eerdmans Publishing Company, 1979.

Hansen, Hardy., and Quinn, Gerald. M. *Greek An Intensive Course.* New York: Fordham University Press, 1992.

LaSor, William Sanford. *Handbook of New Testament Greek: An Inductive Approach Based on the Greek Text of Acts. Part II Grammar.* Grand Rapids: William B. Eerdmans Publishing Company, 1973.

Moule, C. F. D. *An Idiom Book of New Testament Greek.* 2nd ed. Cambridge: Cambridge University Press, 1968.

Moulton, James Hope. *A Grammar of New Testment Greek. Vol. III Syntax.* by Nigel Turner. Edinburgh: T. & T. Clark, 1963.

Perschbacher. Wesley J. *New Testament Greek Syntax.* Chicago: Moody Press, 1995.

Wenham, J. W. *Key to the Elements New Testament Greek.* Cambridge: Cambridge University Press, 1965.

직통헬라어

2016년 1월 10일 초판1쇄 인쇄
2016년 1월 15일 초판1쇄 발행

지은이 : 이 정 철
펴낸이 : 정 성 준
펴낸곳 : 도서출판 목양

등　록 : 2008년 3월 27일 제 2008-04 호
T E L : 070-7561-5247 FAX : 0505-009-9585
주　소 : 경기도 용인시 처인구 양지면 양지리 38-2
Homepage : www.mokangbook.com
E-mail : mokyang-book@hanmail.net

ISBN 979-11-86018-28-6 (03230)